Help je kind met mindfulness angst te overwinnen

'McCurry verricht baanbrekend werk door acceptance en commitment therapie toe te passen op de behandeling van angststoornissen bij kinderen. Zijn aanpak is gebaseerd op solide principes en biedt begrijpelijke en praktische richtlijnen voor ouders om deze veelvoorkomende maar vaak verkeerd begrepen aandoening te behandelen.'

– *James T. Grimm, MD, MPH, kinderpsychiater in Eugene, Oregon, Verenigde Staten*

'Dit boek is een ongelooflijke aanwinst voor ouders die hun kinderen willen helpen met tal van angsten die optimale ontwikkeling kunnen hinderen. McCurry biedt een heel scala aan technieken die ouders kunnen gebruiken om hun kinderen te helpen om te gaan met en het accepteren van angstige gevoelens die hen in het dagelijks leven verlammen. Hij is een schitterende gids in deze nieuwe en stimulerende aanpak. Dit boek is zonder twijfel waardevol voor zowel ouders als therapeuten die de sociale en emotionele competentie van kinderen willen bevorderen door effectieve omgang met angst.'

– *Laura Kastner, Ph.D., klinisch assistent professor in de psychiatrie en gedragswetenschappen aan de Universiteit van Washington, Verenigde Staten*

'Jarenlang heb ik tevergeefs gezocht naar boeken over acceptatiestrategieën voor angstige kinderen en hun ouders. Het boek van McCurry was zeker het wachten waard. Zijn kristalheldere manier van schrijven, besprenkeld met humor en zelfonthulling, maakt technieken zoals bevestiging en mindfulness meteen begrijpelijk en toegankelijk. Als wetenschapper-psychiater ben ik onder de indruk van McCurry's bedachtzame gebruik van huidige ontwikkelingsonderzoeken in de formulering van zijn klinisch model en aanbevelingen. Het boek bevat vele nuttige en concrete strategieën voor ouders hun eigen gedachten en gevoelens te reguleren om hun kind te helpen angst het hoofd te bieden.'

– *Matthew L. Speltz, Ph.D., professor in de psychiatrie en gedragswetenschappen aan het Instituut Medicijnen aan de Universiteit van Washington en hoofd van de dienst poliklinische patiënten van het Kinderziekenhuis en Regionaal Medisch Centrum in Seattle, Washington, Verenigde Staten*

'Dit boek is een geweldige en geschikte bron voor ouders die hun angstige kind willen helpen positief, sterk en gelukkig te zijn in deze tijden van economische en sociale onzekerheid. McCurry's uitgebreide professionele achtergrond komt duidelijk naar voren als hij ouders helpt te begrijpen en in te grijpen als hun angstige kind dat nodig heeft.'

– *Steve Curtis, Ph.D., NCSP, klinisch kinderpsycholoog, Nationaal gecertificeerd schoolpsycholoog en auteur van* Understanding Your Child's Puzzling Behavior

CHRISTOPHER MCCURRY,
PH.D.

Help je kind met mindfulness angst te overwinnen

Opvoeden met aandacht en acceptatie

Houten 2010

© 2010 Bohn Stafleu van Loghum, onderdeel van Springer Uitgeverij
Alle rechten voorbehouden. Niets uit deze uitgave mag worden verveelvoudigd, opgeslagen in een geautomatiseerd gegevensbestand, of openbaar gemaakt, in enige vorm of op enige wijze, hetzij elektronisch, mechanisch, door fotokopieën, opnamen, of enige andere manier, zonder voorafgaande schriftelijke toestemming van de uitgever. Voorzover het maken van kopieën uit deze uitgave is toegestaan op grond van artikel 16b Auteurswet 1912 j° het Besluit van 20 juni 1974, Stb. 351, zoals gewijzigd bij Besluit van 23 augustus 1985, Stb. 471 en artikel 17 Auteurswet, dient men de daarvoor wettelijk verschuldigde vergoedingen te voldoen aan de Stichting Reprorecht (Postbus 882, 1180 aw Amstelveen). Voor het overnemen van (een) gedeelte(n) uit deze uitgave in bloemlezingen, readers en andere compilatiewerken (artikel 16 Auteurswet) dient men zich tot de uitgever te wenden.

Samensteller(s) en uitgever zijn zich volledig bewust van hun taak een betrouwbare uitgave te verzorgen. Niettemin kunnen zij geen verantwoordelijkheid aanvaarden voor drukfouten en andere onjuistheden die eventueel in deze uitgave voorkomen.

ISBN 978 90 313 8152 4
NUR 854

Oorspronkelijke titel: Parenting Your Anxious Child with Mindfulness and Acceptance. A powerful new approach to overcoming fear, panic, and worry using acceptance and commitment therapy.
Copyright © 2009 by Christopher McCurry, Ph.D.

Deze Nederlandse vertaling is verschenen met toestemming van New Harbinger Publications.

Vertaling: Meijer Text and Translation
Bewerking: Ron van Deth

Met dank aan Denise Matthijssen, die hielp dit boek geschikt te maken voor de Nederlandse lezer.

Ontwerp omslag: Nanja Toebak, 's-Hertogenbosch
Ontwerp binnenwerk: Nanja Toebak, 's-Hertogenbosch

Bohn Stafleu van Loghum
Het Spoor 2
Postbus 246
3990 GA Houten

www.bsl.nl

Voor mijn ouders, Joan en James E. McCurry

'De weg die voor ons ligt is al een uitdaging voor het hart voordat de kracht van onze benen wordt aangesproken. Het is ons lot om naar het einde van de wereld en verder te lopen, de duisternis in: zeker, ondanks onze blindheid; veilig, ondanks onze hulpeloosheid; sterk, ondanks onze zwakte; verblijd door de liefde, ondanks de druk op ons hart.'

THOMAS VAN AQUINO *SUMMA THEOLOGICA*

Inhoud

Woord van dank 11
Inleiding 13

1 • **Klinische diagnose en de vormen
van angst in de kindertijd** 23
1.1 • Wat is angst? 23
1.2 • Het standaard diagnostisch model 28
1.3 • De belangrijkste subtypes van angst bij kinderen 30
1.4 • De sterrenbeelden van symptomen 34
1.5 • Veelvoorkomende processen bij angst 37
1.6 • Wat jij kunt doen 40
1.7 • Samenvatting en vooruitblik 41

2 • **De ontwikkeling van een kind en
de aard van een angst** 43
2.1 • Angst door de jaren heen 43
2.2 • Het abc van de angst 45
2.3 • De oorsprong van angst 47
2.4 • Hoe ontwikkeling angst beïnvloedt 52
2.5 • De hersenen groeien, het denkvermogen groeit 58
2.6 • Samenvatting en vooruitblik 70

3 • **Responsief ouderschap** 73
3.1 • De openingszet van angst 74
3.2 • Angst en ouder-kindtransacties 82
3.3 • De ouder-kinddans 85
3.4 • Responsief ouderschap: de nieuwe dans 89
3.5 • Samenvatting en voortuitblik 94

4 · Acceptance en Commitment Therapie voor de angst van je kind — 95
4.1 · De beperkingen van gezond verstand — 96
4.2 · De grenzen van beheersing als het gaat om angst — 97
4.3 · Een nieuwe benadering van angst — 99
4.4 · De vele betekenissen van acceptatie — 105
4.5 · Comitment (vastberadenheid, verplichting, toewijding, belofte) — 109
4.6 · Samenvatting en vooruitblik — 117

5 · Angst in de context van waarden en doelen — 119
5.1 · Wijs worden uit het harde werk van ouderschap — 120
5.2 · Waarden en doelen bepalen — 121
5.3 · Waarden en doelen als context — 132
5.4 · De campagne plannen zodat de angstdans veranderd wordt — 137
5.5 · Fase 1: bewustwording — 137
5.6 · Samenvatting en vooruitblik — 143

6 · Mindfulness tijdens angst — 145
6.1 · Defusie: identificatie met je gedachten en gevoelens verminderen — 145
6.2 · Waarom bewust worden? — 146
6.3 · Mindfulness: de oefening van aandacht — 150
6.4 · Mindfulnessoefeningen — 156
6.5 · Defusieoefeningen — 160
6.6 · Samenvatting en vooruitblik — 168

7 · Basisvaardigheden voor angstige kinderen en ouders — 171
7.1 · Fase 2: sociale vaardigheden en technieken leren — 172
7.2 · Een inleiding tot sociale basisvaardigheden — 175
7.3 · Sociale vaardigheden aanleren en aanmoedigen — 177
7.4 · Ademhaling en ontspanning gebruiken om met angst om te gaan — 180
7.5 · Samenvatting en vooruitblik — 192

8 •	**Acceptatie en bevestiging tijdens angst**	195
8.1 •	Fase 3: je kind bevestigen	196
8.2 •	Variaties in bevestiging	203
8.3 •	Samenvatting en vooruitblik	210
9 •	**Effectief omgaan met angstgedrag**	213
9.1 •	Conflict en angst	213
9.2 •	Onzekerheid en angst	215
9.3 •	Fase 4: strategieën om om te gaan	
9.4	met angstige situaties	217
9.5 •	Conflicten aanpakken door de dans aan te pakken	221
9.6 •	Angstgedrag aanpakken als dat opduikt	228
•	Samenvatting en vooruitblik	231
	Bibliografie	235
	Over de auteur	239

Woord van dank

Er zijn veel mensen die dit werk beïnvloed hebben en ik waardeer hun steun enorm. Als eerste wil ik mijn docenten en collega's uit mijn lange jaren als promovendus bedanken: Dorothy Piontkowski, Harmon Van Peeke, Shantilal Shaw, Ron Johnson, Al Salami, Kathy dark, Steve Hayes, Steve Graybar, Kelly Wilson, Linda Hayes, Ted Young, Barbara Kohlenberg, Duane Varble, Gerald Patterson, Bob Peterson, Leigh Silverton, Don Jackson en Marcia Bennett.

Ik wil mijn collega's en begeleiders aan de Universiteit van Washington in Seattle bedanken voor hun rol in mijn opleiding en het begin van mijn carrière, vooral Matt Speltz, Jack McClellan, Eric Trupin, Elizabeth McCauley, Nancy Robinson, Alan Unis, Laura Kastner en Andy Benjamin.

Iets korter geleden ben ik gezegend met fantastische mentoren, vrienden en collega's die mij continu iets leren, aanmoedigen en inspireren: Steve Engelberg, Steve en Jane Curtis, Bill O'Hanlon, Rob Janes, Annie Stocker en iedereen van Associates in Behavior and Child Development, Inc.

Ik ben Stacy Shaw Welsh en Maureen Maddox zeer dankbaar voor hun nuttige commentaar op mijn manuscript. Ook wil ik graag de bijdrage van mensen erkennen van wie ik het voorrecht nog niet heb gehad ze te ontmoeten, maar wiens werk mij geïnspireerd heeft: Laurie Greco, Georg Eifert, John Forsyth, Jean Dumas en Robert Wahler.

Aan mijn redacteuren – Tesilya Hanauer, Jess Beebe, John Forsyth, Jean M. Blomquist – en iedereen van New Harbinger: ik kan jullie niet genoeg bedanken voor jullie vertrouwen, vriendelijkheid, geduld en steun.

Ten slotte, aan mijn familie: ik ben ze enorm dankbaar voor hun onuitputtelijke liefde en steun gedurende de jaren. Aan mijn vrouw, Sue, en mijn zoon, Ian: jullie zijn het middelpunt van mijn leven. Bedankt dat jullie er voor mij zijn.

Inleiding

Op een avond, een paar dagen nadat mijn pasgeboren zoon uit het ziekenhuis thuis was gekomen, maakte ik voor het eerst de diepgewortelde angst mee die het ouderschap voor me in petto zou hebben. Ik zat in ons souterrain het avondnieuws te kijken. De details van het verhaal dat me zo aangreep, kan ik me niet herinneren, maar het was zo'n 'leedverkoop'-rapportage over een kind dat iets afschuwelijks overkwam, waarschijnlijk een ontvoering of een aanrijding.
Normaal gesproken raak ik niet snel geëmotioneerd en voel ik me niet echt betrokken bij slecht nieuws over vreemden. Maar deze keer, misschien door slaapgebrek en het hele wonder van de geboorte nog vers in mijn geheugen, kwam het hard aan. Mijn brein werd overspoeld door beelden van al het afschuwelijks dat die kleine, dierbare, piepjonge baby de komende twintig jaar zou kunnen overkomen. Ik werd gek en schrok een beetje van mijn reactie, maar tegelijkertijd was ik me ervan bewust dat ik er totaal geen controle over had.
Ik kwam boven in een staat van semihysterie, huilend en snotterend. Mijn moeder, uit Seattle overgekomen voor de geboorte van haar nieuwste kleinzoon, zat op de bank in de woonkamer te lezen. Ze keek op toen ik binnenkwam, maar zei niets toen ik naast haar ging zitten en haar, tussen de snikken door, vertelde waarin ik was beland. Enkele minuten zei ze niets, en liet me gewoon praten. Toen begon ze me zachtjes te vertellen over hoe het was toen mijn oudste zus, haar eerste kind, op deze wereld kwam.

Dat was in de jaren vlak na de Tweede Wereldoorlog. Europa was verwoest. Miljoenen mensen waren dakloos of vluchteling. Vele tienduizenden kinderen waren wees en ontheemd. Dit alles werd aan de Amerikaanse bevolking via kranten en tijdschriftartikelen, radioprogramma's en journaalbeelden gepresenteerd. Foto's van ineengekrompen kinderen in lompen – dwalend door platgebombardeerde steden, verdwaald en alleen op de wereld – beheersten de nationale geest. Die gruwelen waren Amerika immers gespaard gebleven.

Haar hadden die beelden diep geraakt. Als nieuwe moeder had ze erg te doen met ouders die gescheiden waren van hun kinderen of die gestorven waren zonder te weten wat er van ze terecht zou komen. De gedachte dat haar kleine meid een van die verdwaalde en bange kinderen zou kunnen zijn, dat zij er niet zou zijn voor haar kind, had ondraaglijk geleken.

Dat was de toestand van de wereld toen mijn moeder een ouder werd, vervuld van angst en leed. Maar ze leerde met die angst omgaan, zei ze, zelfs met latere angsten: een atoomoorlog met de Sovjet-Unie of toen een van haar kinderen voor het eerst alleen naar een vriendje ging om te spelen.

Net zoals toen voor mijn moeder, is het ouderschap het meest fantastische en angstaanjagende dat ik ooit zal meemaken. Het heeft een scala en diepte aan emoties in mij teweeggebracht, die ik nooit voor mogelijk had gehouden. Het ouderschap heeft het beste, en het slechtste, in mij naar boven gehaald. De angst die ik die avond voelde toen mijn zoon een paar dagen oud was, is nooit helemaal weggegaan. Maar het verhaal van mijn moeder, en vooral haar kalme en accepterende houding, heeft mij door die avond heen geholpen en door vele moeilijke tijden sindsdien.

Angst is een deel van het leven, ook van je kind als het een wereld ontdekt vol uitdagingen, onzekerheid, en echt gevaar. Het is een deel van jouw leven als ouder als jij je kind op die ontdekkingsreis begeleidt met kloppend hart in je keel. Als ouder ben ik elke dag op diezelfde reis met jou. Dit boek is voor ons.

HET PROBLEEM: ANGST IS BESMETTELIJK

Tussen de vier en veertien miljoen kinderen in de Verenigde Staten hebben misschien wel een angststoornis. Veel meer kinderen hebben voorbijgaande angst of bezorgdheid (Connollly & Bernstein, 2007; U.S. Census Bureau, 2000). Angst kan ontstaan door talloze situaties of door op het oog helemaal niets. Angst heeft vele vormen: lichamelijke reacties zoals misselijkheid, trillen en kortademigheid; bezorgdheid en andere problematische gedachten; en bepaald gedrag – gedrag dat duidelijk verband houdt met angst (zoals vastklampen) of er juist moeilijk mee in verband te brengen is (zoals woede-uitbarstingen of slecht opletten op school).

In dit boek beschrijf ik hoe *angstgedrag* – de vele uiterlijke manifestaties ervan – twee doelen dient. Ten eerste is het een communicatiepoging van je kind naar jou over deze beangstigende gedachten en gevoelens. Ten tweede wil je kind zijn leed aan je overbrengen, zodat jij het probleem kunt verhelpen. Voor het ontdane kind is de oplossing van die angst af te komen. Hoe dan ook. Nu.

Dit proces is bijvoorbeeld eenvoudig en ongecompliceerd bij de uitroep: 'Mama, er zit een spin op mijn bed!' Jij of je echtgenoot haalt dan de spin weg. De boodschap van je kind was helder en duidelijk (en ook indirect op een bepaalde manier): 'Ik ben bang [of vind het smerig], en ik wil dat jij de spin nu weghaalt!' De oplossing is makkelijk, de ontsteltenis ebt snel weg en jij en je kind gaan door met waar jullie mee bezig waren.

De angst en de daaropvolgende reacties op gevaar, of het idee van gevaar van je kind komen voort uit het biologische veiligheidssysteem diep in de hersenen. Dit heeft tot doel de veiligheid van je kind te waarborgen door hem of haar tot actie te bewegen: 'Mama!'

Maar de bovenstaande situatie beschrijft geen angststoornis. Per definitie, zoals duidelijk zal worden, doet een angststoornis zich pas voor als het angstgedrag op een bepaalde manier overdreven is en van invloed is op de ontwikkeling of het dagelijks functioneren. Bijvoorbeeld, je kind heeft een paniekaanval (trillen, naar adem happen, duizelig, enzovoorts) bij het zien van de spin en weigert de slaapkamer in te gaan totdat je deze nauwkeurig hebt onderzocht om er zeker van te zijn dat er geen spinnen meer zijn. Je kind huilt en smeekt je de lakens te wassen die de spin bevuild heeft. Dit soort gedrag kan duiden op een angststoornis en is aanleiding tot aanpak van deze gevoelens, gedachten en gedragingen.

Maar toch, de situatie van de spin en alle emoties en gedragingen die daarmee verband houden zijn redelijk rechttoe rechtaan. Denk aan de volgende situatie: het is maandagochtend en iedereen maakt zich op om naar school en werk te gaan. Je middelste kind, een zoon, slentert kreunend om je heen terwijl hij zijn buik vasthoudt. Wat is de boodschap? Wat wordt er van je verwacht? Gezien je ervaring met maandagochtenden en het feit dat je je kind goed kent, is de boodschap je waarschijnlijk snel duidelijk en weet je maar al te goed wat dit kind van je wil. Hij is zenuwachtig en maakt zich zorgen over school (hij heeft vandaag een toets), en hij hoopt dat jij hem thuishoudt vanwege zijn buikpijn. Het is aan jou.

Laat me het nog ingewikkelder maken – namelijk dat angst besmettelijk is – en dan komen we bij de kern van dit boek. Als je een stemvork aanslaat en deze dicht bij een andere stemvork houdt, zal die gaan *meetrillen*. Als jouw kind bang is of zich zorgen maakt, als het gedrag van je kind wijst op vermijding van wat hij of zij moet doen of op pogingen zich door jou te laten redden, reageer je waarschijnlijk op je eigen karakteristieke wijze door gevoelens, gedachten en bepaald gedrag. Afhankelijk van de situatie en je bui, kun je rustig, steunend ouderlijk gedrag vertonen dat je kind soepeltjes naar een succesvolle oplossing leidt. Maar als jij dit boek aan het lezen bent (en dat doe je), dan zijn deze voorvallen waarschijnlijk gekleurd door jouw eigen 'gevoelende angst', of misschien frustratie, ontmoediging, zorg, ongeduld, herinneringen uit jouw eigen jeugd, of wat voor gedachten en gevoelens dan ook die de angst en het gedrag van je kind meestal in jou oproepen. Misschien is jouw gedrag tegenover jouw kind op die momenten minder nuttig.

DE ANGSTDANS

Het meest beangstigende wat je als ouder kunt meemaken, ademnood van je kind uitgezonderd, vind ik het zien van je kind in een staat van angst. Jouw eigen reactie op de ontsteltenis van het kind – jouw gedachten, gevoelens en handelingen – zijn zelf een product van biologische veiligheidssystemen in je hersenen. Dit systeem en de vloedgolf aan emoties en gedachten die daaruit voortkomt, moeten de veiligheid van je kind garanderen door jou tot handelen te bewegen.

Natuurlijk is het belangrijk welke handeling je verricht in een situatie die angst teweegbrengt. Dit is voor elke ouder voor de hand liggend, maar gek genoeg ontbreekt het in de meeste definities van kinderangst en jammer genoeg in onze standaard behandelmethodes.

Als het niet goed gaat als je kind bang is, lijkt het logisch dat de onplezierige gedachten en gevoelens de boosdoener zijn. Je denkt misschien: 'Als mijn kind niet zo ontdaan zou zijn, zou ik niet zo ontdaan zijn, en zouden we allebei beter functioneren.' Dus, voor de ontdane ouder, is de oplossing zonder twijfel het wegnemen van de angst, frustratie of ontmoediging – eerst die van je kind zodat je er daarna zelf vrij van bent.

Als dit de oplossing voor angst is – deze vermijden of wegnemen, of misschien door de zure appel heen bijten – dan is wat vaak volgt de 'angstdans': jij en je kind beginnen een reeks bewegingen of stappen die tot een conclusie leiden. Soms is die conclusie positief en bevordert die de groei, als het kind zich gesteund voelt, iets leert en wordt aangemoedigd om geschikte overlevingsstrategieën te gebruiken, en iets beleeft dat het kind nieuw inzicht in zichzelf verschaft en ook het vertrouwen om soortgelijke situaties in de toekomst het hoofd te bieden. Helaas leidt de angstdans vaak tot grotere ontsteltenis voor iedereen en tot het uitblijven van groei, of zelfs verminderde effectieve communicatie, zelfregulering en probleemoplossende vaardigheden.

Dit boek gaat over het veranderen van de dans waarin jij en jouw kind vastzitten. Waarschijnlijk voeren jullie deze dans op zonder dat je bewust bent van de werking ervan of zelfs dat je deze opvoert. Op zichzelf is de dans erg moeilijk te veranderen. Maar jullie hebben allebei geleerd die dans samen te doen. Samen zullen jullie een nieuwe dans leren, eentje die effectiever is omdat die meer een *antwoord* is dan een *reactie* op de ontsteltenis die jij en je kind voelen.

DE BELOFTE: SOEPEL EN RESPONSIEF OUDERSCHAP

Het succesvol behandelen van een angststoornis is meer dan het elimineren of verminderen van de angstsymptomen. Een succesvolle benadering vereist de aanpak van zowel de gedachten en gevoelens en het angstgedrag van je kind – als de manier waarop deze innerlijke en uiterlijke werelden je uitnodigen om mee te doen, goedschiks of kwaadschiks, met de angstdans. Dit boek zal je helpen de aard van die dans te begrijpen: waarom jij en jouw kind die samen moeten doen en hoe je een nieuwe dans kunt maken om op een effectieve manier problemen op te lossen en de groei van je kind te stimuleren als de angst opkomt. De benadering is gericht op het stimuleren van effectieve communicatie, samenwerken, competentie en autonomie. Op de lange termijn zal het toegenomen gevoel van competentie van je kind, en de daardoor toegenomen zekerheid, de angst verminderen. Belangrijker nog, omdat angst een deel van het leven is, zal je kind leren effectiever om te gaan met situaties die angstgevoelens kunnen veroorzaken. Je kind zal leren gevoelens en behoeften beter duidelijk te maken aan jou en op een minder provocerende manier om hulp te vragen. Jij zult minder reactief en meer responsief zijn tegenover deze verzoeken om hulp. Je kind zal beter in staat zijn jouw hulp te gebruiken. Jij zal je meer ontspannen en effectiever als ouder voelen. Je kind zal zich zekerder voelen, enzovoorts. Een nieuwe dans.

DE METHODE: ACCEPTANCE EN COMMITMENT

Op de volgende bladzijden beschrijf ik een nieuwe benadering van het begrip voor en behandeling van angst bij kinderen. De nadruk ligt op het onderscheid tussen *angst*, de verschillende gedachten en gevoelens die betrekking hebben op echt of ingebeeld gevaar, en *angstgedrag*, de vele en verschillende uiterlijke handelingen van je kind als hij of zij angstig is. Angst, de gedachten en gevoelens, zijn erg moeilijk direct te veranderen. Pogingen ze weg te nemen, kan juist de frequentie of hevigheid ervan versterken.

De methode die ik voorstel is er niet op gericht de angst van je kind te verminderen of te veranderen, tenminste niet op directe wijze. In plaats daarvan richten we ons op strategieën om het angstgedrag te veranderen en te vervangen door effectiever, leeftijdsgebonden gedrag. Maar daarvoor moet je eerst begrijpen waarom je kind angstgedrag vertoont. We moeten dus de vraag stellen: wat probeert dit kind met angstgedrag te bereiken?

Dit boek zal je niet leren hoe je 'vreesthermometers' moet invullen of confrontatieoefeningen moet doen. Ik zal niet spreken over punten- of beloningssystemen. Ik wil je niet veranderen in de therapeut of coach van je kind. Mijn intentie is je te laten zien hoe jij een responsieve ouder kunt zijn als je kind angst voelt en jouw begrip en hulp nodig heeft. Samen zullen we angst bestuderen, vanuit de dagelijkse aspecten en processen bij angststoornissen en gedrag van kinderen in het algemeen.

IETS OVER MIJ

Ik neem even een momentje om je over mijzelf te vertellen en mijn benadering van angst. Ik ben een klinisch kinderpsycholoog in een privépraktijk in Seattle en vader van een veertienjarige jongeman. Mijn vrouw is ook psycholoog, gespecialiseerd in de problemen van het ouder worden. De afgelopen twintig jaar was ik werkzaam in verschillende behandelcentra, van intensieve instellingen tot poliklinieken. Ik heb gewerkt met een breed scala aan kinderpsychologische aandoeningen en ouders in alle soorten en maten. Ik heb met eigen ogen gezien hoe vaak angststoornissen voorkomen in de kindertijd, hoe divers de verschillende vormen ervan zijn en hoe groot de invloed ervan is op kind en gezin.

Na mijn masterdiploma in de Ontwikkelingspsychologie werkte ik als promovendus op de Universiteit van Nevada in Reno. De benadering in dit boek komt voort uit het werk van een van mijn docenten daar, Steven C. Hayes. De afgelopen dertig jaar ontwikkelde dr. Hayes een manier van denken over menselijk lijden en het verzachten ervan, die zowel uniek als heel effectief is. Deze *acceptance and commitment therapy* (afgekort tot ACT en uitgesproken als het Engelse woord 'act' in plaats van 'a-c-t'), behoort tot de nieuwe psychotherapieën met een iets andere benadering.

Wat ACT anders maakt zijn niet zozeer de technieken: we praten nog steeds over problematische gedachten en gevoelens, opperen metaforen en oefeningen in het omgaan met situaties, en stellen behandeldoelen. Wat ACT en die nieuwe therapieën onderscheidt, en ze naar mijn mening zo effectief maakt, is hoe problemen (zoals angst) begrepen worden en hoe de focus van de therapie – *acceptance* en *commitment* – voortkomt uit dit begrip.

Deze therapiebenadering legt de nadruk op de acceptatie ('acceptance') van iemands problemen en aandoeningen, maar niet vanuit overgave of het prima vinden om angstig te zijn. Het soort acceptatie waar ik het over ga hebben, erkent de realiteit van een situatie, zoals angst zijn op dat moment, en kijkt hem recht in de ogen. Alleen door jouw situatie, of die van je kind, echt te erkennen en te begrijpen, kan er nuttige actie worden ondernomen.

Dat brengt ons bij de betrokkenheid en toewijding ('commitment') binnen ACT. Ik zal je laten zien hoe je moet nadenken over wat je echt wilt voor je kind en jezelf in die angstwekkende situaties – en dat kan iets anders zijn dan iedereen zich beter laten voelen. Zonder toewijding aan doelen zouden we nergens komen in het leven. En zonder een beetje te accepteren dat het moeite kost en zelfs ongemakkelijk is, zouden we die doelen nooit bereiken. Denk bijvoorbeeld maar aan een bevalling. Doelen verschaffen de context waarin moeite en worsteling zin hebben en ons helpen ontwikkelen.

Volgens ACT kunnen problemen in het leven niet los van hun context gezien worden. Wegrennen kan gepast zijn in sommige contexten, zoals krijgertje spelen of als er een boom omvalt. In andere contexten, zoals een verjaardagspartijtje of een parkeerplaats, zou wegrennen ongewoon en problematisch zijn.

Dit boek bekijkt de angst van je kind vanuit meerdere contexten. Ik zal alledaagse situaties bespreken die angst opwekken, maar ook de biologische-, ontwikkelings- en sociale contexten van angst. En de belangrijkste sociale context in het leven van je kind, en waarschijnlijk in het jouwe, is de ouder-kindrelatie. Zonder deze essentiële context missen we belangrijke manieren om de angst van je kind te begrijpen. We missen dan kansen en krachtige hulpmiddelen om een verandering teweeg te brengen.

WAAROM IK DIT BOEK GESCHREVEN HEB

Heel simpel gezegd heb ik dit boek geschreven omdat ik altijd al geïnteresseerd was in de manier waarop ouders en kinderen met elkaar omgaan; hoe zij, door wederzijdse invloed, permanent worden veranderd. Ik heb de kracht van deze omgang goed en slecht zien aflopen. Ik wilde die kracht gebruiken om gezinnen zoals het jouwe te helpen een beetje rust en een gevoel van effectief ouderschap te krijgen. Samen met anderen wilde ik de ACT-benadering uitbreiden tot in de intieme kring van het gezin. Ik hoop dat dit boek die taken kan vervullen.

SAMENVATTING VAN DE HOOFDSTUKKEN

Even snel twee notities over hoe dit boek in elkaar steekt. Ten eerste, werken met geslachtelijke voornaamwoorden is altijd lastig. Ik zal verschillende fictieve kinderen als casusvoorbeelden gebruiken in dit boek, twee jongens en twee meisjes. Ik zal hen natuurlijk respectievelijk aanduiden met 'hij' en 'zij'. Als ik het over kinderen in het algemeen heb, of over 'jouw kind', gebruik ik per hoofdstuk beurtelings een geslacht, mannelijk in de oneven hoofdstukken en vrouwelijk in de even.

Ten tweede zal ik mij richten tot 'jou', de lezer. Mocht ik vervallen in het gebruik van 'wij', dan geeft dit waarschijnlijk een idee of situatie aan waar we allemaal mee worstelen.

De eerste hoofdstukken – hoofdstukken 1 tot en met 3 – beschrijven de angst bij kinderen en verschillende vormen ervan. Ik zal vluchtig het standaard diagnostisch model bespreken waarbij de nadruk ligt op individuele subtypes van angst: verlatingsangst, dwangneurose, enzovoorts. Ik zal me vooral richten op de gemeenschappelijke kenmerken van angststoornissen en hoe angst in een kinderleven fungeert, en dan voornamelijk waarbij jij, de ouder, betrokken bent.

In de hoofdstukken 4 en 5 zal ik het begrip ACT presenteren en omschrijven hoe die een nieuwe manier van denken verschaft over omgaan met problemen, voornamelijk angst. Verder zal ik je laten zien hoe jij je kunt verbinden met jouw waarden als ouder en de doelstellingen voor jou en jouw kind duidelijk kunt stellen. De toewijding hieraan zal het jullie mogelijk maken om je van het huidige benauwende angstgedrag – de angstdans – te bevrijden.

Hoofdstukken 6 tot en met 9 verschaffen strategieën en oefeningen om de manier waarop jij en jouw kind angstwekkende situaties beschouwen en benaderen, te veranderen. Ik presenteer omgangs- en levensvaardigheden om een wereld tegemoet te treden waarin angst een dagelijks terugkerend fenomeen kan zijn. Ik zal je laten zien hoe jij, als ouder, kunt omgaan met angstwekkende situaties om een zo goed mogelijke doelgerichte uitkomst te krijgen, terwijl je tegelijkertijd de situatie gebruikt als een kans om de vaardigheid, competentie en autonomie van je kind te verbeteren. Ik zal het hebben over de moeilijkste situaties – bijvoorbeeld als je kind niet alleen angstig is, maar ook boos of weerspannig.

Dus, op de volgende bladzijden hoop ik je enkele nieuwe manieren van denken over de angst van je kind te geven. Ik zal een nieuwe aanpak van angst en andere problematische gedachten en gevoelens beschrijven die je kunt gebruiken. Deze benadering, een balans vinden tussen acceptatie en toewijding, zal je in staat stellen responsief om te gaan met de behoeften van jouw kind en tegelijkertijd angstwekkende situaties beschouwen als kansen je kind te helpen zichzelf te begrijpen, om echte problemen op te lossen en belangrijke doelstellingen te bereiken, en het leven maximaal te leven. Laten we beginnen.

1
Klinische diagnose en de vormen van angst in de kindertijd

Als je dit boek aan het lezen bent, bereid je je misschien voor op, of heb je al een diagnostisch gesprek met een leerlingbegeleider, psycholoog, huisarts of psychiater gehad. Dit hoofdstuk probeert je het standaard diagnostisch proces te helpen begrijpen en zowel het nut als de beperkingen ervan in te zien. Ik zal het hebben over wat angst precies is en enkele veelvoorkomende subtypes ervan bij kinderen bespreken. Ten slotte zal ik de belasting van angst voor het kind en zijn gezin aangeven.

1.1 • WAT IS ANGST?

Angst is een ingewikkelde reactie op een waargenomen dreiging. Vele auteurs maken een onderscheid tussen angst en vrees. *Vrees* of *bang zijn*, is de hevige reactie die we doormaken bij direct gevaar. Die is natuurlijk, automatisch, en nodig om te overleven.
Stel dat je samen met je kind buiten loopt en er springt een grote hond van de buren plotseling tegen het hek en begint woest te blaffen. Jij en je kind schrikken en gaan snel opzij. Je arm reikt waarschijnlijk instinctief naar je kind om hem weg te trekken van het gevaar. Je voelt het bloed in je oren suizen. Je kind begint te huilen. Dat is bang zijn. De angst komt later.

ACUTE ANGST: VECHTEN, VLUCHTEN OF VERSTIJVEN

Je herinnert je misschien nog wel de *vecht-of-vluchtreactie* van biologie op de middelbare school. Dit is een serie vliegensvlugge, automatische psychologische reacties die ons voorbereiden op vluchten van of vechten met datgene wat ons bedreigt. Ik heb 'verstijven' toegevoegd, omdat vrees vaak resulteert in een verlamming van lichaam en psyche. Maar op de volgende bladzijden zal ik dit fenomeen alleen aanduiden met 'vecht-of-vluchtreactie'.

Diep in onze hersenen ligt een verzameling neurale netwerken die het lichaam en de omgeving controleren op gevaar. Zodra gevaar wordt opgemerkt, gaat het alarm af en wat er vervolgens gebeurt is automatisch en nauwelijks te stoppen. Als eerste wordt er adrenaline in de bloedsomloop gepompt vanuit de bijnieren. Dit veelzijdige hormoon veroorzaakt ruim twintig directe biologische responsen, zoals:

- De pupillen verwijden zich zodat er meer licht binnenkomt en het zicht verbetert.
- De hartslag gaat omhoog om zuurstofrijke bloedcellen snel door het lichaam te bewegen.
- De ademhaling versnelt om zuurstof te leveren en koolstofdioxide af te voeren.
- Haarvaatjes vlak onder de huid sluiten zich om het bloeden te minimaliseren bij verwonding (daarom worden we bleek als we bang zijn).
- De handpalmen worden klam om de grip te verbeteren.

Helaas verschijnen deze lichamelijke reacties plotseling (een verontrustende gebeurtenis op zichzelf) en zijn ze redelijk onprettig. Er zijn, natuurlijk, 'adrenalinejunkies': mensen die leven voor het opwekken van gevaar door activiteiten zoals bungeejumping of autodiefstal. Over het algemeen gaat het er eigenlijk om hoe je er tegenaan kijkt, zoals ik later zal uitleggen.

Alles bij elkaar genomen is die psychologische vecht-of-vluchtachtbaan erg verontrustend voor jonge kinderen. Maar het zou een slecht verdedigingssysteem zijn als het niet onze aandacht zou trekken en afkeer zou wekken om *dat* niet nog eens mee te maken. Een prettige en zachtjes klinkende rookmelder zou niet nuttig zijn in een noodsituatie. Volwassenen kunnen het nut inzien van een hevig en zelfs verontrustend mechanisme om de aandacht te vestigen op gevaar. Maar je kind weet alleen maar dat hij in acute ontsteltenis verkeert en wil dat die ophoudt, nu meteen.

VALS ALARM EN HARDNEKKIG ALARM

Als de vecht-of-vluchtrespons ons alleen zou activeren om aan echt gevaar te ontsnappen, zoals een rookmelder ons uit onze slaap haalt als het huis in brand staat, was er geen enkel probleem. Helaas kan het alarmsysteem van de hersenen van nature heel gevoelig zijn afgesteld of door ervaring geprogrammeerd worden af te gaan als er in feite geen gevaar is: een vals alarm.

Evenzo blijft het vecht-of-vluchtsysteem soms adrenaline en andere signalen produceren, nadat het gevaar allang geweken is. Een vriend vertelde mij laatst over een kapotte rookmelder, die maar bleef piepen. Uiteindelijk trok hij uit frustratie de rookmelder van het plafond, en smeet hem naar buiten, waar het ding op de oprit te pletter sloeg. Toen hij voldaan het raam wilde dichtdoen, hoorde hij een zachtjes maar duidelijk *piep-piep-piep* uit de brokstukken op de oprit komen. Het was net alsof die arme rookmelder zei: 'Je kunt me wel uit het raam gooien, maar ik doe nog steeds mijn werk!' Op diezelfde manier zeggen de hersenen van je kind: 'Rationele argumenten interesseren me niet, ik zal dit kind tegen elke prijs veiligstellen.' Helaas kan de prijs van te hevig reageren of blijven hangen in een vals alarm erg hoog zijn.

DE MAAG: EEN ONSCHULDIG SLACHTOFFER VAN EEN OVERIJVERIG BREIN

Een heel belangrijke vecht-of-vluchtreactie is de verplaatsing van bloed vanuit het spijsverteringssysteem naar de grote spiergroepen. Dat vinden de hersenen noodzakelijk voor het vechten of vluchten. Jammer genoeg kan het plotselinge bloedverlies in de maag leiden tot misselijkheid. Maagpijn in verschillende vormen komt vaak voor bij angstige kinderen en kan heel afmattend zijn.

Als kinderen mij vertellen over hun angstige buikpijn, beschrijf ik hen de vecht-of-vluchtrespons. Ik doe dat door te zeggen dat zijn hersenen denken: 'We hebben geen tijd om eten te verteren. We worden aangevallen! Stuur bloed naar de spieren!' Daarna vraag ik dat kind: 'Hoe denk je dat je maag het vindt dat zijn bloed wordt afgepakt en aan de spieren wordt gegeven?' Allemaal zijn ze het ermee eens dat de maag hier heel ongelukkig van wordt. Ik vertel ze dat daarom hun maag zich zo naar voelt als ze bang of angstig zijn, zoals op maandagmorgen als ze naar school moeten. Dat misselijke gevoel komt niet doordat ze ziek zijn of echt in gevaar verkeren. In volgende hoofdstukken zal ik strategieën beschrijven om de vecht-of-vluchtrespons te verzachten en, belangrijker nog, hier zo snel mogelijk overheen te stappen zonder nutteloos angstgedrag dat er alleen maar voor zorgt dat je kind blijft steken in zijn ellende.

Angst ligt heel dicht bij vrees of bang zijn, maar wordt meestal eerder met de *verwachting* van gevaar of ongemak in verband gebracht dan met daadwerkelijke gebeurtenissen op een bepaald moment. Na jullie ontmoeting met de blaffende hond, kan jij of je kind gaan nadenken over die hond op een later tijdstip – bijvoorbeeld vlak voor jullie volgende wandeling. Je zal misschien wel dezelfde fysieke prikkeling voelen als op dat beangstigende moment; je ademhaling en hartslag versnellen bijvoorbeeld. De gebeurtenis speelt zich in je hoofd opnieuw af. Je krijgt misschien boze of verdrietige of geïrriteerde gedachten. Je kind zal misschien huilen en zeggen dat hij niet meer in de buurt komt van die tuin of helemaal niet meer gaat wandelen. Dat is angst.

Angst kan ingewikkelder zijn dan bang zijn, omdat er vele reacties bij komen kijken – sommige zijn automatisch, sommige zijn bewust en doelgericht. Onder deze reacties schuilt een hele horde aan persoonlijke of innerlijke belevingen, zoals gedachten, gevoelens, herinneringen en fysieke gewaarwordingen. Alleen al de herinnering aan een beangstigende gebeurtenis kan een soort echo van de vecht-of-vluchtrespons in het lichaam oproepen, die beoordelende gedachten tot gevolg heeft ('Het gebeurt weer – dit is erg'), die weer heviger gevoelens oproepen, enzovoorts.

Naast deze persoonlijke gedachten en gevoelens zijn er vele manieren waarop angst door anderen kan worden waargenomen. Dit is bijvoorbeeld heftig, geërgerd en overstuur gedrag zoals huilen, trillen, vastklampen, wegrennen en zelfs woede en agressie. Op andere momenten heeft het de vorm van zwijgen, terugtrekken of geremdheid. Angst bij kinderen is zo ingewikkeld, omdat dit gedrag zo vaak een poging is de bescherming van een volwassene te krijgen. Bij acute dreiging zal jouw respons als ouder duidelijk zijn: mijn kind beschermen. Op andere momenten kan dat wat van je gevraagd wordt als je kind angstig is, onduidelijker zijn, zowel voor jouw kind als voor jou. Dit kan leiden tot veel verwarring en frustratie voor jullie allebei.

Ten slotte, angst is vrij besmettelijk. Als je kind angstig is, ben je vatbaarder voor je eigen vrees of bezorgdheid, of misschien voor wat voor beangstigende emoties, zoals frustratie of woede of verdriet, dan ook. Dit maakt een moeilijke situatie zo mogelijk nog ingewikkelder.

Ik suggereer nu dat angst een probleem wordt als de hersenen van je kind reageren op de beangstigende vecht-of-vluchtrespons, of minder hevige angstaanvallen, met karakteristieke gedachtepatronen en 'overlevings'gedrag die nutteloos zijn in de situatie. Vrees- en angstgedachten van hem en van jou zijn meestal vol negatieve evaluaties van de oorspronkelijke respons en de gebeurtenis die die opriep: 'Ik ben bang,' 'Bang zijn voelt echt naar,' 'Die hond maakte mij bang,' 'Honden zijn eng,' 'Er is misschien een hond in het park en ik zal weer bang zijn als ik daar naartoe ga.'

Zoals ik hierna zal beschrijven, kenmerkt *angstgedrag* zich door vermijding of vluchtgedrag (bijvoorbeeld, weigeren naar het park te gaan), door verstijving (niet van je zijde willen wijken als je eenmaal in het park bent), of door pogingen hulp te krijgen (je smeken hem naar huis te brengen). Je verlaat het huis met één doel ('We gaan allemaal gezellig naar het park') en je bevindt je plotseling in een nieuwe en ongewilde situatie: omgaan met de ontsteltenis van je kind en jouw eigen reactie daarop – 'Allemachtig, er is geen hond te zien en we hebben de hele dag in het huis opgesloten gezeten. Kop op! Laten we gewoon plezier maken.'

HOE VAAK KOMT ANGST VOOR BIJ KINDEREN?

Vrees en angst zijn heel normaal in een kinderleven. Bijna elk kind zal van tijd tot tijd even angstig zijn. De hevigheid en de invloed van deze angst kunnen variëren van mild tot verpletterend. Echter, om daadwerkelijk een angststoornis te 'hebben', moet er aan enkele diagnostische criteria voldaan worden. Ik zal die straks bespreken.

Er zijn veel studies gedaan naar hoe vaak angst voorkomt bij kinderen. Tussen de 6 en 20 procent van de kinderen zijn zo angstig dat ze de diagnose angststoornis krijgen (Connolly & Bernstein, 2007). De oorzaak van het grote verschil in deze schattingen heeft te maken met de manier waarop elk onderzoek angst definieert en meet, de leeftijd van de bestudeerde kinderen en andere variabelen. Maar zeker is, dat van de psychische stoornissen een angststoornis de meest voorkomende diagnose bij kinderen is. Verder, één op de vier mensen zal in zijn leven te maken krijgen met sterke angst. De meesten van hen melden dat hun angst ergens in hun kindertijd is begonnen.

IS ANGST ERFELIJK?

Angst zit wel degelijk in de familie, maar we weten ook dat de meeste kinderen van wie de ouders een angststoornis hebben zelf geen angststoornis ontwikkelen. Maar, kinderen van ouders met een angststoornis zijn zeven keer vatbaarder voor een angststoornis dan andere kinderen. Broers of zussen van kinderen met een angststoornis lopen zelf meer kans op een angststoornis.

Specifieke fobieën (bijvoorbeeld hoogtevrees) lijken het minst genetisch bepaald en paniekstoornissen het meest. Dit lijkt logisch aangezien een simpele fobie (hieronder uitvoerig beschreven) ontstaat uit een beangstigende gebeurtenis (het voorval met de hond). Aan de andere kant, een paniekstoornis is hoofdzakelijk doorgedraaide neurofysiologie, en men erft het zenuwstelsel en de gevoeligheden daarvan van de ouders.

Maar het verband tussen erfelijkheid en de uitkomst is zelden rechttoe rechtaan. Neem bijvoorbeeld hartkwalen. We weten dat hartkwalen erfelijk zijn, maar ook dat vele factoren bepalen wie uiteindelijk een hartkwaal ontwikkelt. Als iemand geboren is met een verhoogd risico op een hartkwaal, dan zijn er vele manieren om ziekte te vermijden. Naast nieuwe medicatie die cholesterol kan verlagen, weten we dat beweging, dieet en zelfs psychische gezondheid allemaal een belangrijke rol spelen bij de gezondheid van het hart. Mensen met een lange familiegeschiedenis van hartkwalen kunnen verschillende veranderingen in hun leven aanbrengen om het risico, soms aanzienlijk, te verlagen.

Zo kan een kind ook geboren worden met een genetische aanleg voor angst, maar honderden andere factoren beïnvloeden de daadwerkelijke ontwikkeling van een angststoornis bij dat kind. Ik zal een aantal invloedrijke factoren in de volgende hoofdstukken bespreken.

1.2 • HET STANDAARD DIAGNOSTISCH MODEL

De meeste psychologen, psychiaters en andere mensen uit de geestelijke gezondheidszorg gebruiken een diagnostisch systeem dat al bestaat sinds 1952.

De 'bijbel' voor het stellen van een diagnose is de *Diagnostic and Statistical Manual of Mental Disorders*, nu als vierde editie verkrijgbaar (*DSM-IV, American Psychiatric Association 1994*). Het is gebaseerd op de 'vorm' van het gedrag of de symptomen in kwestie.

Als we het over *vorm* hebben vragen we ons af: 'Hoe ziet het gedrag eruit?' Het is net zoiets als plantkunde en het systeem voor de determinatie van planten dat door Carl Linnaeus en latere plantkundigen is ontwikkeld. In dit soort systeem vergelijken we aspecten van een onbekend voorbeeld (een plant in de plantkunde, symptomen in de psychologie) met een bekend voorbeeld. Eikenbladeren hebben allemaal een geschulpte of gelobde rand. Als een bepaald blad vijf tot negen grote lobben heeft, is het waarschijnlijk een witte eik (*Quercus alba*), terwijl bladeren met eenentwintig tot tweeëntwintig kleine lobben een 'chestnut oak' (*Quercus prinus*) is. Als ons blad niet lijkt op een van de bekende exemplaren, hebben we misschien te maken met een totaal nieuwe soort.

Als jouw kind dus lijdt aan iets dat de *DSM-IV* samenvat als 'klinisch aanzienlijke angst ten gevolge van blootstelling aan bepaalde soorten sociale of geënsceneerde situaties, vaak leidend tot vermijdend gedrag', dan heeft hij waarschijnlijk een sociale fobie. De diagnose wordt hoofdzakelijk gestuurd door de vorm of inhoud van de *ervaren symptomen* (ervaringen die het kind meldt) en *gedragskenmerken* (dingen die we het kind zien doen). Meestal gebruiken we de term 'symptomen' ook als we het over kenmerken hebben.

Er zijn geen laboratoriumtests voor angststoornissen. Een CT-scan of een MRI kan je niet vertellen of je kind een dwangstoornis of verlatingsangst heeft. Recent onderzoek concludeert dat hersengebieden of soorten hersenactiviteit anders werken bij mensen met een angststoornis. Er is echter tot nu toe maar weinig van dit soort onderzoek gedaan bij kinderen.

DIAGNOSE ANGSTSTOORNIS: BEOORDELINGEN EN CHECKLISTS

Diagnostiek in de psychologie en psychiatrie is eigenlijk nog steeds een redelijk eenvoudige aangelegenheid. Centraal staat het klinisch interview. Het is van het grootste belang dat de beoordelaar bekend is met kinderen en hun ontwikkeling, omdat emotionele en gedragsproblemen ontzettend vaak voorkomen en per leeftijd erg kunnen verschillen. Een ervaren klinisch psycholoog kan 'gewone' angst onderscheiden van een echte angststoornis die behandeling vereist. Checklists van het internet of uit opvoedkundige tijdschriften zijn een nuttig begin, maar zoals we zullen zien is diagnostiek meer dan hokjes aanvinken of zelfs symptomen rangschikken.

DE CHECKLISTS AFLOPEN

Er zijn tientallen vragenlijsten (soms beoordelingsschalen genoemd) die gebruikt worden bij de diagnostiek van angst bij kinderen. Sommige worden ingevuld door de ouder, sommige door de klinisch psycholoog als onderdeel van een beoordeling en sommige zijn een persoonlijk verslag door het kind zelf. Vragenlijsten kunnen een paar minuten tot wel een halfuur of drie kwartier in beslag nemen.

Hoewel sommige zich op bepaalde angststoornissen richten (bijvoorbeeld dwangstoornissen), beoordelen de meeste vragenlijsten symptomen vanuit het hele scala aan angststoornissen. Wat belangrijk is voor ons doel, is dat men met vragenlijsten een goed beeld van de symptomen van het kind kan krijgen. Maar het stellen van een diagnose vergt meer dan het rangschikken van symptomen. We moeten ook de invloed van symptomen op het dagelijks functioneren in acht nemen.

DE INVLOED VAN DE SYMPTOMEN VAN JOUW KIND BEOORDELEN

Bij de beoordeling van een psychische stoornis moet men oog hebben voor de invloed van de symptomen op iemands leven. *Invloed* kan aan de ene kant gedefinieerd worden als ontsteltenis van het kind (de symptomen zijn onprettig of beangstigend) en aan de andere kant een aanzienlijke verstoring van activiteiten die normaal zijn voor een kind van die leeftijd (bijvoorbeeld, weigeren naar school te gaan).

Begrip van de invloed van symptomen op het kind en het grotere sociale netwerk is cruciaal. Als het kind angstig is maar daarover niet echt inzit of er geen daadwerkelijke problemen van ondervindt, dan is een psychische stoornis moeilijk hard te maken. Zoals we zullen zien in de volgende twee hoofdstukken is de persoon die het meest verontrust en bezorgd is niet het kind, maar een ouder of een leerkracht.

Gelukkig duren de meeste ongelukkige, verdrietige gebeurtenissen in de kinderjaren maar heel kort en kan het kind er snel overheen stappen en weer opbloeien. Psychische stoornissen zijn echter hardnekkiger dan de gewone pieken en dalen in de kinderjaren.

De meeste stoornissen in de *DSM-IV* vereisen dat de symptomen zich 'vaker dan niet' openbaren, wat betekent dat het kind eigenlijk constant de angstige gedachten en gevoelens beleeft of angstgedrag vertoont. Daarnaast is er het criterium van duur. Stoornissen zijn meer dan korte periodes van onbehaaglijkheid. Om de diagnose angststoornis te kunnen stellen, moeten de symptomen op de meeste dagen een bepaalde tijd duren. De minimumduur verschilt per diagnose maar over het algemeen is deze óf ten minste een maand lang (verlatingsangst, paniekstoornis) óf ten minste zes maanden lang (angststoornis, specifieke fobieën, socialeangststoornis).

HET UITSLUITEN OF INSLUITEN VAN ANDERE VOORWAARDEN

Een bezoek aan je huisarts of kinderarts is een goed beginpunt van de weg door de diagnostiek. Omdat angst zich vaak manifesteert in lichamelijke klachten (bijvoorbeeld buikpijn of hoofdpijn), is het van belang lichamelijke oorzaken zoals verstopping of zichtproblemen, enzovoorts uit te sluiten. De kinderarts kan je helpen of ervoor zorgen dat je kind nader onderzocht wordt door een psycholoog, psychiater of iemand anders in de geestelijke gezondheidszorg.

1.3 • DE BELANGRIJKSTE SUBTYPES VAN ANGST BIJ KINDEREN

Nu volgt een omschrijving van een aantal veelvoorkomende angststoornissen bij kinderen uit de *DSM-IV*. In de volgende hoofdstukken zal ik beschrijvingen van kinderen geven, zodat je je een beter beeld kunt vormen van de manieren waarop deze stoornissen zich voordoen in gezinnen.

VERLATINGSANGST

Verlatingsangst is een overdreven en 'ongepaste' (voor de leeftijd van het kind) zorg en ontsteltenis als hij gescheiden wordt, of denkt te worden, van de ouder of verzorger. De grootste zorg is dat er dan iets heel ergs met de ouder of hemzelf gebeurt. Zelfs oudere kinderen kunnen deze angst niet duidelijker omschrijven dan een angstige prikkeling of een vaag gevoel van onheil of smart.

Verlatingsangst uit zich meestal in vastklampen en onwil gescheiden te zijn van de ouder. Niet zonder de ouder willen slapen, niet in een andere kamer of verdieping willen zijn dan de ouder en niet naar school willen kan hier ook bijhoren. De kinderen kunnen woede-uitbarstingen of huilbuien krijgen als de ouder of ouders het huis proberen te verlaten. Oudere kinderen gaan liever niet uit logeren of op kamp. Anders krijgen ze fysieke klachten zoals buikpijn of hoofdpijn.

ENKELVOUDIGE OF SPECIFIEKE FOBIE

Bij een *enkelvoudige* of *specifieke fobie* geven bepaalde situaties of dingen aanzienlijke angstige prikkels in de vorm van een vecht-of-vluchtrespons: verstijven, versnelde ademhaling, stijve spieren, misselijkheid en huilen. Vaak probeert het kind het beangstigende te vermijden. De angst voor honden kan zich dan ontwikkelen tot een weigering naar het park te gaan waar honden kunnen zijn.

Oudere kinderen weten soms dan wel dat die angst onredelijk of buitenproportioneel is.

Bang zijn is redelijk normaal tijdens de kinderjaren en daaronder valt vaak de angst voor het donker, onbekende dieren, spinnen, hoogtevrees, enzovoorts. Wat een specifieke fobie onderscheidt van gewone angst is de frequentie, hevigheid en duur van de angstrespons en de mate waarin angst de dagelijkse gang van zaken belemmert.

SOCIALE FOBIE OF SOCIALEANGSTSTOORNIS

Een kind krijgt de diagnose *sociale fobie* of *socialeangststoornis* bij aanzienlijke angst in normale sociale of publieke situaties, zoals bij een voetbalwedstrijd of in een winkelcentrum, of bij de verwachting van sociale situaties, zoals verjaardags- of logeerpartijtjes. Het kind denkt misschien dat hij wordt uitgelachen, belachelijk wordt gemaakt of negatief beoordeeld wordt. Zo'n kind zal situaties vermijden waarin hij nieuwe mensen ontmoet, een spreekbeurt moet houden, moet bestellen in een restaurant of zich moet aansluiten bij een sociale club of team.

Een socialeangststoornis is meer dan alleen verlegenheid; het zijn zowel de angstige gedachten en gevoelens tijdens die situaties als aanzienlijke en problematische vermijding van deze situaties die invloed hebben op de normale sociale en schoolse ontwikkeling.

PANIEKSTOORNIS EN PLEINVREES

Paniekstoornis en *pleinvrees* (agoraphobia; letterlijk 'angst voor de markt' in het Grieks) zijn beide angst voor het angstig zijn. Je kind kan een paniekstoornis hebben als hij in het verleden veel *paniekaanvallen* heeft gehad, hevige psychologische angstreacties met een scala aan extreem onprettige lichamelijke gevoelens en gedachten waaronder hartkloppingen, zweten, snelle polsslag, misselijkheid, ademnood of een gevoel van stikken, en bang zijn dat hij doodgaat. Deze symptomen komen minder voor bij jonge kinderen en openbaren zich meestal tijdens de puberteit of vroege volwassenheid.

Voor de diagnose van paniekstoornis moet het kind een aanzienlijke angst ontwikkelen voor de terugkerende paniekaanval. Dit houdt normaliter in dat hij bang is om iets gênants te doen (zoals de controle over de blaas verliezen) tijdens een paniekaanval. Dit leidt tot vermijding van situaties die extreme angst of paniekaanvallen tot gevolg kunnen hebben. Dit patroon van vermijding noemen we pleinvrees.

Paniekaanvallen kunnen zomaar opkomen of worden veroorzaakt door de angst voor een gebeurtenis uit de omgeving (de plotselinge verschijning van een spin) of een innerlijke gebeurtenis (een aanzienlijke zorg of lichamelijke reactie). Bijvoorbeeld, ieder kind raakt een beetje buiten adem als hij de speelplaats over rent tijdens de pauze. Als een kind ooit een paniekaanval heeft gehad, kunnen zijn snelle hartslag en ademhaling hem doen denken aan die aanval, en dit kan een nieuwe aanval tot gevolg hebben. Het kind gaat dan alle inspannende beweging vermijden.

Het probleem van pleinvrees is dat het kind (of de ouder) steeds meer beangstigende situaties bedenkt in een poging om angst koste wat het kost te vermijden. Het kind dat inspannende activiteit begint te vermijden tijdens het speelkwartier, zal stoppen met voetbal, met fietsen door de buurt of zal zelfs niet meer traplopen in huis of op school omdat hij bang is daardoor een paniekaanval te krijgen.

GEGENERALISEERDE ANGSTSTOORNIS

Gegeneraliseerde angststoornis, of GAS, is een chronische, diepgaande bezorgdheid, die bijna constant aanwezig is en niet of nauwelijks te stoppen. Anders dan bij specifieke fobie of sociale fobie, blijft het gepieker niet beperkt tot een bepaald ding of bepaalde situatie, maar hebben ze betrekking op een breed en steeds veranderend stel zorgen en angsten. Interessant genoeg maken kinderen en volwassenen met GAS zich meestal zorgen over gebeurtenissen die niet erg waarschijnlijk zijn. Ze zullen zich sneller zorgen maken over 's nachts uit hun bed ontvoerd te worden dan over een auto-ongeluk in de gezinsauto. Natuurlijk maken kinderen zich ook zorgen over auto-ongelukken. Maar het merkwaardige van deze stoornis is dat de zorgen vaak gaan over gebeurtenissen die tamelijk onwaarschijnlijk zijn, maar immuun voor geruststelling van een ouder of enig bewijs of ervaring dat de bezorgdheid ongegrond is.

DWANGSTOORNIS

Dwangstoornis, of obsessief-compulsieve stoornis (OCS), wordt gekenmerkt door twee soorten gedrag: innerlijk en uiterlijk. Obsessies zijn gedachten die, zoals de zorgen bij GAS, sterk en beangstigend zijn en erg moeilijk om mee om te gaan. De herhaling van gedachten, de 'kleverigheid' maakt een beangstigende gedachte tot een obsessie. Obsessies zijn hardnekkig en meedogenloos. Obsessieve gedachten zijn meestal een soort waarschuwing voor of voorspelling van een enge gebeurtenis of dreiging in de wereld: besmetting door bacteriën of hondenpoep, vergiftiging, ongelukken, en slechte resultaten, zoals een onvoldoende voor een toets. Een kind kan een obsessie hebben met de angst om iets verkeerd te doen – bijvoorbeeld iets aanstootgevends roepen in de kerk. Het kind kan geplaagd worden door een opdringerig seksueel of gewelddadig beeld.

Soms gaan obsessies gepaard met gedrag om de gevreesde gebeurtenis af te wenden of het probleem te verhelpen. Dit zijn de *dwangmatige handelingen*. Voorbeelden zijn herhaald en overdreven de handen wassen of desinfecterende middelen gebruiken om ingebeelde besmetting tegen te gaan. Er ontwikkelen zich rituelen die volgens het kind rampen afwenden. Dit kan bijvoorbeeld tellen zijn of een bepaald aantal keer kloppen of zinnen of woorden voor zichzelf herhalen. Ander dwangmatig gedrag is bijvoorbeeld het herhaaldelijk controleren en de ouders vragen om te controleren of ze de voordeur wel op slot hebben gedaan: 'Weet je zeker dat hij op slot zit? Wil je het alsjeblieft nog een keer controleren. Alsjeblieft?' Er zijn bijna oneindig veel verschillende soorten dwangmatig gedrag.

Per definitie neemt de angst aanzienlijk af bij OCS als het ritueel of het dwangmatige gedrag wordt uitgevoerd. Mijn ervaring is dat kinderen niet altijd het verband tussen de rituelen en hun angst vermelden. Sommigen zullen zelfs zeggen dat ze 'het gewoon graag doen' of niet weten waarom ze zich gedwongen voelen te kloppen of twee keer door de deur lopen als ze vergeten de drempel eerst met hun linkervoet over te stappen. Sommige kinderen lijden aan zogenoemde 'precies zo'-dwangstoornissen; bepaalde handelingen moeten precies zo gedaan worden anders raakt het kind van slag. Naast het uitvoeren van rituelen kan het kind op een actieve manier situaties vermijden die met de dreiging in verband worden gebracht: iemand met smetvrees bijvoorbeeld zal niet naar de wc gaan op openbare plaatsen of op school. Het kind zal vaak pogingen ondernemen hulp of geruststelling te krijgen van een ouder, zoals 'Is dit wel schoon?' of 'Word ik niet ziek als ik dit eet?' De obsessieve gedachten of zijn reacties kan het kind wel of niet beschouwen als onredelijk of ongewoon of overdreven.

Rituelen en routine zijn vrij gewoon in het leven van een kind. Bijna alle kinderen houden van voorspelbaarheid en structuur. Vooral de allerjongsten kunnen erop hameren dat de dingen op een bepaalde manier gebeuren. Verhaaltje vertellen, in bad, bedtijd, eten geven – dit zijn allemaal dingen die hoge verwachtingen scheppen en redelijk vaststaan. Consequent zijn en routines in het gezin zijn nodig om een gevoel van veiligheid en goede gewoonten te bieden aan jonge of gestreste kinderen. Zo zorgt een consequente en voorspelbare bedtijd en -routine voor een goede nachtrust.

Wat gewone voorkeuren voor handelingen onderscheidt van echte OCS, is de mate van ontsteltenis die een kind beleeft als de dingen niet op zijn manier gaan, maar ook de invloed van het dwangmatige gedrag op het dagelijks leven van het kind. Per definitie moeten de handelingen van de OCS ten minste een uur per dag in beslag nemen. Ik heb echter ervaren dat zelfs heel korte dwangmatige handelingen ook erg zwaar kunnen zijn voor het kind, zijn ouders en leerkrachten, en genoeg ontsteltenis en storing in het leven brengen om een OCS-diagnose te stellen.

1.4 • DE STERRENBEELDEN VAN SYMPTOMEN

Angststoornissen komen zelden voor in hun 'pure' vorm. Hoe onderscheid je een fobie van een obsessie voor bacteriën of van een algemene bezorgdheid over bacteriën? Het is niet makkelijk een sociale fobie te onderscheiden van verlatingsangst, laat staan een fobie voor school uit pure opstandigheid.

Deze verwarring ontstaat doordat de grenzen van deze stoornissen niet duidelijk zijn. Commissies van clinici en onderzoekers bedenken deze categorieën. We moeten dan ook niet verbaasd opkijken als iets wat zo complex is als een zich ontwikkelend kind niet precies in het goede hokje past. Een deel van het probleem is het feit dat men in de psychologie en de psychiatrie, in tegenstelling tot geneeskunde, niet echte ziektes diagnosticeert en behandelt. Ze behandelen zogenoemde 'syndromen': 'een groep van kenmerken of symptomen die zich samen openbaren en een bepaalde abnormaliteit of aandoening kenmerken' (Merriam-Webster, 2003, p. 1268).

Syndromen worden erkende ziektes als onderzoek en klinische behandeling ons in staat stellen ze te begrijpen wat betreft hun oorzaak, hun verloop zonder behandeling en de bekende en erkende behandelingen. Hoewel we het meestal eens zijn over de beschrijving van de *DSM-IV*-stoornissen (de vorm waarin ze verschijnen), zijn psychologen en psychiaters het niet altijd eens over wat die stoornissen nu precies zijn, waardoor ze worden veroorzaakt en wat eraan gedaan moet worden.

Net zoals een aantal andere psychologen (Hayes et al., 1996; Scotti et al., 1996), zie ik psychische aandoeningen als sterrenbeelden, zoals de tientallen sterrengroepen die door de eeuwen heen een naam hebben gekregen. In werkelijkheid is er geen Steelpannetje (Grote Beer); het is een verzameling aan sterren die de meeste mensen in de avondlucht kunnen onderscheiden. Iemand heeft ooit eens gezegd, 'Hé, dat lijkt wel op een steelpannetje', en die naam is blijven hangen.

Sterrenbeelden zijn handig omdat we ze kunnen gebruiken om te navigeren. Tijdens de Amerikaanse Burgeroorlog wisten slaven dat ze de Grote Beer noordelijk moesten volgen naar de vrije staten. Dwangstoornis, verlatingsangst, Attention-Deficit/Hyperactivity Disorder (ADHD), kleptomanie, en de ruim tweehonderd overige stoornissen in de DSM-IV zijn gesternten van gedrag en vermelde belevingen. Deze symptoomgroepen mogen dan hun oorsprong hebben in de neurologie of geschiedenis van een kind, maar als etiketje zijn ze net zo onecht als de Grote Beer. Maar net zoals de Grote Beer in de avondlucht kunnen we deze diagnostische sterrenbeelden gebruiken om de weg te vinden.

COMORBIDITEIT

Er is ook nog de kwestie van comorbiditeit, de aanwezigheid van meerdere diagnosticeerbare aandoeningen. Angststoornissen hebben vaak samenvallende, 'comorbide', psychische stoornissen. De meeste samenvallende aandoeningen zijn de volgende:

- ADHD
- Leerproblemen
- Depressie (die uit zich vaak later in de kindertijd of tienerjaren)
- Oppositioneel-opstandige gedragsstoornis (ODD)

Aan deze lijst wil ik de ontwikkelingsstoornis toevoegen, zoals een verstandelijke handicap (intellectuele en adaptieve achterstand) en pervasieve ontwikkelingsstoornis, zoals autisme of de mildere vorm aspergersyndroom. Als uw kind een ontwikkelingsstoornis heeft, dan weet u waarschijnlijk al dat hij een verhoogd risico heeft op ontwikkelingsproblemen met communicatie en gedrags- en emotiecontrole, waaronder angst.

De hoge mate van comorbiditeit met angst komt door de grote overlap van angstsymptomen met symptomen van andere diagnostische sterrenbeelden. Angst heeft bijvoorbeeld een aantal dezelfde symptomen als ADHD (rusteloosheid, concentratieproblemen, niets afmaken, vergeetachtigheid, erg veel praten). De oorzaken voor de symptomen kunnen tussen beide stoornissen verschillen, maar op het niveau van waarneembaar gedrag, en zelfs op het niveau van gedachten en gevoelens, zijn deze twee stoornissen moeilijk van elkaar te onderscheiden. Oppositioneel-opstandige gedragsstoornis, leerproblemen en aspergersyndroom delen ook veel symptomen met een angststoornis. Behandeling van de ene stoornis zal vaak verbetering bij de andere opleveren.

Het volgende hoofdstuk zal gaan over hoe angst zich ontwikkelt naast de kinderlijke ontwikkeling van het denken over en begrip van de wereld. Als een kind moeite heeft met denken en communicatie op een niveau dat past bij zijn leeftijd, of als zijn denkpatroon vervormd is op een manier die op elke leeftijd ongewoon is, kan dit leiden tot meer angst en slecht aangepaste reacties daarop. Aandoeningen zoals ADHD of aspergersyndroom hebben grote invloed op het wereldbeeld van een kind, het leren door ervaring en gedragscontrole. Ze zorgen ervoor dat het kind gefrustreerd raakt, faalangst krijgt of geen aansluiting vindt en een angststoornis is dan erg dichtbij.

DE STANDAARDBEHANDELING: SYMPTOMEN NAJAGEN, HET GROTE GEHEEL UIT HET OOG VERLIEZEN

Naast diagnostische onduidelijkheid, is een andere duidelijke beperking van het gangbare diagnostische model, de grote aandacht voor symptomen en hun frequentie, duur en hevigheid. Aangezien de DSM-IV zich voornamelijk richt op symptomen, is de behandeling logischerwijs gericht op het verminderen of wegnemen van die symptomen.

Medicatie, oudertraining, gedragsverandering en cognitieve therapie (als het kind oud genoeg is) werken goed om angstsymptomen te verminderen. De goede resultaten kunnen echter van korte duur zijn of niet van toepassing op andere omstandigheden of andere mensen (zoals school en leerkrachten). In veel gevallen is er iets meer nodig voor een echte en blijvende verandering. Dat ietsje meer vinden we door anders over psychische stoornissen na te denken.

Nog niet zo lang zijn doktoren en patiënten erachter dat fysieke gezondheid niet alleen bestaat uit de afwezigheid van ziekten. We hebben het nu over behandelprogramma's (hier is de gezondheid van het hart weer een goed voorbeeld) die de nadruk leggen op de verandering van levenswijze, de wisselwerking tussen hersenen en lichaam en tussen werk en gezin, en het belang van steunende relaties en andere krachtbronnen.

Omdat diagnostische systemen de nadruk leggen op de details of de vorm van de stoornis, werpen ze geen licht op hoe die stoornissen ontstaan, hoe schadelijk ze zijn in het leven en, op de eerste plaats, hoe men meer dan de symptomen alleen moet behandelen. Ik denk dat alle gedetailleerde beschrijvingen van stoornissen in de *DSM-IV* niet hebben geleid tot beter begrip of behandeling, omdat ze de aandacht afleiden van het grote geheel en de basisprincipes van vele schijnbaar verschillende stoornissen. Zoals de psychologen Georg Eifert en John Forsyth naar voren brengen, geven deze diagnostische beschrijvingen ons 'de verkeerde indruk dat angststoornissen meer van elkaar verschillen dan daadwerkelijk het geval is' (Eifert & Forsyth 2005, p. 4). Hoe verschillend zijn OCS en fobieën nu eigenlijk? Wat nodig is, en ik citeer weer Eifert en Forsyth, is beter begrip van de 'veelvoorkomende processen die zich voordoen bij de ontwikkeling en instandhouding van problemen die betrekking hebben op angst' (2005, p.4).

Er is zoveel overlap bij angststoornissen, omdat er veel overlap is in de manier waarop mensen reageren op moeilijke omstandigheden. De overlap zit 'm meer in 'veelvoorkomende processen' dan in de symptomen.

1.5 • VEELVOORKOMENDE PROCESSEN BIJ ANGST

Volgens mij hebben alle subtypen van angst twee dingen gemeen. Ten eerste, het kind ervaart een beangstigende of onprettige lichamelijke sensatie, emotie, gedachte of herinnering. De aanwezigheid van en wisselwerking tussen deze gedachten en gevoelens noemen we de bange of angstige emotie. Bij dwangstoornis kunnen dat opdringerige gedachten of bijvoorbeeld angst voor bacteriën zijn. Bij gegeneraliseerde angststoornis kan dit het wakker liggen met een misselijk gevoel vanwege gedachten aan inbrekers zijn. Bij paniekstoornis kunnen dit hartkloppingen, snelle ademhaling en doemdenken zijn. Afgezien van de details worden deze belevingen door het kind als beangstigend, onprettig of gevaarlijk ervaren. En als zijn angst de kop opsteekt, voel je als ouder zijn ontsteltenis naast je eigen vergelijkbare emoties, waaronder, misschien, hulpeloosheid en frustratie.

Ten tweede, voor een psychische stoornis moeten die gedachten en gevoelens het dagelijks functioneren van het kind beïnvloeden. Interessant maar waar: pas toen de vierde editie van de *DSM* in 1994 uitkwam, moest elke psychologische diagnose een 'aanzienlijke invloed op iemands gewone routine, werk (of school), of gewone sociale activiteiten of relaties hebben' (American Psychiatric Association 1994, p. 410). Met andere woorden: er is meer nodig om een diagnose te stellen dan alleen angstige gedachten en gevoelens. De kern van dit boek is de erkenning dat het functioneren niet direct door de gedachten en gevoelens in gevaar wordt gebracht, maar door de *reacties* van het kind of de ouder hierop. Deze reacties, door kind of ouder, nemen meestal de vorm aan van vermijding of ongepaste beheersingsstrategieën.

VERMIJDING EN BEHEERSING

Zowel bij kinderen als volwassenen komt de negatieve invloed van angst bijna altijd tot uiting op een van de volgende twee en soms op allebei de manieren: ten eerste, vermijding van die situaties die de angstgedachten en -gevoelens (kunnen) veroorzaken en ten tweede, verkeerd gebruikte pogingen om gedachten en gevoelens of de omgeving te beheersen. Heel belangrijk in dit boek is het feit dat verstoord functioneren bij angst een gevolg is van deze pogingen het leven te vermijden of te beheersen, in plaats van te leven en te leren.

De rituelen en reacties van een kind met een dwangstoornis zijn bijvoorbeeld een poging onprettige gedachten en gevoelens, bijvoorbeeld over bacteriën, te beheersen (afweren of verdrijven). Dit kind zal waarschijnlijk ook situaties vermijden die angst voor bacteriën kunnen opwekken: het aanraken van deurknoppen bijvoorbeeld. Het kind dat weer een nacht vol vrees voor inbrekers voor zich ziet, zal eisen dat er een ouder in zijn kamer slaapt. Een tiener zal misschien wel pannieksymptomen met alcohol bestrijden (beheersing en vermijding tegelijkertijd).

Deze strategieën zijn onaangepast omdat ze het kind op korte termijn helpen de angstige gedachten en gevoelens te beheersen, verminderen of vermijden, maar op de lange termijn verstoren ze de dagelijkse taken en het beeld dat je van een opgroeiend kind mag verwachten (alleen slapen, naar school gaan). Daarnaast zorgen overdreven vermijding en beheersing ervoor dat het kind zich niet echt leert aanpassen aan uitdagingen en moeilijkheden, en geen probleemoplossende vaardigheden leert. Daardoor gaan de beheersings- en vermijdingsstrategieën door of nemen zelfs toe om de symptomen weg te houden. In dit scenario ligt gevaar altijd op de loer.

In de volgende hoofdstukken kijken we beter naar beheersing en vermijding in het leven van je kind, wanneer het wel kan en wat je kunt doen als het een probleem vormt. Er zijn namelijk veel dingen die jij en je kind kunnen vermijden zonder dat dit effect heeft op de kwaliteit van leven. Bijvoorbeeld, ik hou er niet van mijn vecht-of-vluchtrespons uit te lokken, dus ik ga niet bungeejumpen, gokken met hoge inzet of andere dingen doen die angst als entertainment gebruiken. Maar ik kan geen gelukkig of productief leven leiden als ik weiger te vliegen. Reizen per vliegtuig is gewoon te efficiënt en te noodzakelijk voor mij om mijn doelen te bereiken en mijn levensstijl te behouden. Tegelijkertijd heb ik een hekel aan vliegen. Voor mijn vertrek ben ik dagenlang angstig, tot aan het ophalen van de bagage en vervoer op vaste grond regelen. Maar het vermijden van vliegen zou een grote en negatieve invloed hebben op mijn leven. Dus ik ga er mee om en bijt door de zure appel heen. Het is niet leuk, maar het brengt me letterlijk waar ik wezen moet.

De angst van je kind kan worden veroorzaakt door heel veel gebeurtenissen en mogelijkheden: zwemles, auditie voor het schooltoneelstuk, een uitnodiging voor een partijtje, weer naar school gaan na twee weken kerstvakantie, de hond verderop in de straat, een nachtmerrie. De vermijding of beheersing van een paar van deze omstandigheden hebben weinig negatieve invloed. Andere, zoals school, kun je niet zo makkelijk vermijden of beheersen.

Zoals ik al zei in de inleiding, kunnen doelstellingen zoals leren zwemmen, een rol in het schooltoneelstuk, naar Disneyland vliegen, enzovoorts, een context vormen waarin de angst gewoon 'onderdeel van de afspraak' wordt – onprettig maar het hoort er nou eenmaal bij. In hoofdstuk 5 kijken we naar je waarden en doelstellingen in het leven van je gezin en die de context zullen vormen voor dapper handelen. Een duidelijke verbinding met je waarden en doelstellingen vertelt je wanneer je als ouder moet meeveren, toegeven, tegengas geven en je kind medelevend een duwtje in de rug moet geven.

DE BEHOEFTE VAN JE KIND AAN JOUW BEGRIP EN HULP

Je leest dit boek omdat je kind een aantal subtiele en minder subtiele manieren heeft ontwikkeld om jou te wijzen op zijn angst en jou om hulp te vragen. Sommige angstgedragingen – vastklampen, terugtrekken, smeken ergens niet heen te hoeven gaan of thuis te blijven, vragen stellen, geruststelling vragen, weigeren iets te doen of ergens mee op te houden – zijn helder; dat wil zeggen: ze zijn duidelijk in verband te brengen met een beangstigende situatie. Aan de andere kant is angstig gedrag minder duidelijk in verband te brengen met angst. Hierbij moet je denken aan buik- en hoofdpijn; hyper, gek of onvolwassen gedrag; verdriet en huilen; en opstandigheid of woede.

Je kind hoopt op hulp in de vorm van redding of geruststelling. Hij hoopt op – heeft het nodig, eist zelfs – jouw hulp in de vermijding en beheersing van zijn angst. Dat is het plan – om angst te vermijden of te beheersen – en jouw kind heeft veel strategieën ontwikkeld, en blijft ze ontwikkelen, om dat doel te bereiken. Dit heeft ook te maken met het ongelukkige feit dat de methoden van jouw kind om zijn angstige gedachten, gevoelens en behoeften duidelijk te maken, bij jou verwarrend, aversief, onvolwassen, ongepast, overdreven en vervelend kunnen overkomen. Jij reageert dan met jouw eigen verwarring, angst en ontsteltenis. Dit veroorzaakt een nutteloze keten van reacties en tegenreacties die er alleen maar voor zorgt dat jij en je kind doodongelukkig en gefrustreerd raken.

1.6 • WAT JIJ KUNT DOEN

Vrees en angst gebeuren nu eenmaal. Belangrijk is wat er daarna gebeurt. Hoe brengt je kind de angst over en hoe gaat hij ermee om? Reageert hij zinvol en gepast of is de reactie zo broos dat die de angst alleen maar meer grip op zijn leven geeft?

Hulp, redding of geruststelling zoeken is verbonden met de pogingen van je kind de angst te beheersen of te vermijden. Het doel is voor jou, de almachtige en genadige ouder, de beheersing te laten zien die het je kind ontbreekt. Daarnaast kan het doel van je kind zijn jouw goedkeuring voor en hulp bij een vermijdingsstrategie te krijgen – bijvoorbeeld, een afwezigheidsbriefje voor school krijgen.

Hoe goed het ook bedoeld is, als we als ouder meewerken aan die vermijdings- of beheersingsreacties, dan vergroten we de kans dat die onaangepaste strategieën sterker worden en gaan we echte groei en aanpassing juist tegen. Nogmaals, het proces is onaangepast omdat het de ontwikkeling van leeftijdsgebonden omgangs- en aanpassingsstrategieën tegengaat, voornamelijk het vermogen om te gaan met stress, zichzelf te kalmeren of problemen op te lossen. Net zoals beheersings- en vermijdingsstrategieën die niet werken, leidt het zoeken naar jouw hulp op de verkeerde manier alleen maar tot meer angst, en meer behoefte aan redding of vlucht. Zo ontstaat een vicieuze cirkel.

Dit laatste punt is de kern van onze discussie over angst bij kinderen en wat wij als ouders eraan kunnen doen. Kinderen hebben hun ouders zeker nodig voor allerlei hulp, steun, leiding, bescherming, enzovoorts. Maar als het proces van hulpzoeken dwingend, verwarrend of op een andere manier aanzienlijke negatieve emoties oproept bij een ouder, is het heel moeilijk goed te reageren op de behoeften van ons kind. In plaats daarvan reageren we met onze eigen pogingen tot beheersing of vermijding, wat op de lange termijn evenmin productief is.

1.7 • SAMENVATTING EN EEN VOORUITBLIK

Ik heb een aantal kerneigenschappen van vrees en angst omschreven, de wortels ervan in ons biologisch veiligheidssysteem en hoe de angst tot uiting komt in paniek, bang zijn, obsessie, enzovoorts. Ik heb het ook gehad over de beperkingen van het traditionele medisch model, dat de nadruk legt op symptomen en het verminderen of wegnemen daarvan.

In plaats van de symptoombenadering, opper ik een visie die gebaseerd is op de vraag: 'Wat probeert het kind te bereiken met zijn angstgedrag?' Het korte antwoord is verlossing. Maar tegen welke prijs?

In de volgende hoofdstukken zal ik het hebben over algemene beginselen voor de manier waarop jij kunt reageren op ongepast vermijdings- en beheersingsgedrag die door de angst van je kind worden opgewekt. Ik zal kijken naar kwesties die kenmerkend zijn voor de verschillende angststoornissen (gegeneraliseerde angststoornis, verlatingsangst, enzovoorts). De nadruk zal meer liggen op de manier waarop kinderen in verschillende ontwikkelingsfases gedachten en gevoelens beleven en hun gedrag in een angstsituatie, dan op de verschillende subtypes van angst. In het volgende hoofdstuk zal ik beschrijven hoe angst zich openbaart op verschillende leeftijden en hoe de emotionele en cognitieve ontwikkeling samengaan.

2

De ontwikkeling van een kind en de aard van angst

Angst is een natuurlijk onderdeel van het opgroeien, omdat opgroeien moeilijk en eng is. Zoals ik in het vorige hoofdstuk al zei, is angst het meest voorkomende psychische gezondheidsprobleem in Amerika en de meeste angst begint in de kinderjaren (Kessler et al., 2005). Als er niets aan gedaan wordt, kan angst een verlammend en hardnekkig probleem worden. Anders kan angst een achtergrondgeluidje worden dat het leven niet beïnvloedt.

Ik heb angst beschreven vanuit de standaarddiagnostiek: gebaseerd op symptomen, het 'wat' van angst. Dit hoofdstuk gaat over de manier waarop angst voortkomt uit de wisselwerking tussen de aanleg van het kind en haar vroegste ervaringen. Aanleg wordt bepaald door het zenuwstelsel van het kind en zelfverdedigings- en zelfbeheersingsmechanismen waarmee ze geboren is. De ervaringen zijn haar vroegste interacties met de wereld, vooral de wereld van andere mensen.

2.1 • ANGST DOOR DE JAREN HEEN

De meeste psychologieboeken en veel boeken voor ouders van angstige kinderen beschrijven de manier waarop vrees en angst en de situaties die beide oproepen, kunnen ontstaan en veranderen tijdens de kinderjaren. Dit is mijn beschrijving:

Van baby tot kleuter
- Angst voor vreemden: angstreacties bij volwassenen die niet de belangrijkste verzorger zijn (rond de leeftijd van zeven tot negen maanden tot rond twaalf maanden)
- Verlatingsangst: verlegenheid als het kind niet graag gescheiden is van de ouder, voornamelijk in sociale situaties
- Onbekende en zeer prikkelende dingen en gebeurtenisssen die angstreacties opwekken die zich kunnen ontwikkelen tot bezorgdheid: grote honden, insecten, onweer, harde en plotselinge geluiden, enzovoorts

Op de basisschool
- Gevaren in de wereld: fysieke schade (bijvoorbeeld ongelukken), inbrekers, brand, aardbevingen, auto- en vliegtuigongelukken, terroristische aanvallen, enzovoort
- Duisternis en plaatsen en gebeurtenissen die daarmee te maken hebben: bedtijd, kasten, de kelder, begraafplaatsen 's nachts
- Alleen zijn
- Ziekte
- Sociale afwijzing
- Falen op school
- Verstoring van het gezin (bijvoorbeeld scheiding)
- Dood

Op de middelbare school
- Vernedering
- Verlies van populaire status, sportstatus of status als goede leerling
- Seks en intimiteit
- De toekomst

Dit is duidelijk een onvolledige lijst en ook nog eens gebaseerd op klinische rapporten. Niet alle kinderen reageren bang of angstig op deze situaties op precies die leeftijden. Bang zijn komt het meest en het hevigst voor tussen de zeven en negen jaar, terwijl angst gestaag opkomt tussen vier en twaalf jaar (Muris e.a., 2000). De vorm van angst verandert met de psychische ontwikkeling en de ervaring. Bang zijn voor letsel maakt plaats voor zorgen over stress en vaardigheden.

2.2 • HET ABC VAN ANGST

Psychologen stellen bij problematische gedragspatronen een heleboel vragen over wat een kind voelt, denkt en doet: Hoe voelt je buik? Waarover ben je bezorgd? Wat doe je als die bezorgdheid de kop op steekt? Het gedrag dat het kind of haar ouder beschrijft, vormt de specifieke angststoornis die we hopen te behandelen. Onder de algemene term 'gedrag' versta ik ook gedachten en gevoelens, zelfs al kan dit soort gedrag niet door anderen worden waargenomen en zelfs al is het onvrijwillig. Als psycholoog wil ik precies weten hoe het probleem eruitziet van buitenaf en vanuit de persoon zelf. Ik wil ook een idee krijgen van de gebeurtenissen die zowel het *privégedrag* (gedachten en gevoelens van het kind) als het *openbare gedrag* (handelingen die voor iedereen waarneembaar zijn, zoals verstijven of huilen) veroorzaakt hebben. Ten slotte stel ik vragen over wat er daarna gebeurt: zoekt het kind hulp, rent het weg of ploetert het voort?

Om de angst van je kind te begrijpen en daarop effectief te reageren, is het belangrijk dat je systematisch dezelfde soort vragen stelt. Daarvoor gebruiken psychologen een techniek die we simpelweg het ABC noemen. Ik zal je laten zien hoe je deze techniek gebruikt om de gedragspatronen te bekijken die invloed hebben op jou en je kind. Simpel gezegd beschrijft het ABC de keten van gebeurtenissen die we vrees en angst noemen. De keten begint met omstandigheden of activators die de vrees en angst lijken op te wekken; een blaffende hond, een belangrijke toets op school. Vervolgens is het gedrag dat de angststoornis vormt aan de beurt: de gevoelens, gedachten en handelingen van je kind. Ten slotte willen we weten wat er daarna gebeurt: de reacties uit de omgeving van het kind, voornamelijk de sociale omgeving, op het angstgedrag. We hebben nu drie reeksen van situaties of gebeurtenissen, gedrag en reacties die in drie rijen worden gezet onder A B, en C, ofwel activators, gedrag (in het Engels: behavior) en consequenties.

ACTIVATORS	BEHAVIOR (GEDRAG)	CONSEQUENTIES

> **OEFENING:**
> **HET ANGSTGEDRAG VAN UW KIND EN DE GEBEURTENISSEN DIE DAT ACTIVEREN**
>
> Schrijf eerst drie of vier soorten angstgedrag op (waarneembare handelingen, gedachten of gevoelens) waar je kind mee kampt. Zet deze in de gedragskolom. Wees zo gedetailleerd mogelijk. In plaats van 'zenuwachtig,' 'hulpeloos,' of 'onbeheersbaar', beschrijf je wat ze doet: 'ijsberen,' 'zegt steeds "Ik kan het niet,"', 'ligt op de grond, kermend.'
>
> Daarna, in de activatorkolom, schrijf je de gebeurtenissen of omstandigheden die dat gedrag eigenlijk altijd oproepen. Bijvoorbeeld, 'naar een partijtje gaan,' 'huiswerk doen,' of 'bedtijd.' Wees ook hier zo gedetailleerd mogelijk. Gebeurt het met elk partijtje of alleen als ze er nog nooit is geweest? Gebeurt het bij elk huiswerk, meestal bij de schrijfopdrachten of wat er dan ook als eerste taak staat? Gebeurt het elke avond rond bedtijd, op een bepaalde avond in de week of wanneer je partner tot laat moet werken? Laat de consequentiekolom nu nog maar even leeg. Ik kom daar namelijk later op terug.

In de volgende voorbeelden bevat de eerste kolom korte beschrijvingen van de gebeurtenissen of omstandigheden vlak voor het angstgedrag van het kind. Hiervan wordt gedacht dat ze katalysatoren zijn die het daaropvolgende gedragspatroon hebben veroorzaakt of verergerd. Ik noem deze wat-er-gebeurde-vlak-voor-de-angst-opkwam-situaties ook wel *activators*: wat bracht de vrees- of angstreactie op gang?

Probeer de activator(s) in de volgende situatie te herkennen: op straat verschijnt er plotseling een blaffende hond achter een hek. Waarschijnlijke activators zoals de blaffende hond zet je in de eerste kolom. Maar, zoals we zullen zien, als het kind eerder is geschrokken van deze hond, kan alleen al door die straat lopen angstige gedachten, gevoelens en gedrag activeren.

Het relevante gedrag wordt simpelweg het *gedrag* genoemd. De plotselinge verschijning van een hond is de katalysator voor een angstreactie. De angst of bezorgdheid, of ander gedrag, zoals huilen of buikpijn, zet je onder B in de middelste kolom.

De analyse is compleet met een beschrijving van wat volgt op het gedrag: de vader van het bange, huilende kind slaat een arm om haar heen en trekt haar voorzichtig van de hond weg. Dit is een voorbeeld van de *consequenties* van het gedrag, die we in de derde kolom zetten. Een consequentie is vaak iets dat wordt uitgedeeld door de ouders, zoals een straf. Hier bedoel ik alleen maar datgene wat op het gedrag volgt, zonder het als goed of slecht te beoordelen of te kijken naar wie of wat het veroorzaakt heeft.

Zo krijgen we dan het ABC: de *activator*omstandigheden of katalysatoren, het *gedrag* zelf en de *consequenties*. Laten we ons eerst eens bezighouden met de eerste twee: het gedrag in kwestie en de gebeurtenissen die eraan voorafgaan.

ACTIVATORS	BEHAVIOR (GEDRAG)	CONSEQUENTIES

Deze lijst maakt misschien duidelijk dat de angst van je kind zich op vele verschillende manieren openbaart – zowel uiterlijke gebeurtenissen zoals handelingen, verbale taal, lichaamstaal als innerlijke zoals gedachten en gevoelens. Sommige gedragingen zijn ondubbelzinnig: bijvoorbeeld als je kind zegt: 'Ik ben bang.' Ander gedrag kan alleen vrees of angst suggereren, zoals rusteloosheid, frustratie, tegendraadsheid of slecht slapen.

De activators kunnen ook erg verschillend zijn. Er zijn duidelijke katalysatoren zoals een blaffende hond of naar school gaan op een toetsdag. Andere activators kunnen minder duidelijk zijn, maar nog steeds een vrees- of angstreactie tot gevolg hebben. Deze activators kunnen honger, moeheid, gebrek aan structuur, een zieke of afwezige ouder, enzovoorts, zijn. Als je antwoordt op de vraag wat de angst van je kind het meest activeert is 'Ligt eraan,' dan zijn de minder duidelijke maar belangrijke activators in het spel.

Op de volgende bladzijden zal ik aan de hand van de ABC-techniek angstgedrag, activators en consequenties beschrijven in fictieve casusvoorbeelden uit mijn werk als clinicus. Ik zal ook deze techniek aanhalen in oefeningen die je de 'wat' en 'waarom' van de angst van jouw eigen kind beter leert begrijpen. Maar eerst wil ik uitleggen hoe angst zich op unieke wijze kan ontwikkelen in een kind.

2.3 • DE OORSPRONG VAN ANGST

Zoals ik al eerder uitlegde, is bang zijn heel natuurlijk en een automatische reactie op een echte of irreële dreiging op dat moment. Maar angst is de *verwachting* van gevaar of ongemak. Het is ontsteltenis in het hier en nu over een mogelijke toekomst. Net zoals bang zijn, stamt angst uit natuurlijke en automatische processen die onze beleving van de wereld vormen binnen enkele minuten na de geboorte. Vanaf die allervroegste belevingen vormt en verfijnt de wereld, en dan vooral onze sociale wereld, onze waarnemingen en reacties.

TEMPERAMENT

Een kind komt ter wereld met een stel aangeboren eigenschappen die invloed hebben op de manier waarop zij reageert op stimulatie en haar vermogen tot zelfregulatie als de balans verstoord wordt. Zelfs een pasgeborene zal bijvoorbeeld haar hoofd wegdraaien van oom Harry als hij te enthousiast wordt met de ratel. Dat is een strategie om stimulering te beperken en het begin van vermijding.

Maar als iets interessant is en niet overweldigend, zal de baby ernaar toe draaien, ernaar kijken en later als ze kan kruipen of lopen erop af gaan. Later wordt het veel ingewikkelder.

Als oom Harry het ongemak van zijn nichtje niet opmerkt en de ratel blijft opdringen, gaat de baby een niveautje hoger in de zelfbescherming: jammeren. Pappa verschijnt, tilt de baby op en begint haar te wiegen. De baby wordt snel rustig. Deze wisselwerking tussen oom Harry en de baby en tussen de baby en haar vader hebben met temperament te maken.

Temperament is het starterspakket van basisneigingen en standaardreacties die iedereen bij geboorte meekrijgt. In zijn boek *The Difficult Child* definieert Stanley Turecki temperament als 'de natuurlijke, aangeboren, individuele manier van gedrag. Het gaat om het *hoe* van het gedrag, niet het *waarom*' (1985, p. 13). Temperament is de kenmerkende manier waarop elke pasgeborene op de wereld om haar heen reageert, meestal beschreven als hoog of laag in bepaalde opzichten zoals de hevigheid van haar reacties, de voorspelbaarheid of regelmaat van lichaamsfuncties, mate van activiteit, benaderen of vermijden van nieuwe dingen en de gangbare gemoedstoestand (vrolijk of verdrietig), om maar een paar te noemen.

HET RITME EN DE GEMOEDSTOESTAND VAN HET TEMPERAMENT

Temperament is het ritme van het gedrag en de emotionele gemoedstoestand. Sommige zuigelingen slapen en poepen vanaf hun eerste dag volgens een heel voorspelbaar schema. Sommigen worden aangetrokken door nieuwe dingen en actie, terwijl anderen wat aarzelender zijn en de kat uit de boom kijken. Sommige zuigelingen zijn altijd druk, snel verstoord en moeilijk te kalmeren. Anderen zijn positief, rustig en makkelijk te troosten. Deze aspecten van temperament zijn de basis voor de manier waarop de zuigeling met de wereld zal omgaan, voornamelijk de wereld van mensen, die begint bij de ouders.

BABY'S BESTAAN NIET

Temperament bepaalt de mate en de kwaliteit van de transacties van een kind met de wereld. Ik gebruik de term 'transactie', omdat het hier gaat om tweerichtingsverkeer: hoe jij je tegenover je baby gedraagt, heeft invloed op haar. Ze reageert, en haar reactie heeft invloed op jou en bepaalt jouw volgende handeling, enzovoorts. De Britse psychiater D.W. Winnicott (1965) zei ooit: 'Baby's bestaan niet' (p. 39). Een baby kan immers nooit los gezien worden van haar verzorgers en alle transacties tussen hen. De vroege transacties zijn de vroegste leermomenten van je kind, de creatie van haar persoonlijkheid, en ook het beeld van zichzelf en de wereld om haar heen, voornamelijk de sociale omgeving. Vroeger dacht men dat er bepaalde temperamentstijlen bestonden die van zichzelf problematisch waren. Men dacht dat er zoiets als een 'moeilijk kind' bestond, dus een temperament gekenmerkt door een slecht of onvoorspelbaar ritme, een negatieve instelling, terugtrekking of vermijding, en moeilijk te troosten als het kind van streek is. Nu weten we dat er twee dingen belangrijker zijn dan de temperamentstijl zelf bij succesvolle ouder-kindtransacties: de verwachtingen die de ouders hebben over het soort kind dat ze zullen krijgen en hoe zij zich kunnen aanpassen aan dat kind.

Alle ouders bedenken hoe hun kind zal worden. Dat beeld wordt gevormd aan de hand van temperament. Je denkt uren na over je kind en hoe ze zal worden: haar fysieke kenmerken, haar humeur, haar persoonlijkheid, enzovoorts. Deze verwachtingen komen voort uit je eigen jarenlange ervaringen met jouw eigen familie, jouw contacten met baby's en kinderen, boeken die je hebt gelezen, en zelfs de populaire cultuur. Als je terugkijkt op die verwachtingen en als je nu kijkt naar je kind, had je dan gelijk? Heeft ze voldaan aan de verwachtingen, of verrast ze je op allerlei manieren?

Als ouders onverwacht een druk kind krijgen, kan dit miscommunicaties, frustraties, irritaties en conflicten opleveren. Omgekeerd kan een rustig kind in een luidruchtig gezin verwarring, bezorgdheid en waarschijnlijk heel wat opdringerig gedrag – in ieder geval vanuit het standpunt van het kind-ouderschap – opleveren.

De tweede en zeer belangrijke factor is de mate waarin de ouders zich kunnen aanpassen aan hun kind. Oom Harry merkte de signalen van zijn nichtje niet op en dit kan hun relatie negatief beïnvloed hebben. Als oom Harry zijn gedrag niet aanpast, kan zijn nichtje langdurige en automatische reacties op hem ontwikkelen die hun relatie, en misschien andere soortgelijke toekomstige relaties, kleuren.

SYNDROMEN KOMEN VOORT UIT DE OERSOEP VAN TEMPERAMENT

Volgens de meeste studies zijn sommige psychische stoornissen al bij peuters te zien; angst is hier één van. Maar de problematische gevoelens en gedragingen van heel kleine kinderen zijn niet goed te onderscheiden. Ze worden meestal onder twee groepen samengebracht: remmend gedrag of niet-remmend gedrag.

Remmend gedrag kan voortkomen uit een temperamentstijl gekenmerkt door vermijding van nieuwe dingen of sterk prikkelende situaties. Geremde kinderen vertonen kenmerken zoals een slecht aanpassingsvermogen en een laag activiteitsniveau en zijn nogal mild in hun reacties op de wereld om hen heen. Ze kunnen stil en verlegen overkomen en lijken niet graag risico's te nemen. Kinderen van twee jaar met remmend gedrag hebben meer kans op een angststoornis dan andere kinderen (Turner, Beidel & Epstein, 1991).

Kinderen met niet-remmend gedrag zijn over het algemeen het tegenovergestelde van het verlegen, stille kind. Dit zijn de kinderen die de wereld ontdekken met veel energie, heftig reageren (positief of negatief) op gebeurtenissen, nieuwe dingen en verandering opzoeken en zich snel aanpassen. Er zijn maar weinig kinderen die altijd óf remmend gedrag óf niet-remmend gedrag vertonen. Het volgende voorbeeld van Abby laat de extreme gemoedstoestanden en het gedrag zien die angst in je leven kunnen oproepen.

....

ABBY: 'PANIEK/WOEDEAANVAL'

Abby is een klein en frêle meisje van vier. Ze beweegt langzaam en sierlijk, net alsof ze onder water is. Van jongs af aan was ze volgens haar ouders verlegen en introvert. Ze praat nauwelijks buitenshuis, en dan alleen maar fluisterend in het oor van haar moeder. Op de kleuterschool speelt ze stilletjes alleen, maar vaak wel in de buurt van andere kinderen en volwassenen. Ze gaat in op de uitnodigingen van kinderen om te spelen, maar gaat niet uit zichzelf met anderen spelen.

Vanaf de geboorte had Abby moeite met zelfregulatie en aanpassing aan de dagelijkse ritmes. Ze schrok vaak, raakte van streek en trok zich terug bij normale gebeurtenissen: de telefoon die gaat, iemand anders dan haar moeder die haar optilt of dichtbij komt, het verschonen van een luier. Als Abby overweldigd raakte, was ze erg moeilijk te troosten. Ze huilde of trilde een uur lang en kalmeerde niet door troost van haar ouders.

Abby raakt snel overweldigd door onbekende omgevingen. Dit is het meest zichtbaar als ze met iemand anders dan haar ouders moet omgaan. Tijdens een uitje naar het winkelcentrum met haar oma plaste Abby in haar broek, omdat ze niet durfde te vertellen dat ze naar de wc moest. Abby vertelde haar moeder later dat ze niet naar de wc in het winkelcentrum wilde omdat 'het daarbinnen te lawaaiig is'. Het ABC van deze gebeurtenis kan als volgt beschreven worden:

ACTIVATORS	BEHAVIOR (GEDRAG)	CONSEQUENTIES
In het winkelcentrum met oma. Moest naar de wc.	Durfde niet te zeggen dat ze naar de wc moest.	Ongelukje, huilend naar huis gebracht.

De temperamentstijl van Abby maakte het moeilijk voor haar ouders, Catherine en Wayne, haar behoeften te begrijpen en ermee om te gaan. Omdat Abby het eerste kind was, hadden haar ouders geen idee wat normaal was voor een baby als het gaat om gevoeligheid of reacties op de omgeving. Abby's gedrag bracht hen in de war en maakte hen bang. Als positieve mensen, vol energie en levenslust hadden ze zich een kind voorgesteld dat de wereld positief en gretig zou omarmen. Ja, Catherine was als kind verlegen en Wayne had wel eens een paniekaanval gehad op de middelbare school, maar ze waren dat ontgroeid. Catherine en Wayne namen aan dat ze iets verkeerds deden. Wederzijdse frustratie tekende Abby's relaties vanaf het begin.

Zoals veel kinderen met sterk remmend gedrag, kan Abby zich moeilijk aanpassen aan verandering en omgaan met stressvolle situaties. Als haar tolerantieniveau bereikt is, gaat Abby van remmend gedrag naar extreem niet-remmend gedrag. Ze heeft plotselinge en heel hevige woede-uitbarstingen als ze overweldigd en bang is. Ze is dan erg van streek, fysiek onbeheerst en totaal niet in staat tot verbale communicatie. Ze huilt, krijst, gooit zichzelf op de vloer, zwaait wild met armen en benen, en slaat, schopt, of bijt iedereen die in de buurt komt. Op andere momenten huilt Abby hysterisch en klampt zich vast aan haar moeder. Ik noem deze extreme reacties 'paniek/woedeaanvallen' omdat die een kruising lijken te zijn van een paniek- en een woedeaanval. In Abby's geval kunnen ze wel een uur duren. Daarna zijn Abby's ouders vermoeid, boos en ontmoedigd.

De activators, gedrag en consequenties van die aanvallen zien er (sterk vereenvoudigd) als volgt uit:

ACTIVATORS	BEHAVIOR (GEDRAG)	CONSEQUENTIE
Verjaarspartijtje: Catherine stond erop dat Abby moeder van vriendinnetje aankeek, gedag zei.	Paniek/woedeaanval: krijsen, rug krommen, schoppen.	Abby van partijtje weg, naar huis gebracht; Catherine vermoeid, boos en ontmoedigd.

Het onvermogen van haar ouders om met Abby's gedrag om te gaan, maakte ze verdrietig, gefrustreerd en uiteindelijk boos. Familieleden hadden subtiel kritiek op hun ouderschap en droegen vele 'getest en in orde bevonden'-oplossingen aan, die allemaal niet hielpen. Ontmoediging was troef. De reacties van haar ouders op Abby's ontdaanheid werden harder en minder geduldig. Catherine's reactie was vol afschuw weglopen, haar huilend smeken te kalmeren, of haar toesnauwen zich te beheersen. Later werd Catherine overspoeld door schuldgevoel en boosheid, en dan door nog meer schuldgevoel vanwege haar boosheid.

Uitstapjes vooral met verre familie, werden liefst vermeden. Daardoor werd de wereld van het hele gezin kleiner en veel meer gespannen. Vermijding en beheersing hadden de boel overgenomen.

....

2.4 • HOE ONTWIKKELING ANGST BEÏNVLOEDT

Abby en haar ouders zaten klem in een nutteloze cyclus van ontsteltenis, reactie, meer ontsteltenis, vermijding en beheersing. Door haar ontzettend gevoelige vecht-of-vluchtsysteem, in combinatie met een gering natuurlijk en flexibel vermogen zichzelf te kalmeren, reageerde Abby heftig en negatief op veel alledaagse gebeurtenissen. Hoe ziet Abby's toekomst eruit? Zal ze altijd deze reacties en paniek/woedeaanvallen blijven houden, of zal ze die ontgroeien? Wat zal haar levensloop beïnvloeden?

Als baby was je kind eerst bang voor directe storingen die haar overweldigden of haar overleving op een bepaalde manier bedreigden: harde en plotselinge geluiden, het donker, en alleen zijn, zijn typerend. Later leerde ze niet alleen te reageren op wat haar daadwerkelijk overkomt (vrees, bang zijn), maar ook op wat haar volgens haar hersenen zou kunnen overkomen (angst).

Dit alles is ontstaan door de ontwikkeling van een verfijndere manier van denken terwijl ze opgroeide. En het denkpatroon ontwikkelt zich net zoals taal. Het angstverleden van elk persoon hangt nauw samen met zijn denk- en taalontwikkeling.

ONZE VROEGSTE MANIER VAN DENKEN: ALLES OF NIETS

Als je kind opgroeit van zuigeling naar peuter tot schoolkind en verder, leert ze verbazingwekkend veel in een heel korte tijd. Het leren van taal is een goed voorbeeld. Tussen de twee en de drie jaar neemt een kind elke week tientallen nieuwe woorden op in haar woordenschat.

Je kind leert ook nadenken. Haar specifieke denkpatroon is een product van haar genen (bijvoorbeeld, temperament en genetisch bepaald hersenstelsel) die samenwerken met haar ervaringen. Sommige kinderen ontwikkelen bijvoorbeeld een denkpatroon dat heel methodisch is, lineair en gericht op detail. Anderen hebben creativiteitsuitspattingen en intuïtie als hun persoonlijke manier van denken. Maar iedereen begint als baby eigenlijk met hetzelfde denkpatroon: informatie opnemen en die verdelen op de eenvoudigste manier: in *dit* en *dat*.

Als baby's beginnen we onze ontdekkingsreis van de wereld met de verdeling van twee dingen. Zuigelingen hebben een instinctieve voorkeur voor dingen met een groot contrast. Het lijkt logisch dat babyhersenen hierop ingesteld zijn. Ze moeten de randen van dingen kunnen onderscheiden om te begrijpen dat er afzonderlijke *dingen* bestaan. Ons gehoorsysteem is er ook op gemaakt afzonderlijke geluiden te onderscheiden en dan een gevoel te ontwikkelen voor waar een woord ophoudt en een ander begint. Als geluiden naadloos aan elkaar zouden zitten, zou taal onmogelijk zijn.

DIT IS SLECHT, DIT IS GOED, DIT IS WEL OKÉ

Zuigelingen en jonge kinderen tot vier- of vijfjarige leeftijd hebben dus een binaire, alles-of-nietsmanier om hun wereld te ordenen: dit is goed tegenover dat is slecht, hier moet ik op af tegenover dit moet ik vermijden, ik ben veilig tegenover ik verkeer in doodsgevaar, ik ben kalm en tevreden tegenover ik ga compleet over de rooie. Gevoed worden en vastgehouden worden zijn goede ervaringen – heel goede. Luieruitslag en een met een ratel gewapende oom Harry zijn slechte ervaringen – heel slechte.

Gedurende de eerste paar jaar van haar leven, begint de zuigeling of peuter met het herinneren van en nadenken over (beoordelen) wat er met haar gebeurd is. Deze beoordelingen worden verdeeld in helemaal goed of helemaal slecht. Jij bent de beste vader ter wereld, behalve als je de slechtste vader ter wereld bent. Deze extremen zijn de enige twee werkelijkheden en jouw status als vader kan in één tel in rook opgaan om de kleinste reden. Dit is moeilijk voor iedereen.

Het kleine kind heeft weinig vermogen verder te kijken dan de directe situatie, goed of slecht. Daardoor is het heel moeilijk zichzelf te troosten met de gedachte dat het snel overgaat of dat het eigenlijk niet zo erg was. Het vermogen uiteindelijk de grijstinten in het leven te zien, een dag te hebben die wel oké is in plaats van de beste of slechtste dag uit je leven, een soepeler en adaptiever zelf- en wereldbeeld te hebben, is een ontwikkelingsprestatie.

Waardoor ontgroeien kinderen dit starre, broze, alles-of-nietsdenkpatroon? Flexibele denkpatronen en taal. Flexibeler denken geeft je kind het vermogen verder te denken dan de directe situatie en alternatieven te overwegen voor de helemaal-goed- of helemaal-foutordening van de wereld. Taalontwikkeling maakt het mogelijk over belevingen te communiceren – 'Ik ben bang' – tegen andere belangrijke mensen zoals jij, andere volwassenen, broers of zussen en leeftijdsgenootjes. Taal stelt je kind in staat zich door moeilijke situaties heen te praten, hopelijk op een flexibele en passende manier: 'Dit is nu eng, maar het komt wel goed.' Ten slotte stelt taal jou en anderen in staat je eigen belevingen aan haar te vertellen, voornamelijk jouw beleving van haar op dat moment: 'Je ziet er nu bang uit. Wat denk je nu?'

TAAL, VERWACHTINGEN EN EEN FLEXIBEL DENKPATROON

Tijdens het tweede levensjaar wordt het gedrag van een kind steeds ingewikkelder en taal komt op. Vanaf dan kun je enig inzicht krijgen in wat er in het hoofd van je kind omgaat. Zelfs al voordat ze kon praten was het duidelijk dat ze een goed beeld had van wat ze wilde en hoe de dingen moesten gebeuren. Kinderen hebben een sterk vermogen zich de wereld voor te stellen. Ze kunnen op gebeurtenissen anticiperen en hebben hoge verwachtingen. Voor het vijfde levensjaar hebben ze geen of bijna geen flexibiliteit als het gaat om hun verwachtingen of hoe te reageren als er niet aan hun verwachtingen wordt voldaan.

Typerend voor haar leeftijd heeft Abby hoge verwachtingen van wat zal en moet gebeuren. Haar moeder beschreef het volgende kenmerkende scenario: Abby speelt alleen of is bezig met iets leuks samen met haar moeder. Ze vraagt om een glaasje appelsap. Catherine gaat naar de keuken en komt terug met de appelsap in een kleine plastic beker. Abby begint meteen te huilen. Een gigantische paniek/woedeaanval. Als Abby eindelijk kalmeert, vertelt Abby dat ze het sap in het blauwe bekertje 'wilde' en niet in het rode. Ik plaats 'wilde' hier tussen aanhalingstekens, omdat kinderen op die leeftijd net zo sterk dingen 'willen' als ik 'wil' blijven ademen. Alles wat ze willen, is essentieel voor hun voortbestaan, ook al lijkt dat in onze ogen absurd en onbelangrijk omdat wij onze wereld hebben ingedeeld in wat echt belangrijk en minder belangrijk is.

Afhankelijk van haar humeur en energieniveau op die dag, wijst Abby's moeder haar vierjarige dochter op het feit dat het niet uitmaakt welke kleur het bekertje heeft. Ze komt erachter dat dit geen nuttige strategie is. Appelsap in het rode bekertje doet Abby's verwachtingen geweld aan; het verstoort haar werkelijkheid, of in ieder geval haar vastomlijnde beeld hoe de realiteit eruit moet zien.

DE WERKELIJKHEID VAN JOUW ANGSTIGE KIND TEGENOVER JOUW WERKELIJKHEID

Toen Abby om haar appelsap vroeg, stelde ze zich voor wat er daarna zou gebeuren: haar liefdevolle en almachtige moeder zal dat heerlijke gouden vocht bemachtigen met de magische krachten die volwassenen hebben, en haar het sap in het blauwe bekertje brengen, precies zoals ze het zich heeft voorgesteld. Zo zag ze het in haar hoofd gebeuren. Zo zou het gaan.

Het rode bekertje deed haar verwachtingen geweld aan en op vierjarige leeftijd hebben kinderen een beperkt vermogen het verschil tussen de feiten en hun verwachtingen te tolereren. Op sommige dagen hebben ze geen tolerantievermogen. Dan is een verkeerde kleur van een bekertje al genoeg voor een vecht-of-vluchtreactie en in sommige gevallen een paniek/woedeaanval.

Pas op ongeveer vijfjarige leeftijd kunnen kinderen een redelijk betrouwbaar, consistent vermogen tot flexibiliteit opbrengen bij een verandering van hun plannen of verwachtingen: 'Ik heb mijn sap gekregen. Niet in mijn lievelingsbeker, maar lekker boeiend. Laten we verder gaan met ganzenborden.' Helaas kan dit nieuwe en prachtige vermogen als sneeuw voor de zon verdwijnen als het kind op een of andere manier gestrest is – hongerig, moe, enzovoorts – of wanneer de inbreuk gewoon te groot is.

SAMENSMELTING MET DE BUITENWERELD

Het is een ontwikkelingsprestatie voor je kind om een aspect van een situatie te onderscheiden van een andere, zoals de kleur van het bekertje van het feit dat het gewilde appelsap erin zit. Voordat kinderen vijf jaar zijn, zijn die aspecten meestal met elkaar verbonden, deel van een groot geheel. Vraag een kind maar eens hoe je iets kookt, je krijgt heel interessante antwoorden. Bijvoorbeeld, om een kip te braden, doe je de kip in de oven, je gaat naar de kerk, je komt thuis, je wast je handen en je eet de kip op. Voor een heel jong kind zijn het naar de kerk gaan en je handen wassen een integraal onderdeel van het braden van een kip.

Deze samensmelting van aspecten van de omgeving is maar een voorbeeld van het 'magische' denkpatroon van kleuters. Ze hebben nog geen vaste en consequente regels ontwikkeld voor oorzaak en gevolg of een idee van de grote lijn en de details. Voor een heel jong kind kan elk detail essentieel zijn – geen detail is te klein om je zorgen over te maken. De kleur van het bekertje is een integraal onderdeel van appelsap krijgen. Eerst het verhaaltje lezen, dan ingestopt worden, dan de kussens precies zo neerleggen *is* (niet *zijn*, het zijn niet drie aparte dingen) een integraal onderdeel van, versmolten met 's avonds in slaap kunnen vallen. Verpest je er iets van, dan riskeer je de vecht-of-vluchtreactie, omdat je de werkelijkheid van je kind verpest.

SAMENSMELTING VAN INNERLIJKE EN UITERLIJK WERELDEN

Niet alleen aspecten van de omgeving kunnen samensmelten en als een groot geheel gezien worden. Heel jonge kinderen laten onbewust ook hun gedachten en gevoelens versmelten met de buitenwereld, de dingen en gebeurtenissen. Dit soort samensmelting heeft namen gekregen zoals 'geestelijke gelijkheid' (Fonagy & Target, 2000), 'cognitieve versmelting' (Shafran, Thordarson & Rachman, 1996) of 'letterlijkheid' (Hayes, Strosahl & Wilson, 1999). Al deze termen beschrijven de menselijke neiging gedachten en gevoelens te behandelen alsof ze in directe verbinding staan met gebeurtenissen in de buitenwereld. Jouw kind handelt alsof haar gedachten waar, juist en letterlijke weergaven van de werkelijkheid zijn.

Nou ja, ze zijn niet eens weergaven, ze *zijn* de werkelijkheid! Op jonge leeftijd en tijdens stress overweegt je kind niet dat haar gedachten en gevoelens misschien onjuist, overdreven of niet langer van toepassing zijn. Die hond maakte haar bang. Honden zijn eng. Allemaal. Voor altijd.

Erger nog, als de gedachten en gevoelens van een kind de letterlijke werkelijkheid zijn, dan is de herinnering aan die hond hetzelfde als de blaffende hond die weer tegen het hek opspringt, in het hier en nu. Ze kan dus even hevig en angstig reageren op een herinnering als op de gebeurtenis zelf.

Dus als gedachten letterlijk waar zijn, is het heel moeilijk ze te veranderen. Als de eerste gedachte van jouw kind was dat de hond haar in stukken probeerde te scheuren, zal ze echt niet de mogelijkheid overwegen dat de hond alleen maar wilde spelen. Haar hersenen zullen een alternatieve uitleg of informatie die de oorspronkelijke gedachte bij de gebeurtenis tegenspreekt, niet toelaten. Ze zal vasthouden aan 'alle honden zijn gevaarlijk', omdat ze gelooft dat dat letterlijk waar is en omdat het een regel is geworden die ze volgens haar streng moet volgen om veilig te blijven. Aan alternatieve werkelijkheden zoals 'Je hebt eerder met die hond gespeeld en hij was gewoon blij je te zien' of 'Zag je niet dat hij kwispelde?' zal ze een harde dobber hebben.

SAMENSMELTING IN DE INNERLIJKE WERELD

Met zo'n niet-onderscheidende geest *heeft* een zuigeling niet alleen die gevoelens. Ze *is* die gevoelens. Dit is net zo bij de samensmelting van aspecten van de omgeving (het sap en de kleur van het bekertje). Haar gedachten en gevoelens en zelfs haar zelf-gevoel kunnen samensmelten. Het is ingebouwd in de taal, tenminste in het Nederlands: ik zeg 'ik *ben* bang' precies zoals ik zeg 'ik *ben* Chris.'

Voor ouders die hiermee niet bekend zijn, klinkt het raar om te zeggen, 'ik ben luieruitslag.' Maar we zeggen wel 'ik ben hongerig' (of moe of boos). In de meeste gevallen is dit niet kwaadaardig. Maar de overidentificatie met gedachten en gevoelens kan problematisch worden en leiden tot nutteloze gedragspatronen. Bijvoorbeeld, als 'ik ben bang' net zo echt en blijvend is als 'ik ben Chris' of 'ik ben een man,' dan denk ik niet dat men bang *zijn* kan veranderen. Maar als ik in plaats daarvan kan denken 'ik gedraag me bang' of 'ik maak me nu een beetje zorgen,' dan zijn andere manieren van handelen of denken misschien mogelijk. Als volwassene is het moeilijk deze oude denkpatronen te begrijpen, omdat wij ze al zo lang zijn ontgroeid. Maar iedereen vervalt nog wel eens in deze starre en primitieve denkpatronen als we moe, verdrietig of gestrest zijn. Dan merken we dat we een meer binair en star denkpatroon hebben over de omgeving en de mensen daarin: 'Dit gebeurt nou altijd...,' 'Jij doet ook nooit...,' 'Ik moet dat hebben...' Dit denkpatroon is net zo nutteloos als voor onze kinderen. En zoals je weet is het moeilijk eruit te komen als je er eenmaal inzit.

REGRESSIE: ACHTERUITGANG IN DE ONTWIKKELING

Regressie betekent het terugvallen op een jongere ontwikkelingsfase bij stress. Dit doen we allemaal in zekere mate als we aan onze tax zitten qua werk of andere eisen; we gaan terug naar de basis, naar eenvoudige denkpatronen en reacties op problemen en eisen. Het kan een goede overlevingsstrategie zijn als je terugvalt op wat je het beste kunt – de 'automatische piloot'modus. Maar regressie kan ook de flexibiliteit en creativiteit van je kind en jezelf sterk beperken, net zoals jullie die het hardst nodig hebben.

Je kind lijkt altijd tegen de ruwe grens van haar vermogen aan te zitten. Elke dag op school, met sporten, op muziekles, omgaan met leeftijdsgenootjes of broers en zussen, brengt het leven haar tot de grenzen van haar vaardigheden en veerkracht. Dit is de zone waarin we het beste kunnen leren, de optimale balans tussen wat we weten en kunnen en dit toepassen op nieuwe uitdagingen. Maar het kantelpunt richting frustratie en falen is dichtbij. Als ze die grens overgaat en de alarmbellen rinkelen ('Ik faal!'), kan ze zich terugtrekken en terugvallen op een denkpatroon dat bij een veel jonger kind hoort. Dan zie je dat onvolwassen alles-of-niets denkpatroon weer terugkomen en dat brengt onvolwassen gedrag met zich mee: handelen in plaats van erover praten. Zo blijft ze steken in nutteloze pogingen tot vermijding of beheersing. Alleen al daarvan kun je van streek raken. Jouw zes- of acht- of tienjarige kind gedraagt zich ineens als een driejarige. Een ogenblik geleden was ze in staat tot enig rationeel denken en communiceren, nu *is* ze rond de drie jaar. En ze baalt er net zo van als jij.

2.5 • DE HERSENEN GROEIEN, HET DENKVERMOGEN GROEIT

Goed, je hebt dus een kind dat soms of vaak terugvalt op dit letterlijke, binaire en samensmeltende denkpatroon. Jij wilt dat ze soepeler en onderzoekender gaat denken over haar gedachten en gevoelens, en hoe die verbonden zijn, of juist niet, met gebeurtenissen in de omgeving. Hoe krijgen we haar zover?

Deze verandering, en het vermogen om op een volwassener niveau van functioneren te blijven zonder al te veel regressie, gebeurt door normale ontwikkeling en het volwassen worden. Een deel ervan wordt veroorzaakt door de groei van neurologische netwerken, voornamelijk de frontale kwab van de hersenen (precies achter het voorhoofd), die zorgt voor meer flexibele en abstracte denkpatronen. Deze kwab is verantwoordelijk voor een scala aan mentale taken, waaronder tijdsbegrip, flexibele gedachtegang en het vermogen een stapje terug te doen en na te denken over je eigen denkpatroon.

Tijdsbegrip, bijvoorbeeld, bestaat bijna niet voor de zuigeling en de kleuter. Zelfs bij basisschoolkinderen is het begrip van verleden, heden en toekomst beperkt. Dit betekent dat ze weinig hebben aan troostende gedachten zoals 'Straks komt het allemaal goed' of 'Ik ga gewoon aan iets leuks denken zodat ik het volhoud tot mama er is.' Er zijn verschillende discussies over wanneer dit soort mentale vermogen tot zelftroosten opkomt. In ieder geval is het leven tot een jaar of vier, vijf alles-of-niets en het angstalarm staat altijd op het punt af te gaan.

De uiteindelijke volgroeiing van de hersenen helpt wel. Maar een tijdje moet je kind jouw frontale kwab 'lenen', zodat ze met uitdagende situaties kan omgaan. Flexibel en precies denken is maar gedeeltelijk een ontwikkelingsprestatie, omdat dat voortkomt uit biologische volgroeiing. Flexibel en precies denken is ook iets dat je kind van jou leert.

NADENKEN OVER GEDACHTEN

Het mentale vermogen om een stapje terug te doen en na te denken over je eigen denkpatroon heet *metacognitie*, en is broodnodig om je acties bij sterke emoties en zorgelijke gedachten te beheersen. Bijvoorbeeld, Abby weet niet dat ze blijft steken in haar eis dat het bekertje blauw moet zijn en niet rood. Ze kan niet denken: 'Kijk mij nou eens moeilijk doen.' Anders zou ze misschien overwegen om niet zo moeilijk te doen. Maar op dat moment is de kleur van het bekertje en daar moeilijk over doen voor Abby het enige dat er is; er bestaat niets anders meer en er zijn geen andere mogelijkheden om zich anders te gedragen. Ze heeft geen mentale kaart die haar de weg kan wijzen uit die momentopname van ontzetting die haar overspoelt en naar andere mogelijkheden. Zoals ik hieronder zal uitleggen, is weten dat je onredelijk denkt geen garantie voor redelijk gedrag. Maar het is een begin.

PRATEN OVER GEVOELENS

Sinds kort bestuderen psychologen het vermogen na te denken over onze emoties, op dezelfde manier als het vermogen na te denken over onze eigen denkpatronen. John Gottman en zijn collega's hebben *meta-emotie* bestudeerd: afstand nemen en gedachten en gevoelens over onze gevoelens hebben (Gottman, 1997). Terwijl de hersenen van je kind zich ontwikkelen en ze ervaringen verzamelt, zal ze leren nadenken over haar ervaringen, eerst op die zwart-witte manier, maar uiteindelijk met meer verfijning en subtiliteit. Kinderen zullen bijvoorbeeld leren dat er een verschil is tussen boos zijn en gefrustreerd zijn, tussen bang en zenuwachtig zijn. Later voegen ze de woorden geïrriteerd of misschien nadenkend toe aan hun woordenschat en breiden hun denkpatroon en reactiemogelijkheden uit.

Ons vermogen de wereld, onze eigen mentale en emotionele staat en die van anderen te overdenken, is grotendeels wat ons menselijk maakt. Afstand nemen en jouw eigen beleving en die van een ander te overwegen is de basis van empathie, en dat is weer de basis van de samenleving. Ervaringen overdenken is de aanleiding voor kunst en poëzie, religie en wetenschap, muziek en filosofie. Nadenken over onze gedachten en gevoelens maakt ook angst en een horde aan andere psychische aandoeningen mogelijk.

ANGST IS SLECHT

Als we niet kunnen nadenken over onze gedachten en gevoelens, kunnen we zeker wel bang zijn, maar waarschijnlijk geen angst hebben. Zoals andere dieren zouden we snel leren wat gevaarlijk is en ons best doen die situaties te vermijden. Als we iets gevaarlijks tegenkomen, dan zou onze vecht-of-vluchtrespons geactiveerd worden en zouden we reageren met overlevingsgedrag. Maar voor zover wij weten, zitten dieren niet te stressen over wat ze hebben meegemaakt of zien ze niet angstig op tegen iets wat in de toekomst kan gebeuren. Voor zover bekend, verzinnen dieren noch uitgebreide rituelen om slechte gebeurtenissen af te wenden, noch blijven ze hangen in nutteloze gedragspatronen.

Angstige kinderen zouden geen angstig vermijdings- en beheersingsgedrag vertonen als ze geen mening hadden over angstig zijn. Die mening is waarschijnlijk dat angst slecht is. Het is niet prettig om bang te zijn en het lichaam in de vecht-of-vluchtstand te voelen gaan. Het is niet leuk om te blijven malen over zorgen. Daarnaast zijn er vele signalen van familie, vrienden en de cultuur over angst en angstgedrag: angst moet je vermijden, het is een teken van zwakte (vooral bij mannen), en als je bang bent kun je dat het beste niet laten zien, je vermannen en doorgaan. De heersende cultuur biedt weinig ruimte voor acceptatie van angst.

Nogmaals, als psychologisch overlevingsmechanisme horen we angst ook niet prima te vinden, net zoals een rookalarm geen wiegeliedje behoort te spelen. Ons oeroude waarschuwingssysteem vertelt ons dat we op het punt staan opgegeten te worden door iets dat groter is dan wij. Maar in deze moderne tijden met een redelijk veilige samenleving is de vecht-of-vluchtreactie vaak overtrokken, bijna een vals alarm.

Ook al kunnen we flink in de problemen komen door na te denken over onze gedachten en gevoelens, dit vermogen is ook onze redding. Zoals ik in het volgende hoofdstuk zal beschrijven, leert jouw kind daardoor een nuttige afstand te nemen van haar directe beleving op dat moment (frustratie, bang zijn, angst, verwarring) en alle beschikbare handelingsmogelijkheden te overwegen. Onderzoekers noemen dit proces 'mentalisatie' of 'cognitieve defusie'. Het stelt ons in staat in beangstigende situaties aan het letterlijke, alles-of-nietsdenkpatroon te ontsnappen. Flexibel denken over onze gedachten en gevoelens kan een beangstigende situatie openbreken en een nieuw perspectief bieden die betere beslissingen mogelijk maakt. Soms is dit zo eenvoudig als opmerken hoe vergezocht die gedachten eigenlijk zijn en de aandacht vestigen op de situatie die op dat moment letterlijk speelt: 'Ik moet de deurknop vastpakken en draaien.' Dit was het precies geval voor Beth:

....

BETH: DWANGNEUROSE

Beth is een meisje van tien met obsessieve zorgen over besmetting en walgelijke dingen. Er was een tijd dat ze haar handen tientallen keren per dag waste uit angst dat ze iets vies had aangeraakt. Sinds ze op de kleuterschool hoorde over bacteriën, maakte Beth zich zorgen over contact met 'beestjes die we niet kunnen zien'. Beth raakte geen deurknoppen aan, vooral niet van wc's, zelfs niet thuis. Ze huilde en smeekte haar ouders de wc-deur voor haar open te doen. Op de wc op school wachtte ze op iemand die wegging of binnenkwam en zo de deur voor haar opendeed.

Mettertijd ebden de gedachten over bacteriën weg en ging ze zich zorgen maken over in hondenpoep stappen of het per ongeluk aanraken. Ze liep niet op gras of zand zonder het aan een grondige inspectie op hondenpoep te onderwerpen. Ze vroeg haar ouders vaak of iets op de grond of ergens anders (vooral op haar schoenen) hondenpoep was. Deze inspecties slokten een groot deel van Beth's tijd op en ze was niet in staat te spelen tijdens het speelkwartier of van gezinsuitjes te genieten.

Na een paar maanden kwam weer een andere zorg. Beth had gelezen over koolstofmonoxidevergiftiging en was panisch totdat haar ouders zich gewonnen gaven en een koolstofmonoxidedetector in huis plaatsten. Toen maakte ze zich zorgen dat het apparaat niet werkte. Ze zocht de hele tijd naar geruststelling van haar ouders dat de installatie wel werkte. Ze bleef vaak 's nachts tot heel laat wakker uit angst dat het hele gezin zou omkomen. Ze had het idee dat ze steeds 'edixonom fotslook' ('koolstof monoxide' omgekeerd) moest herhalen om het gezin in leven te houden. Beth viel pas in slaap als ze te moe was om wakker te blijven.

Beth's ouders, Al en Peggy, vulden de ABC-lijst in om de activators, het gedrag en de consequenties te achterhalen van Beth's angst. Onder het gedrag vielen uitingen van vrees en ontzetting (bijvoorbeeld, onrust en huilen), en ook herhaaldelijke verzoeken en eisen om hulp de enge situaties te boven te komen. Al of Peggy die de directe omgeving onderzochten op verontreiniging, gaven daarmee toestemming voor, of directe hulp bij, het vermijden van het beangstigende ding (bijvoorbeeld bacteriën), plus herhaaldelijke geruststelling dat zij en het gezin veilig waren. De inhoud van haar gedachten passeerden allemaal de revue: bacteriën, hondenpoep, koolstofmonoxide. De twee constanten waren verontreiniging of vergiftiging die kwaad konden, en Beth's ontzette verzoeken om hulp haar angst te vermijden of te beheersen.

Hoewel veel situaties haar angst veroorzaakten, waren de precieze activators meestal onduidelijk omdat ze niet elke keer in een wc of park angstig was. Al en Peggy merkten wel op dat Beth's zorgen erger waren als het druk was: veel speelafspraken, naschoolse activiteiten zoals turnen (ze toonde nooit bezorgdheid over verontreinigde turnmatten of andere materialen), of hogere eisen in bepaalde periodes van het schooljaar.

Daarnaast is Beth op haar tiende volwassen genoeg om te kunnen nadenken over haar gedachten, gevoelens en handelingen. Ze kan je vertellen dat haar angsten onredelijk zijn. Ze zegt: 'Ik weet dat er zand onder mijn schoenen zit en geen hondenpoep, maar dat maakt mijn hersenen niet uit.' Maar desondanks Beth kan snel vast komen te zitten in een nutteloos gedragspatroon, simpelweg omdat de denk- en gedragsgewoonten zo diepgeworteld zijn door jaren van oefening. Er is altijd de 'maar wat als het er *wel* is?' gedachte die alle andere overtreft.

....

OPEENVOLGENDE GEBEURTENISSEN, ACTIES EN REACTIES

Je kunt dit ABC zien als een reeks opeenvolgende gebeurtenissen waarbij een consequentie ook de activator voor weer ander gedrag kan zijn, dat weer een andere consequentie tot gevolg heeft, enzovoorts. Beth's ABC kan er als volgt uitzien (beschreven door haar moeder). Ik heb de stappen genummerd zodat de volgorde van gebeurtenissen te zien is.

ACTIVATORS	BEHAVIOR (GEDRAG)	CONSEQUENTIE
1 Belangrijke toets maatschappijleer die dag.	2 Opgesloten in wc, eisend dat ik deur voor haar opendoe.	3 Zei dat er niets aan de hand was en dat ze dat zelf kon doen.
4 Nog steeds opgesloten in wc.	5 Twintig minuten lang huilen en smeken.	6 Vader opende deur voor haar, maar zei boos dat ze hier te groot voor is.

Ik zal later terugkomen op Beth en haar ABC. Nu wil ik alleen maar opmerken dat in Beth's geval een zorg zich vastzette in haar hoofd, deze werd versterkt en overstemde elke andere gedachte. Catastrofale gedachten overweldigden haar: 'De koolstofmonoxidedetector is kapot, en dit geur- en kleurloze gas zal het huis binnensijpelen, ons in bed doden, of misschien zal ik het overleven en naar een weeshuis gestuurd worden net zoals in *Annie*, en nooit meer mijn vrienden en hond zien,' enzovoorts. Bij Beth komen angstgedachten in de vorm van één gedachte ('Wat als...?') die zich in haar hoofd uitbreidt tot een grote verzameling aan verlammende voorspellingen van de toekomst. Ze ziet een mogelijke 'boom' en die wordt een compleet bos van catastrofes. Het beeld wordt te groot en ze kan het niet meer verkleinen.

KLASSIEKE ANGST

Als kinderen ouder worden en naar school gaan, breiden hun denkpatroon en hun wereld zich uit. Nieuwe informatie komt hun kant op en een nieuwe manier van denken die verder gaat dan de directe situatie wordt mogelijk. Deze ontwikkelingsprestaties bieden nieuwe mogelijkheden tot leren en verdere groei. Ze bieden ook nieuwe manieren waarop angst kan verschijnen en een kind in zijn greep kan houden.
Bij Beth draait de angst om het thema verontreiniging en de wat-alsen die daarop volgen. Ik noem dit 'klassieke angst': te veel nadenken, te veel informatie spookt door het hoofd van een kind: wat als inbrekers 's nachts inbreken in huis? Wat als er lood op het speelgoed van mijn broertje zit en hij wordt vergiftigd? Wat als ik mijn tekst vergeet in het toneelstuk en ik me vernederd voel? Wat als mijn ouders gaan scheiden? Een scène in de Disneyfilm *Een luizenleven* (*A Bug's Life*) geeft die klassieke angst goed weer. Het verhaal gaat over mieren die worden afgeperst door luie, enge sprinkhanen. De sprinkhanen eisen dat de goede en hardwerkende mieren hen eren met voedsel, dat de mieren voor hen

moeten oogsten. Uiteindelijk worden de mieren gedwongen bijna al hun voedsel aan de sprinkhanen te geven. De mieren trekken meteen de conclusie dat ze niet genoeg overhouden om een hongersnood te voorkomen. Paniek volgt. Aan de hand van één feit ('We moeten nog meer voedsel aan de sprinkhanen afstaan!'), worden catastrofale conclusies getrokken in hun kleine mierenhoofdjes ('We zullen zeker omkomen!'). Het beeld is te groot geworden en de mieren raken overweldigd, verlamd en worden bang, net zoals jouw eigen kind bij overweldigende angstige gedachten.

Als het wereld- of toekomstbeeld van je kind te groot wordt, dan moet iemand, waarschijnlijk jijzelf, haar helpen haar aandacht te verschuiven naar een mogelijke oplossing voor het probleem, voor zover er een probleem is. De mieren moeten met z'n allen eens diep ademhalen en meer voedsel gaan zoeken. Als het wereldbeeld van jouw kind te groot wordt, kan ze zich overweldigd en paniekerig voelen. Aan de andere kant kan de aandacht van je kind zich te veel richten op iets kleins, gefixeerd op één detail, één aspect van de situatie, ten koste van het grote geheel en de sturing die het kan bieden. Zoals we hieronder zullen zien, is dat precies het probleem van Sterling.

....

STERLING: ALS HET BEELD TE KLEIN WORDT

Sterling is acht. Hij heeft een heel hoog IQ en zit in groep vijf. Sterlings moeder, Angela, zegt dat hij meestal vrolijk is, behalve als hij 'over de rooie gaat', vaak wanneer hij een nieuwe uitdaging moet aangaan of nieuw terrein moet verkennen. Sterling heeft bijvoorbeeld een grote hekel aan activiteiten waarvan hij niet zeker weet dat hij deze goed, zo niet perfect zal doen. Hij heeft een aantal sporten (voetbal, gymnastiek) en andere activiteiten (fietsen, zwemmen, pianospelen) geprobeerd, maar is steeds gestopt na een eerste fout of een moeilijk moment. Als dit gebeurt schreeuwt hij, slaat zichzelf, zegt dat hij dom is en niets waard is en hij weigert verder te gaan.

Op andere momenten, bij een uitdagende taak, bijvoorbeeld een huiswerkopdracht of een klusje, vervalt hij in 'robottaal' zoals zijn moeder dat noemt: een slepende monotone spraak waarmee Sterling zegt niet menselijk te zijn en niet te weten hoe hij het moet doen. Als hij dan onder druk wordt gezet, gaat hij rondjes rennen terwijl hij zegt dat hij zijn angst kwijt moet. Dit gedrag begint hij ook op school te vertonen. Sterlings leerkracht weet er geen raad mee en zijn klasgenoten beginnen voor hem op hun hoede te zijn.

Sterling hecht overdreven belang aan routine en structuur. Hij heeft een sterk geheugen voor details en ziet meteen als er iets in de omgeving is veranderd. Aan de andere kant ziet hij duidelijke sociale signalen weer niet.

Angela meldde een voorval waarvan zij zeker was dat hij dwangmatig gedrag vertoonde. Zij en Sterling probeerden 's ochtends weg te gaan. Het gebeurde op een maandag nadat Sterling een lang weekend bij zijn vader had doorgebracht. (Sterlings ouders zijn gescheiden toen hij drie was.) Op die ochtend leek Sterling erg verontrust en benauwd. Op een gegeven moment bleef hij op de bank zitten en wilde hij niet in beweging komen. Hij was helemaal klaar om naar school te gaan, maar bleef telkens zijn schoenveters strikken (wat hij nog maar pas had geleerd). Toen Angela hem zei dat hij moest opschieten, stortte Sterling in, en riep huilend en paniekerig dat hij de lussen van zijn veters, twee per schoen, precies even lang moest krijgen.

Deze laatste gebeurtenis levert de volgende beschrijving vanuit Angela's standpunt op.

ACTIVATORS	BEHAVIOR (GEDRAG)	CONSEQUENTIE
1 Maandagochtend na weekend bij vader.	2 IJsberen, zeuren.	3 Heb hem genegeerd, de ruimte gegeven.
4 Tijd vergeten; nu tijd om naar school te gaan; heb hem niet zijn gewoonlijke nog-vijf-minuten-seintje gegeven.	5 Zit op de bank, kauwt op mouw.	6 Hem voorzichtig verteld zijn schoenen aan te trekken, het was tijd om naar school te gaan; hij kon waarschijnlijk de spanning en bezorgdheid in mijn stem horen.
	7 Strikken, losmaken, weer strikken van veters; duidelijk ontdaan.	8 Vroeg hem waar hij ongerust over was.
	9 Huilen en roepen dat de veters even lang moesten zijn.	10 Hem op schoot vastgehouden totdat hij gekalmeerd was; te laat op school, te laat op werk.

Sterlings angst toont zich in de vorm van grote ontsteltenis (vergelijkbaar met Abby's paniek/woedeaanvallen) en in vermijdings- en beheersingsgedrag (rondjes rennen, beweren dat hij iets niet kan, vervallen in routines). De activators voor zijn angst zijn meestal situaties die zijn bekwaamheid uitdagen of bedreigen. De consequenties zijn ingewikkeld, zoals we zullen zien, en brengen heel veel interactie tussen Sterling en zijn moeder met zich mee.

Sterling vindt het veel moeilijker dan Beth om te beschrijven wat er in hem omgaat. Ook al is hij acht, hij lijkt nog niet goed te kunnen nadenken over zijn gedachten en gevoelens. Hij heeft van zijn moeder geleerd zijn ontsteltenis 'angst,' te noemen, maar hij is meestal niet bezorgd of ontzet, behalve in uitdagende omstandigheden. Onder druk richt Sterlings denkpatroon zich op één klein detail van de situatie, zoals de voetbal of zijn schoenveter, en hij probeert die met man en macht te beheersen. Natuurlijk is complete beheersing onmogelijk en dat veroorzaakt een hevige reactie. Angela moet zich er dan in mengen en zijn ontsteltenis beheersen met geruststellend gedrag (vasthouden en wiegen), dat meestal voor veel jongere kinderen gebruikt wordt.

Het ontbreekt Sterling aan een emotionele basiswoordenschat om over te brengen wat hij beleeft. Zijn frustratie uiten aan de hand van zijn schoenveters was eigenlijk een kleine, positieve stap. Meestal zegt hij telkens alleen zoiets als 'Dat kan ik niet' of 'Dat doe ik niet' of hij schreeuwt of vervalt in nutteloze handelingen zoals rondjes rennen of wegrennen.

Hoewel Sterling duidelijk en chronisch angstig is, is hij niet per definitie bezorgd. Sterling denkt überhaupt niet zoveel na over zijn innerlijke wereld. Hij weet alleen dat hij ontsteld is en vastzit. Hij reageert dan op de beangstigende situaties, veroorzaakt reacties bij volwassenen, zodat zij hem misschien begrijpen en ingrijpen om hem te beheersen als hij dat zelf niet kan.

....

MODERNE ANGST

Beth en Sterling zijn voorbeelden van twee zeer verschillende reacties op moeilijke situaties. Omdat Beth ouder is, kan zij veel verder dan de directe situatie denken en allerlei mogelijkheden verzinnen, ook dodelijke. Haar pogingen de angstaanjagende mogelijkheden te beheersen en zo haar angst te beheersen, zijn nutteloos en beperken haar leven op tal van manieren. Dit is wat ik klassieke angst noem.

Sterling toont juist een andere reactie op uitdagingen. Omdat hij erg vatbaar voor regressie is, wordt Sterlings denkpatroon plotseling letterlijk, concreet, alles-of-niets en broos. Vergeleken met het meer uitgebreide en flexibele denkpatroon dat bij zijn leeftijd past, wordt zijn zelf- en wereldbeeld *te klein*. Net zoals iemand die oogkleppen draagt, kan een kind plotseling zo de aandacht richten op een detail, dat dit ten koste gaat van het grote geheel, de boom in plaats van het bos, en dit detail neemt gigantische en overweldigende proporties aan. Dit is op zichzelf al verontrustend. Het probleem wordt dan verergerd door een strenge beperking van reactiemogelijkheden. Om redenen die ik hieronder zal bespreken, noem ik dit 'moderne angst'.

Deze metafoor helpt je misschien begrijpen hoe moderne angst voelt: stel je voor dat je door een heel donker huis loopt met alleen een zaklamp die een heel smalle, geconcentreerde lichtstraal geeft. Steeds wordt maar een klein gedeelte van de kamer verlicht. Dit kan op zichzelf al beangstigend aanvoelen. Je laat je kleine lichtvlek door de kamer glijden. Je ziet een paar boeken. Ze lijken op een kleine tafel te staan. Of misschien is het een grote tafel. Er is een deurknop en iets groots dat ernaast opdoemt. Links van je trekt een zwak geluid je aandacht. Je beweegt het licht erheen. Een klok en dan een foto. De klok tikt. Waar staan ze op? Is dat een schoorsteenmantel? Rechts van je is een hard geluid. Wild draai je het licht daarheen. Je schijnt het licht heen en weer om de bron van het geluid te vinden. Was het de deur? Die lijkt dicht te zitten. Maar waar is dat grote ding dat naast de deur stond?

Vergelijk dit nu eens met door dezelfde kamer lopen terwijl alle lichten aan zijn. Nu kun je met gemak de verschillende dingen en hun onderlinge relatie zien met een gevoel van perspectief en context. Rechts van je staat een strijkplank opgeklapt tegen de muur naast de deur die overduidelijk naar de kast leidt. Terwijl je aandacht wordt getrokken door een tikkende kok op de schoorsteenmantel, zie je vanuit je ooghoeken de strijkplank bewegen. Terwijl je je hoofd ernaartoe draait zie je hem met een harde klap op de grond vallen. Vanwege je grotere referentiekader en perspectief begrijp je beter wat je ziet, en dat kan je waarschuwen voor wat er gaat gebeuren zodat gebeurtenissen minder verwarrend of schrikwekkend zijn. Maar bij veel kinderen ontgaat het grote geheel hen of laat hen gewoon in de steek als ze het het hardst nodig hebben. Dit maakt de wereld, net zoals de donkere kamer, een enge en beangstigende plek.

Denk maar aan gebeurtenissen die de hevige, angstige reacties van jouw kind kunnen activeren. Hoe vaak zijn dat niet gebeurtenissen die plotseling opduiken: 'Ze hebben geen chocolade-ijs meer' of 'We moeten nu weg.' Het is onverwacht, zelfs als jij, de volwassene, het wel kon zien aankomen. Het doemt ineens voor haar op, en blokkeert het doel of de bestemming waar ze een ogenblik geleden nog op afstevende: een ijsje halen of het computerspelletje uitspelen voordat ze naar school moet. Als het doel plotseling niet meer in zicht is, voelt ze zich verloren en overweldigd. Het gedrag dat hierop volgt is vechten of vluchten.

Moderne angst wordt niet zozeer door constante bezorgdheid gekenmerkt, maar meer door een chronische of terugkerende angst en paniek die ineens opkomt, alles de vernieling in helpt, en dan weer weg is. Het kind wordt overweldigd en onzeker en haar eerste reactie is een wanhopige poging wagen de situatie te beheersen. Dit betekent vaak dat jij, de volwassene, de situatie moet beheersen.

We kunnen even teruggrijpen op de film *Een luizenleven* om moderne angst toe te lichten. In de openingsscène valt een blad van een boom. Zachtjes landt dat midden op een kolonne mieren die voedsel voor de sprinkhanen dragen. Enkele mieren worden geplet en de lange rij dragers houdt halt. Het blok is een wegblokkade geworden. De mieren zijn gewend op de automatische piloot het pad te volgen dat wordt aangegeven door de mieren vóór hen. De mieren zijn echter compleet verbijsterd en er heerst paniek omdat ze niet weten wat ze moeten doen. Een oude mier zegt tegen de anderen: 'Je kunt om het blad heenlopen.' Verward en onzeker, aarzelen de mieren. De oude mier blijft hen vertellen, zachtjes maar dringend 'Je kunt om het blad heenlopen.' Met enige tegenzin stappen de mieren nu voorzichtig om het blad heen. Een paar mieren komt veilig aan de andere kant, de anderen volgen braaf en de kolonne marcheert weer verder. De kleine omweg om het blad heen is nu een deel van de route geworden.

Ik noem dit moderne angst, omdat die verbonden lijkt met bepaalde manieren van denken en omgaan met de wereld. Ik heb dit gezien bij enkele angstige kinderen die ook andere psychische aandoeningen hebben die de afgelopen twintig jaar veel aandacht hebben gekregen. Hieronder vallen ADHD en leerstoornissen, maar ook enkele nieuwere syndromen waar je misschien wel van gehoord hebt, zoals stoornis in de zintuiglijke integratie (SPD), aspergersyndroom en niet-verbale leerstoornis (NLD). Kinderen met deze aandoeningen hebben vaak concrete, letterlijke, detailgerichte en lineaire denkpatronen. Dat patroon is erg nuttig voor sommige manieren van waarnemen en probleemoplossing (bijvoorbeeld techniek), maar kan een zwakke plek zijn bij confrontatie met de intuïtieve, sociaalemotionele kanten van de omgeving en bij het zien van het grote geheel, de kaart die de weg wijst uit frustrerende en beangstigende situaties.

Door hun sterke gerichtheid op het detail en het onvermogen het grote geheel goed te zien, hebben deze kinderen moeite de abstracte sociale regels te ontdekken, bepaalde sociale signalen (bijvoorbeeld gezichtsuitdrukkingen), en andere belangrijke informatie over zowel de buitenwereld als hun eigen innerlijke emotionele wereld. De daaropvolgende verwarring en onzekerheid zijn een voedingsbodem voor angst. Dit soort angst kan verschijnen in de vorm van een hevige behoefte aan vastigheid, aan voorspelbaarheid, aan beheersing van de omgeving (voornamelijk mensen). Ook kunnen er hevige negatieve reacties komen, wanneer aan verwachtingen niet wordt voldaan, of vermijding van situaties die onduidelijk zijn of een bedreiging vormen voor hun bekwaamheid en gevoel van controle.

Afhankelijk van de vorm, krijgt het vaak een etiketje van dwangneurose, verlatingsangst, sociale fobie, schoolfobie of andere. Maar de gemene deler is dat het kind moeite heeft met het begrijpen van en zich succesvol voelen in de wereld. Elke dag is een overweldigende uitdaging. Spanning en frustratie zijn het resultaat.

Denk eens aan Sterling op die maandagochtend. Er waren vele factoren die zijn angstniveau en algemene gevoeligheid verhoogden: de overgang 's avonds laat van zijn vader naar zijn moeder, weer naar school gaan na het weekend, zijn moeder die zei dat hij nu zijn schoenen aan moest doen en de deur uitgaan (zonder het gebruikelijke nog-vijf-minuten-seintje), moeilijkheden met zijn nieuwe vaardigheid van veterstrikken, en misschien nog meer. Het was allemaal te veel, gevolgd door een vooruitzicht van nog meer uitdagingen en bedreigingen van zijn veiligheid en bekwaamheid op school. Dus Sterling klampte zich vast aan iets kleins dat hij misschien wel kon beheersen – die schoenveters. Maar, helaas, omdat hij een gestreste achtjarige was, lag het oude, broze alles-of-nietsdenkpatroon vlak onder de oppervlakte, en was perfectie zijn enige criterium voor succesvolle beheersing. Maar perfectie in de vorm van schoenveters die precies gestrikt waren zoals hij zich voorgesteld had, zat er die ochtend niet in. Als het leven niet helemaal perfect was, dan was het helemaal dramatisch, en terwijl zijn wereld instortte, gaf Sterlings reactie zijn frustratie, wanhoop en hulpeloosheid weer.

2.6 • SAMENVATTING EN VOORUITBLIK

In dit hoofdstuk is beschreven hoe angst kan ontstaan uit redelijk normale ontwikkelingsprocessen van temperament – de aangeboren neiging van je kind om ergens op af te gaan of iets te vermijden, om passief of reactief te zijn, om ontzet te blijven of snel haar balans te hervinden. Deze aangeboren neigingen vormen de achtergrond van de reacties van jouw kind, (gedrag) in bepaalde situaties (activators). Schrikt ze terug van nieuwe situaties of dendert ze er in volle vaart op af? Zijn haar reacties op vreemde of nieuwe gebeurtenissen (oom Harry) mild of hevig? Kalmeert ze snel of langzaam? Tel hierbij het vroege denkpatroon van je kind op – samensmeltend, star en alles-of-niets – en het mogelijke ontstaan van gebruikelijke denkpatronen over haar omgeving (die is onvoorspelbaar, eng en frustrerend) en nutteloze reacties op die wereld (regressie, paniek/woedeaanvallen, overdreven vermijding en beheersing).

Maar de uitdagingen van het leven zijn een vruchtbare grond voor groei. Het is bijvoorbeeld onvermijdelijk dat aan je verwachtingen niet wordt voldaan. De meeste kinderen zullen die ervaring gebruiken om het vermogen tot flexibiliteit in hun verwachtingen te ontwikkelen en de belangrijke elementen van een situatie te ontmantelen en zich daarop te richten ('Ik heb mijn sap gekregen') en de onbelangrijke elementen terzijde te schuiven (de kleur van het bekertje). Als ze niet te overweldigend zijn en er door volwassenen redelijk mee wordt omgegaan, bevorderen dit soort frustraties de groei doordat kinderen de werkelijkheid preciezer en flexibeler waarnemen, en ook leren omgaan met ontsteltenis en zelfkalmering.

Angst is ook onvermijdelijk. Net zoals frustratie wordt angst een probleem als in de reacties van het kind vermijding en beheersing overheersen, ten koste van een goed beeld van de werkelijkheid en het leren omgaan met ontsteltenis en zelfkalmering. Hier wil ik aan toevoegen dat vermijding en beheersing het leerproces belemmeren, dat zorgt voor meer sociaal acceptabele manieren om gevoelens en behoeften te uiten en hulp van volwassenen te krijgen.

Wat nodig is bij klassieke en moderne angst is een verschuiving van de aandacht voor het probleem naar de aandacht voor de oplossing. Net zoals in *Een luizenleven* verschuift de aandacht van gedachten en gevoelens naar wat er vervolgens moet gebeuren: 'We moeten beginnen met oogsten wat we kunnen' en 'We moeten om het blad heengaan.'

Als ouder speel jij de rol van die oude mier. Jij geeft perspectief en wijst op wat er nu moet gebeuren, zodat je kind los kan komen en vooruit kan gaan, ook al is het steeds maar met een klein stapje: 'Ik moet naar de wc.' 'Ik moet de wc uitgaan.' 'Ik moet mijn veters strikken en naar school gaan.' Als de aandacht ligt op die volgende kleine stap, en dan op die daarna, en dan op die daarna, gaan vrees en angst niet meteen helemaal weg. Ze kunnen zich wél zover terugtrekken dat er ruimte ontstaat om door te gaan met het leven en succes te boeken in de omgang met uitdagingen in het leven, en daardoor meer zelfvertrouwen te krijgen.

In het volgende hoofdstuk zal ik het *proces* van angst beschrijven, of preciezer nog, het proces waarbij je kind vast komt te zitten in die nutteloze reacties van vermijding en ongepaste beheersing. Jij en jouw kind nemen deel aan dit proces door de angstdans: de subtiele en minder subtiele handelingen en reacties die jullie allebei uitvoeren in een beangstigende situatie. Die interacties worden een choreografie die in stand gehouden worden in jullie leven, vaak ondanks moedige pogingen die dans te veranderen. Op korte termijn zal je kind op jou rekenen voor redding en geruststelling. Als ze opgroeit en beter kan omgaan met beangstigende situaties, zal ze in staat zijn zichzelf te bevrijden van de worsteling met angst zonder onnodige vermijding en beheersing. Op de volgende bladzijden laat ik zien hoe je de kracht van de relatie met je kind kunt gebruiken om haar naar dat vermogen te helpen toegroeien.

3
Responsief ouderschap en het angstproces

In hoofdstuk 1 heb ik het 'wat' van angst beschreven: gesterntes van symptomen die verontrustend zijn voor je kind en voor jou. Daarna heb ik uitgelegd hoe angst zich ontwikkelt door de wisselwerking tussen biologische aanleg (temperament) en vroege ervaringen. Het resultaat is een gigantisch scala aan gedrag dat we gebruiken om de verschillende angststoornissen te onderscheiden: angsten, zorgen, obsessies, dwangmatigheden en vermijdings- en beheersingspogingen.

Dit hoofdstuk gaat over het angstproces: hoe het zich als een stoornis manifesteert in het leven van je kind. Wat centraal staat in dit proces, is hoe jouw kind jou zover krijgt deel te nemen aan de worsteling om hem zijn verontrustende gedachten en gevoelens te helpen vermijden, ontvluchten of beheersen.

Een angststoornis betekent niet louter de aanwezigheid van angstige gedachten en gevoelens. Een angststoornis draait om het vastzitten in een patroon van angstige ontsteltenis; starre, nutteloze denkpatronen; en onaangepaste vermijdings- en beheersingsstrategieën. Vermijding en beheersing verstoren belangrijke levensactiviteiten, zoals ergens heen kunnen gaan, goed omgaan met leeftijdsgenootjes en broers en zussen, redelijke risico's nemen en vele andere.

In dit hoofdstuk zal ik beschrijven hoe angstige reacties de gewoonte om situaties te vermijden kunnen versterken – zoals school, sociale activiteiten, enzovoorts. Ik zal beschrijven hoe deze reacties een probleem vormen doordat je kind niet-effectieve en kostbare beheersingsstrategieën gebruikt, die hem ervan weerhouden nuttige manieren te leren om met ontsteltenis om te gaan en hulp van anderen te krijgen.

Ik zal ook beschrijven hoe jij, de ouder, in de angstdans verzeild raakt door de activatie van jouw eigen verontrustende gedachten en gevoelens. Ik zal uitleggen waarom het zo moeilijk is deze nutteloze gedragspatronen te veranderen. Ten slotte zal ik een nieuwe benadering beschrijven voor het omgaan met beangstigende situaties zodat je niet meer *reageert* op je kind maar *responsief* bent.

3.1 • DE OPENINGSZET VAN ANGST

Een *gambiet* is een openingszet bij schaken waarbij een speler een pion of een ander stuk opoffert om voordeel te behalen. Algemener gesteld is een gambiet een manoeuvre waardoor iemand in het voordeel hoopt te komen, vaak door een ander uit te nodigen op een of andere manier deel te nemen aan de manoeuvre. Het gaat om een uitnodiging tot samenwerking, tot iets samen meemaken, tot dansen. Ik stel voor het angstgedrag van je kind als een openingszet te zien – niet de angstige gedachten en gevoelens zelf, maar het angstgedrag van je kind, zijn reacties op zijn eigen gedachten en gevoelens. Dit gedrag dient ervoor jou, of een andere volwassene, samen met hem te laten reageren.

Denk aan de normale vrees en angsten van je kind en de manier waarop die verschijnen. Denk aan wat ze activeert en het gedrag dat hij vertoont. Denk aan de consequenties van dat gedrag. Heel vaak zullen die consequenties anderen erin betrekken. Meestal ben jij het. Het probleem dat je naar dit boek geleid heeft, is waarschijnlijk het beste te omschrijven als een keten van gebeurtenissen: een situatie, een reactie, een tegenreactie, een tegentegenreactie, enzovoorts totdat de hele keten ineenstort of uitgeput raakt. Je kind nodigt je uit deel te nemen aan zijn angst – als een getuige, een vertrouwenspersoon, een supporter, een leider, een lijfwacht.

Dit proces is natuurlijk en jij bent hierin een onmisbare spil. Het draait om jouw eigen gedachten en gevoelens. De vraag is of *jouw* vermijdings- en beheersingspogingen ook een rol spelen in dit proces, of laat jij je kind een betere manier zien? Zo'n betere manier om met angstige situaties om te gaan moet voortkomen uit begrip van de processen die ten grondslag liggen aan het angstgedrag van je kind en jouw huidige reacties op dat gedrag. Daar gaan we het nu over hebben.

Laten we nog even kijken naar de kinderen uit het vorige hoofdstuk. In sommige prikkelende situaties raakt Abby, onze vierjarige, teruggetrokken, doofstom en verlamd. Andere keren raakt ze vreselijk ontdaan. Catherine en Wayne zijn verward en ontdaan door Abby's gedrag. Ze kunnen alleen maar raden wat er in haar hoofdje omgaat en wat ze wil. Daarom is het pijnlijk moeilijk te weten hoe ze moeten reageren, en ze voelen zich vaak gefrustreerd en ontmoedigd door vergeefse pogingen Abby te veranderen. Hun reacties op Abby zijn sterk alles-of-niets. Aan de ene kant oefenen ze veel druk uit, leggen ze verwachtingen en beperkingen op en eisen ze bepaald gedrag van Abby. Aan de andere kant, als ze wanhopig of boos zijn, heffen ze hun handen, trekken zich terug en vermijden Abby helemaal. Als we een vierde kolom aan onze vorige tabellen toevoegen – weer vanuit het standpunt van de ouders – ziet hun dans er ongeveer zo uit:

ACTIVATOR	BEHAVIOR (GEDRAG)	CONSEQUENTIE	DANS
Verjaardagsfeestje in onbekend huis. Alle kinderen zijn erg sociaal.	Abby klampt zich vast aan mijn been en weigert jarige gedag te zeggen. Alle andere moeders kijken.	Voel hevige gêne. Weet niet goed waar ik mee bezig ben.	Heb Abby van het feestje weggehaald en ben knarsetandend naar huis gereden. Abby naar haar kamer gestuurd. Ik heb 20 minuten lang gehuild in mijn kamer. Later deed ze alsof er niets was gebeurd.

In deze vierde kolom worden de gedachten en gevoelens van de ouders (de directe en persoonlijk gevoelde consequentie van het angstgedrag van haar kind) verbonden met wat de ouder doet. Let erop dat 'Alle andere moeders kijken' niet een gedragspatroon van Abby is. Maar deze gedachte van Catherine is zeker een activator van haar gevoelens en gedachten.
Laten we nu eens kijken naar de situatie van Beth en Sterling. De dans tussen Beth en haar ouders, Al en Peggy, lijkt redelijk recht door zee: Beth raakt overweldigd door angstige gedachten en gevoelens en gebruikt verschillende strategieën om hulp en geruststelling van haar ouders te krijgen. Haar ouders hebben gedachten en gevoelens over Beth's gedachten en gevoelens, en over het zoeken naar hulp. Al en Peggy reageren dan op kenmerkende manieren:

ACTIVATOR	BEHAVIOR (GEDRAG)	CONSEQUENTIE	DANS
Thuiskomen van een prettige wandeling.	Beth vroeg of modder op haar schoen hondenpoep was.	Had de gedachte: 'Wanneer groeit ze hier eindelijk eens overheen?' Voelde me ontmoedigd.	Zei: tegen haar: 'Nee, dat is geen hondenpoep. Kijk maar eens goed. Het is maar modder. Eerlijk waar, Beth!'

Beth's angstgedrag nodigt haar ouders uit tot deelname. Net zoals de ouders van Abby, zijn zij goede ouders. Ze houden van Beth en bieden zoveel hulp en geruststelling als ze kunnen. Maar waar moeten ze de grens trekken? Hoe vinden ze een balans tussen hulp en geruststelling en de gelegenheid geven? En hoe kunnen ze vermijden dat de dans afstevent op nog meer ongelukkige gevoelens zoals boosheid, wrok en ontmoediging?

Bij vrees en angst, heeft Sterling, Net zoals Abby, erg veel moeite om zijn innerlijke wereld duidelijk te maken aan Angela. Als alleenstaande moeder met een fulltimebaan en weinig steun van haar verdere familie, is het niet raar dat Angela snel ontmoedigd en intens verdrietig raakt door het duidelijke leed van haar zoon. Angela wil gewoon dat haar zoon gelukkig is. Haar standaardtactiek wanneer Sterling van streek is, is proberen de druk die zij beiden voelen te verminderen en toegeven aan elke eis en verwachting in de hoop dat Sterling zich beter voelt. Dan is Angela opgelucht. Sterling voelt zich inderdaad beter, maar hij wordt niet volwassener en leert geen belangrijke zelfbeheersingsvaardigheden. Angela's opluchting is altijd van korte duur. Een kenmerkende situatie, vanuit het oogpunt van Angela, ziet er qua activators, gedrag, consequenties en nu dans, als volgt uit:

ACTIVATOR	BEHAVIOR (GEDRAG)	CONSEQUENTIE	DANS
Doet 's avonds laat huiswerk. Voor ons beiden een lange dag geweest.	Sterling zit aan zijn huiswerk en schreeuwt telkens: 'Ik kan het niet.'	Voel me moe en ontmoedigd. Probeer niet ongeduldig te worden.	Haalde diep adem en zei: 'Het komt wel goed. Laten we huiswerk gaan doen dat je wel kunt.'

Je zou kunnen zeggen dat de activator dat Angela Sterling het moeilijke huiswerk helpt ontvluchten, gewoon een consequentie is van, zelfs een beloning is voor, zijn angstgedrag. Maar, ik noem dit deel van de keten van gebeurtenissen de 'dans', omdat dit een moment is waar één of beide partners de situatie een bepaalde kant op sturen. Dit kan de richting van vermijding, ontvluchting en beheersing van angst zijn. Maar het kan ook, zoals we straks zullen zien, de richting zijn van communicatie, steun, probleemoplossing en je doel in het oog houden.

Zoals ik al in het vorige hoofdstuk aangaf, ben ik geïnteresseerd in de gebruikelijke kenmerken van angststoornissen. Vermijding en beheersing zijn twee gebruikelijke thema's in het gedragspatroon van je kind als hij bang is of angst heeft. Na onderzoek blijkt dit gedrag vaak een poging te zijn *jou* zover te krijgen *hem* te helpen die verontrustende gedachten en gevoelens te beheersen. Hij is hier zonder twijfel erg goed in geworden. Je kind kan, zonder erbij na te hoeven denken, immers rekenen op jouw eigen ontsteltenis, jouw eigen verontrustende gedachten en gevoelens als hij angstgedrag vertoont. Hij gebruikt jouw verontrusting als motivator voor vermijding en beheersing omdat jij, op die momenten, ook gemotiveerd bent om jouw gevoelens te vermijden en te beheersen. Dit is geen kwaadwillendheid, en je kind heeft geen idee van de hoge prijs ervan; hij probeert gewoon zijn behoeften te bevredigen op een zo efficiënt mogelijke manier.

OEFENING: JOUW ANGSTDANS

Beschrijf met behulp van de tabel hierna een gewone angstgebeurtenis waarin jouw kind en jij een hoofdrol spelen. Beschrijf net zoals in het bovenstaande voorbeeld de activerende omstandigheden, het gedrag van je kind, de consequenties van dat gedrag als het gaat om jouw eigen gedachten en gevoelens, en de dans die volgt, dat wil zeggen: wat je normaal daarna doet, plus alle gedachten en gevoelens die op jouw handelingen volgen. Ook al zijn er lange series van activators, gedrag, consequenties en danspassen die zich naadloos minuten of zelfs urenlang uitstrekken, dan zal dit noodzakelijkerwijs een korte en misschien simpele beschrijving zijn van wat er echt gebeurt in jouw leven.

ACTIVATOR	BEHAVIOR (GEDRAG)	CONSEQUENTIE	DANS

NEGATIEVE BEKRACHTIGING

Misschien heb je wel eens gehoord van de term 'negatieve bekrachtiging.' De meeste mensen denken dat het hetzelfde is als straf, maar dat is niet zo. Negatieve bekrachtiging is een technische term uit de gedragstherapie. Bij *bekrachtiging* of *bekrachtiger* gaat het over het vergroten van de kans dat bepaald gedrag in de toekomst vertoond zal worden. Wanneer beloning kan fungeren als een bekrachtiger van het gedrag dat je graag ziet, is dat positieve bekrachtiging.

Maar wat is dan negatieve bekrachtiging? Hierbij wordt de kans op een handeling verhoogd wanneer die handeling een betrouwbare hulp is bij het vermijden of ontvluchten van iets onplezierigs of bedreigends. Bijvoorbeeld, je start je auto, en hoort meteen dat irritante zoemertje of belletje dat je eraan herinnert je gordel om te doen. Je doet snel je gordel om om dat geluid te ontvluchten, of misschien doe je meteen je gordel om, zodat je dat geluid helemaal vermijdt. Dan race je snel naar het kinderdagverblijf om je kind op te halen, voordat je de één-euro-boete krijgt voor te laat komen. Verderop zie je een motoragent een lasergun op je richten. Je mindert meteen vaart tot de toegestane snelheid om geen boete te krijgen. Je haalt je kind op bij het kinderdagverblijf en hij begint meteen moeilijk te doen. Je weet dat hij honger heeft (een vriend van mij noemt dit 'hypogillemie'). Maar je had hierop geanticipeerd en hebt een tussendoortje meegenomen, waardoor je kind ophoudt met moeilijk doen.

Je gordel omdoen, de toegestane snelheid rijden en het tussendoortje zijn allemaal handelingen die je waarschijnlijk verricht, omdat je zo iets naars kunt ontvluchten of vermijden: het gordels-om-geluidje in je auto, de snelheidsboete, het moeilijk doen – allemaal negatieve of nare ervaringen – zijn de *bekrachtigers* voor jouw gedrag (gordel omdoen, de toegestane snelheid rijden, een tussendoortje meebrengen); dit is negatieve bekrachtiging.

Je kent waarschijnlijk veel dagelijks gedrag dat gevormd en in stand gehouden wordt door negatieve bekrachtiging. Van je gordel omdoen in de auto tot je tanden flossen, je probeert onaangename dingen in de nabije of verre toekomst te vermijden. En hoogstwaarschijnlijk leer jij dit gedrag aan je kind om hem veilig en gezond te houden. In de volgende oefening, wil ik graag dat je een paar situaties uit je dagelijkse leven bedenkt, die uitnodigen tot handelingen om onplezierige consequenties te ontvluchten of vermijden.

OEFENING: DAGELIJKSE ONTVLUCHTING EN VERMIJDING

Lees de voorbeelden hieronder en voeg een paar van jezelf toe.

SITUATIE	VERRICHTE HANDELING	ONTVLUCHTE OF VERMEDEN ONAANGENAAMHEID
Natgeregende straten.	Langzaam rijden.	Auto-ongeluk.
Huilende baby.	Baby optillen.	Het huilen van de baby (hij kalmeert).
Te betalen rekeningen.	Rekeningen op tijd betalen.	Boete voor het overschrijden van de betalingstermijn.

Per definitie zijn dit handelingen die je geleerd hebt en blijft uitvoeren omdat ze jou, of jouw kind, veilig houden of helpen onaangename dingen te ontvluchten of te vermijden. Negatieve bekrachtiging is heel belangrijk in het leven van jou en je kind.

Ik neem nu een risico door te zeggen dat negatieve bekrachtiging het allerbelangrijkste systeem is in het angstgedrag van je kind. Het is een belangrijk onderdeel van de gebruikelijke processen van angststoornissen. Zoals we konden zien in de ABCD-tabellen, is de angst van een kind te beschrijven aan de hand van een keten van gebeurtenissen: activators, gedrag en consequenties (voor jou en voor het kind). Het gedrag van je kind roept bij jou gedachten en gevoelens op, die gelijk zijn en ook moeten zijn aan wat hij op dat moment doormaakt. Ze zijn hoogstwaarschijnlijk voor jou net zo vervelend als voor hem. Jullie zijn *allebei* gemotiveerd om ze te vermijden of te ontvluchten. Jouw daaropvolgende handelingen (die ik de dans noem) helpen waarschijnlijk jou *en* je kind dat ongemak te ontvluchten of vermijden – dit kunnen we ABCD-Escape (Ontvluchting/Vermijding) noemen. Het doel van de angstdans is de ontsteltenis die jullie ervaren te ontvluchten of vermijden. Abby's moeder neemt haar mee naar huis van het verjaardagsfeestje. Beth's vader doet de wc-deur voor haar open. Sterlings moeder geeft hem wat respijt op zijn huiswerk. De opluchting die ze elk dan voelen, zowel ouder als kind werkt als een bekrachtiger voor soortgelijke situaties. Abby zal zich vastklampen aan haar moeder. Beth zal smeken en huilen. Sterling zal schreeuwen: 'Ik kan het niet, ik kan het niet.' Catherine zal de situatie met Abby ontvluchten, maar zal er erg boos over zijn. Peggy zal Beth geruststellen en zeggen dat modder gewoon modder is, maar zich ontmoedigd voelen. Angela zal Sterling kalmeren en ander huiswerk voor hem zoeken, maar zal zich afvragen of hij het ooit zonder haar zal kunnen.

Bedenk hoe de angst van jouw kind verschijnt en wat er daarna gebeurt. Kan het, op de meest simpele en algemene manier, als volgt beschreven worden?

ACTIVATOR	BEHAVIOR (GEDRAG)	CONSEQUENTIE	DANS	ESCAPE (ONTVLUCHTING/ VERMIJDING)
Een uitdagende situatie.	Je kind uit vrees of angst door middel van woorden en gedrag.	Jij denkt en voelt verontrustende dingen: jouw eigen angst, frustratie, boosheid, ontmoediging, enz.	Je doet wat je kunt om de uitdagende situatie te beëindigen of om je kind geen angst meer te laten voelen.	Jouw verontrustende gedachten en gevoelens worden verminderd of weggenomen.

Vermijding en beheersing zijn niet altijd slecht. Bijvoorbeeld, het vermijden van die snelheidsboete is best een goed idee, en een tussendoortje in de auto hebben liggen voor een hongerig kind (en het vermijden van een inzinking) is gewoon goed ouderschap. Je kind kan, en moet waarschijnlijk ook, beangstigende tv-beelden en nieuwsrapportages vermijden. Als jouw achtjarige kind bang wordt bij de gedachte alleen de donkere kelder in te gaan, is het prima dat je met hem meegaat. In de volgende hoofdstukken zal ik beschrijven hoe je moet omgaan met deze situaties in je rol als ouder en 'danspartner'. Maar nu wil ik benadrukken dat wanneer vermijdings- en beheersingsstrategieën de dagelijkse verwachtingen die passen bij de leeftijd gaan verstoren, dat dan die 'oplossing' voor kinderangst zijn eigen problemen met zich meebrengt.

JOSHUA: VERLATINGSANGST

Joshua is een zesjarig jongetje dat tot een halfjaar geleden vrolijk, zelfstandig en zorgeloos was. Hij leek het ook leuk te vinden dat hij dit jaar een 'grote jongen uit groep drie' zou zijn. Maar vlak voor de kerstvakantie merkten Joshua's ouders, Sid en Nancy, dat hij begon te veranderen. Hij was humeurig en gevoelig. Kleine dingen irriteerden hem, vooral de handelingen van zijn drieënhalf jaar oude broertje Bradley, die eerst zijn beste vriendje was.

Humeurigheid werd bang zijn. Dit escaleerde zo dat hij niet meer van zijn ouders gescheiden kon worden. Afscheid nemen op school duurde lang en ging gepaard met veel tranen. De eerste week na de kerstvakantie was Joshua bijna elke dag te laat op school, soms wel een uur, omdat hij ontroostbaar was en weigerde het huis te verlaten. Hij had woedeaanvallen en huilde als zijn oma kwam oppassen. Zijn ouders genoten niet van hun avondje uit en kwamen vroeg terug.

Joshua begon zijn ouders in huis overal te volgen. Hij stond erop dat zijn moeder of vader met hem meeging als hij van de ene verdieping van het huis naar de andere ging. Soms gaven ze toe, maar duidelijk met ongeduld en boosheid. Soms weigerden ze, en zeiden dat hij groot genoeg was om alleen naar boven te gaan. Tranen en tot niets meer te bewegen waren het resultaat.

Bedtijd was het ergste. Joshua sliep als baby heel goed, maar nu had hij grote moeite met slapengaan. Hij vocht tegen elke stap van het bedtijdritueel – van elektronica uitzetten tot pyjama aantrekken, tandenpoetsen en in bed kruipen. Hij vroeg steeds om tussendoortjes, drinken of nog één verhaaltje. Talloze keren kwam hij huilend zijn slaapkamer uit om te klagen over enge geluiden of dingen in de kamer en zorgen. Sid en Nancy stopten hem elke keer weer in bed met steeds meer ongeduld en minder sympathie. Uren nadat het ritueel begonnen was, werd er gedreigd met de volgende dag geen tv-kijken of niet computeren, met als resultaat meer boosheid en tranen. Dreigen kreeg hem eindelijk zover dat hij in bed bleef, maar rond drie uur 's nachts kroop Joshua stilletjes in het bed van zijn ouders. Sid en Nancy hadden het één op de drie keer niet eens in de gaten, één op de drie keer brachten ze hem weer naar zijn bed en voor de rest schoven ze gewoon op en lieten hem liggen.

In wat voor dans zitten Joshua en zijn ouders nu eigenlijk vast?

Wat is het nut ervan? Wat verliest, wint en draagt elk gezinslid bij? Als we, weer vanuit het oogpunt van Sid en Nancy, naar de ABC-DE's kijken, zien we dat Joshua heel goed is in het bezighouden van zijn ouders als hij bang is. Hij probeert hun hulp te krijgen, gered te worden van de heftige gedachten en gevoelens zodra hij van hen gescheiden is. Deze behoefte aan veiligheid en hun hulp is belangrijk genoeg voor Joshua om alle 'vaardigheden' te gebruiken die hij tot zijn beschikking heeft. Als dit angstgedrag – huilen, smeken, woedeaanvallen, hulpeloosheid, enzovoorts – werkt om aan de vrees en angst te ontsnappen of die te vermijden, ook al is dit maar heel af en toe, is negatieve bekrachtiging werkzaam en wordt dit gedrag in stand gehouden en zal zelfs meer gaan voorkomen. En oefening van gedrag baart kunst.

En nee, Joshua is zich niet bewust van de hoge prijs ervan. Hij ziet de spanning niet bij zijn ouders door al dit gedans. Sid en Nancy zijn zich nauwelijks bewust van wat er om hen heen gebeurt, omdat ze leven van de ene verontrustende aanval naar de volgende. Net zoals goede danspartners vullen Joshua en zijn ouders elkaar aan: zijn beeld is te groot geworden en dat van hen te klein.

Iedereen voelt zich hulpeloos, incompetent, gefrustreerd en angstig. Net zoals Joshua zijn Sid en Nancy erg gemotiveerd om het gewoon te laten ophouden. Iedereen is vervallen in een patroon van vermijding en beheersing. Ze bevinden zich samen in deze val en dat is niemands schuld. Ze zullen elkaar eruit moeten zien te krijgen.

....

3.2 • ANGST EN OUDER-KINDTRANSACTIES

In hoofdstuk 2 gebruikte ik de term 'transacties' om de wederzijdse invloed en verandering te benadrukken wanneer ouders en hun kinderen met elkaar omgaan. Ouder-kindtransacties hebben de vroegste en misschien wel de belangrijkste invloed op de ontwikkeling van een kind. Natuurlijk zijn de genen (bijvoorbeeld temperament) belangrijk, en helaas worden er kinderen in deze wereld geboren met aanzienlijke neurologische tekortkomingen of verschillen die uitdagingen vormen, zowel qua gedrag als qua emoties. Maar het zijn de vele dagelijkse wisselwerkingen tussen jou en je kind die hem dingen over de wereld en zichzelf leren en hoe hij met de wereld en zichzelf moet omgaan. Mijn doel van dit boek is jou, de ouder, te leren hoe je de kracht van je

ACTIVATORS	BEHAVIOR (GEDRAG)	CONSEQUENTIES	DANS	ESCAPE (ONTVLUCHTING/ VERMIJDING)
Een noodzakelijke scheiding van één of beide ouders.	Trillen, huilen, ouder smeken niet weg te gaan of met hem mee te gaan.	Nancy: vermoeiing, ongeduld, frustratie leidend tot boosheid. Gebruikelijke gedachten: 'Ik heb hier geen tijd voor' en 'Ik kan dit niet doen als hij 16 is.' Sid: herinneringen aan zijn eigen bedtijdangsten en paniek toen hij klein was. Overgebleven werkstress van die dag. Behoefte aan rust en stilte thuis. Wrok. Gebruikelijke gedachten: 'Nancy gaat hier niet goed mee om' en 'Ik zal niet onsympathiek zijn zoals mijn vader tegen mij was.'	Nancy: staat erop dat Joshua 'een grote jongen is' en naar school gaat, alleen naar boven gaat om zijn sokken te halen, in bed blijft, enz. Dreigen en omkopen. Joshua geeft toe of trekt zich terug. Sid: helpt Joshua meestal rustig naar boven of terug naar bed onder geruststelling dat er niets is om bang voor te zijn. Kan ontsteken in woede als hij te ver gedreven wordt. Joshua geeft toe of trekt zich terug.	Joshua: zijn ouders deel maken van het geheel vermindert zijn vrees en onzekerheid, ook al is de transactie onprettig. Nancy: Joshua's uiteindelijke overgave bevestigt haar geloof dat ze streng voor hem moet zijn. Sid: Joshua's uiteindelijke overgave bevestigt zijn geloof dat hij zijn zoon op zulke momenten moet steunen. Woedend worden voelt slecht, maar dat kan hij wijten aan stress op het werk.

relatie met jouw kind kunt gebruiken bij deze vele dagelijkse transacties om zijn competentie in de wereld te vergroten en uiteindelijk zijn angst te verminderen. En daarmee zal je ook verandering zien in jouw eigen dagelijkse stress en angst. Dit is de richting waar de nieuwe dans jou en jouw kind heen zal brengen.

VAN OUDERREGULATIE TOT ZELFREGULATIE

Vanaf de eerste minuten dat je kind ter wereld kwam, heb je meteen zijn wereld helpen reguleren en organiseren. Je hebt hem gevoed, schoon, warm en veilig gehouden toen hij dat allemaal nog niet zelf kon. Dit heeft hem het idee gegeven dat iets onaangenaams te reguleren valt. Je hebt je kind beschermd tegen overstimulering, bijvoorbeeld door oom Harry te vertellen wanneer hij moest kappen met die ratel. Toen je kind de wereld begon te verkennen, reguleerde je voor hem de verschillende prikkels, zowel interessante en aangename als schadelijke en gevaarlijke. Als hij overweldigd werd, kalmeerde jij hem. Jij hebt hem geholpen zijn verschillende gevoelens en ervaringen te ordenen en gaf hem woorden om ze te beschrijven. En tijdens het proces heeft hij op verschillende manieren op jou gereageerd die jou voor altijd veranderd hebben.

Nu heeft hij je nog steeds nodig. Er zijn nog steeds enge en overweldigende gedachten en gevoelens, die benoemd en geordend moeten worden. Er moet nog steeds gereguleerd worden – zichzelf en anderen. Directe voldoening moet afgewogen worden tegen winst op lange termijn. Soms kan je kind die taken goed aan. Dat is het bewijs van zijn groei en volwassen worden. Maar wanneer hij overweldigd is en regressie intreedt, heeft hij jou nog steeds nodig om in ieder geval een beetje te reguleren, op dit moment, in deze situatie. Dat is nog steeds onderdeel van jouw functieomschrijving als ouder. Maar de manier *waarop* je je kind helpt, is van belang, en je zal alle opties open moeten laten en elk hulpmiddel uit de kast moeten halen om hem de juiste hulp te bieden.

De manier waarop je je kind reguleert, biedt het model voor de manier waarop hij zichzelf helpt reguleren. De strategieën die je daarbij gebruikt, de toon en de tactieken, samen met de transacties tussen jouw kind en vele anderen in zijn leven, worden hem *eigen* – dat wil zeggen: die ervaringen worden een deel van wie hij is, hoe hij denkt, en hoe hij reageert op het leven. Bewust en onbewust, put je kind uit deze opgeslagen modellen van communicatie, probleemherkenning en probleemoplossing, en past deze toe in situaties die hij tegenkomt, nu en in de toekomst.

DE MACHT VAN DE OUDER

Een van onze effectiefste behandelmodellen voor gedragsproblemen bij kinderen (opstandigheid, agressie, enzovoorts) staat bekend als 'parent management-training', gedragstraining voor ouders. Daarbij werkt de therapeut rechtstreeks met de ouders om hun vaardigheden in het omgaan met het gedrag van een kind tijdens sterke emoties en impulsen te vergroten.

Ouders leren de omstandigheden te herkennen die leiden tot positieve en negatieve bekrachtiging. Daardoor kunnen zij reageren op een manier die de kans op gewenst gedrag van hun kind verhoogt (beloning of 'bekrachtiging') of de kans op ongewenst gedrag verkleint (door straf of bepaald gedrag zoals slaan niet te laten werken voor het kind). De ouder leert de consequenties zó bij te stellen dat het gedrag van het kind een positieve draai krijgt. De effectiviteit van deze behandelstrategieën is bewezen door decennia klinische ervaring en onderzoek en recent zijn ze succesvol toegepast op angst bij kinderen (Diamond & Josephson, 2005).

De meeste boeken over ouderschap gebruiken wel een of andere variant op dit oudertrainingsmodel. Steeds moet de ouder de eerste stap zetten naar de verandering van de manier waarop ouder en kind met elkaar omgaan. Net zoals danspartners die nieuwe pasjes leren, leidt de ouder het kind naar een nieuwe manier van dingen doen, die conflicten vermindert en zijn zelfbeheersing vergroot. Net zoals leren dansen, vergt dit oefening en volharding.

3.3 • DE OUDER-KINDDANS

Jean Dumas en Robert Wahler hebben vele jaren onderzoek gedaan naar de manier waarop ouders en kinderen met elkaar omgaan. Dr. Dumas beschrijft de 'interrelationele manier van denken, voelen en gedragspatronen die kenmerkend zijn geworden voor mensen die vaak met elkaar omgaan, zoals ouders en kinderen'(Dumas, 2005, p. 781).

Deze 'interrelationele manier van denken, voelen en gedragen' is jouw choreografie; ze beschrijven en dicteren de dansen die jij en je kind elke dag opvoeren. Jullie dans begint waarschijnlijk met wakker worden en je klaarmaken voor de dag en eindigt met wat voor avondrituelen dan ook zodat je kind in zijn bed ligt te slapen – of niet te slapen, in sommige gevallen. Net zoals Fred Astaire en Ginger Rogers dansen jij en je kind zich een weg door de ene situatie na de andere.

De meeste dansen helpen noodzakelijke en positieve taken te volbrengen. Maar zoals we hebben gezien, zijn sommige een directe reactie op vrees en angst en kunnen ze leiden tot frustratie en verminderd functioneren. Vaak worden ze uitgevoerd met weinig of geen bewuste gewaarwording. Ze zijn automatisch.

Automatische ouder-kindroutines – dansen die telkens weer geoefend zijn – ontwikkelen zich tot een manier om om te gaan met een stressvolle of uitdagende situatie en dienen een bepaald doel, al is het maar onze overleving. Ze geven elke partner in de transactie een toegewezen rol en ieder kan verwachten dat de ander op voorspelbare manieren reageert, nu en in vergelijkbare situaties. Jij en je kind handelen zonder er echt over na te denken. En juist daarom zijn deze dansen heel moeilijk te veranderen.

NUTTIGE EN NUTTELOZE DANSEN

Net zoals een geoefend dansteam, vervallen ouders en kinderen in een routine met zeer voorspelbare stappen. Zoals de meeste sologedragsroutines die je honderden keren hebt gedaan, zoals een liedje op de piano spelen of van je werk naar huis rijden, gebeuren deze ouder-kindgedragspatronen grotendeels buiten je bewustzijn om. Jij en je kind kunnen ze uitvoeren zonder erbij na te denken.

Nu zijn sommige automatische gedragspatronen erg nuttig en makkelijk aan te passen. Ze vormen de essentie van het multitasken: afwassen terwijl je telefoneert, routineklusjes op je werk uitvoeren, enzovoorts. Daarnaast, en dit is belangrijk, vallen we terug op onze meest automatische reacties als we gestrest, uitgedaagd of op een of andere manier onzeker zijn. Als je kind de regressie induikt, valt hij op vele manieren terug op oude, automatische gedragspatronen – oude choreografie. Helaas passen deze oude dansen vaak niet zo goed bij de huidige omstandigheden.

JOSHUA'S REGRESSIE EN DE TERUGKEER VAN OUDE CHOREOGRAFIE

Totdat hij zes jaar werd, kon Joshua min of meer zelfstandig naar de wc gaan, eten en zich aankleden. Hij ontwikkelde zich goed wat betreft omgang met leeftijdsgenootjes en woordgebruik om zijn emoties te uiten en problemen op te lossen. Natuurlijk had hij grote mensen nog steeds nodig, maar hij vertrouwde op zijn eigen vermogen zichzelf door boze, verdrietige of angstige momenten heen te slepen (zelfkalmering).

Maar toen gebeurde er iets. De ontwikkeling stokte en ging zelfs achteruit. Ondanks zijn trots in groep drie te zitten, vond hij het werk moeilijk en kreeg zijn zelfvertrouwen elke dag een knauw. Sociale situaties waren ingewikkeld. Klasgenootjes waren gemeen, afwijzend of irritant. Het leven was hard.

Naast de dagelijkse beslommeringen van 'al in groep drie zitten,' beleefde Joshua iets dat ik het 'trekken van de zwaartekracht' van een jonger broertje of zusje noem (de drieënhalf jaar oude Bradley), van wie het leven er lekker zorgeloos uitzag vanuit het oogpunt van Joshua die worstelt met competentie- en zelfstandigheidseisen. Veel kinderen hebben tegenstrijdige gevoelens over opgroeien. Zien dat Bradley de meeste dagen thuis bij mama bleef, de hele dag speelde op de kleuterschool, even oplaadde tijdens een middagdutje en 's avonds niet hoefde worstelen met huiswerk, bracht bij Joshua een nostalgisch gevoel voor de goede oude tijd boven, toen het leven nog makkelijk was en zijn ouders voor hem zorgden.

Misschien vond een deel van Joshua's hersenen dat zijn groei te snel ging; daarbij kwam een verlies van waardevolle veiligheid en juist meer stress. Zoals ik het zie, wist Joshua niet hoe hij moest sturen of op een andere manier de gebeurtenissen beïnvloeden, trok keihard aan de noodrem en zijn ontwikkeling kwam slippend tot stilstand.

Hij was nu snel verontrust door situaties waarvoor hij eerder zijn hand niet omdraaide: naar school gaan, alleen zijn terwijl een ouder ergens anders in huis was, alleen slapen. Joshua kreeg een terugval naar een veel lager niveau van zelfregulatie. Taal leek hem in de steek te laten, en hij viel terug op non-verbale uitingen van emoties in een poging zijn ouders zover te krijgen zijn wereld voor hem te beheersen en zijn stress weg te nemen. Zijn ouders zagen gedrag waarvan ze dachten dat Joshua erover heen was; huilen, jammeren, vastklampen en woedeaanvallen. Het was moeilijk te weten wat Joshua precies dacht, maar je kon wel raden dat hij het lastig vond zichzelf door moeilijke situaties te slepen, zichzelf gerust te stellen, of zelfs te zeggen wat hij voelde.

Hoe dan ook, hij moet opgroeien en Joshua's terugval naar oud gechoreografeerd gedrag zoals huilen en op zijn ouders rekenen om hem te reguleren, sluit niet goed aan bij de behoefte van zijn ouders dat hij zelfstandiger en zelfregulerender is. Zij voelen hun eigen stress en gebrek aan competentie en vertrouwen. Zij vallen op hun beurt terug op een mengeling van oud en nieuw gedrag: negeren, inpalmen, kalmeren en hun boosheid en frustratie uiten.

DE PRIJS VAN DE AUTOMATISCHE PILOOT TIJDENS ANGST

Het is belangrijk te onthouden dat we snel de neiging hebben terug te vallen op oude en automatische dansen als we moe, gestrest of afgeleid zijn. Het is net zoals op de automatische piloot overschakelen. Dit kan nuttig zijn als we gewoon de dag moeten doorkomen. Aangepaste, nuttige routines kunnen stabiliteit, continuïteit en voorspelbaarheid verschaffen in het leven van een gezin. Bijvoorbeeld, een bekend en prettig avondritueel kan de overgang naar de nachtelijke scheiding van de ouders soepel laten verlopen. Nutteloze dansen (bijvoorbeeld, koste wat het kost conflict vermijden) brengen ons in de problemen en zetten ons daarin klem. Omdat onze ouder-kinddansen zo automatisch gaan, zien we onszelf vaak op die nutteloze manieren reageren, terwijl we er spijt van hebben, maar ze niet kunnen beletten. Later voelen we boosheid, schuld en zelfverwijt.

Misschien is dit de reden dat zoveel onderzoeken naar gezinnen met angstige kinderen (bijvoorbeeld Ginsberg & Schlossberg, 2002) de ouders omschrijven als te overheersend, overdreven beschermend, te gericht op negatieve emoties in het algemeen en angst in het bijzonder, te tolerant naar vermijdingsgedrag en vaak verwikkeld in zowel ouder-kindconflicten als ouder-ouderconflicten. Eén ouder met wie ik gewerkt heb noemde dit 'Mammamomenten waar ik niet trots op ben'. We hebben ze allemaal wel eens. Deze conflicten en reacties zijn gewoon weer pogingen verontrustende gedachten en gevoelens te vermijden of te beheersen, die van je kind en die van jezelf.

Problematische angst in de kindertijd kan vaak omschreven worden aan de hand van deze ouder-kinddansen (of kind-broer/zus, kind-vriendje, kind-leerkracht, kind-grootouder, enzovoorts). Meestal is de dans waarin jij en je kind vervallen niet echt nuttig, tenminste niet op lange termijn. Veel van de hulp die je zoekt voor de angst van je kind is niet te vinden in het wegnemen van angstige gedachten en gevoelens, maar in het veranderen van de dans. Dit betekent dat je een positieve en nuttige dans moet choreograferen: een duidelijk verzoek om hulp, aangeboden hulp, gebruikte hulp, en je kind is in staat de angst achter zich te laten en zich te storten op de taak in kwestie. Als ouder zal jij de eerste stappen zetten naar een nieuwe choreografie. Denk aan de wijsheid (iets anders verwoord) van de oude mier in *Een luizenleven*: 'Jij en je kind kunnen om het blad heenlopen.'

FAMILIEANGST

Omdat angst vaak in de familie zit, is het waarschijnlijk dat jijzelf nu worstelt of hebt geworsteld met angstige gedachten en gevoelens (Dacey & Fiore, 2000). Veel ouders herbeleven hun vroegere of huidige angst als ze de ontsteltenis van hun kind zien. Het boze en beheersende gedrag van je kind kan jouw eigen herinneringen aan enge gebeurtenissen uit je jeugd oproepen. Abby's moeder Catherine bijvoorbeeld, was als kind ontzettend verlegen en betreurt dat dat haar belette deel te nemen aan activiteiten. Als volwassene en ouder kent Catherine het belang van sociale gebeurtenissen, schooltoneelstukken en dat soort dingen om een verlegen kind uit haar schulp te laten kruipen en haar te leren moed te houden en zich te richten op het positieve en niet op het negatieve. Het raakt Catherine enorm om Abby te zien lijden en te missen wat het leven te bieden heeft. Tegelijkertijd frustreert Abby's vermijdende gedrag haar en maakt Catherine boos, die, nog steeds verlegen en zelf angstig, denkt dat anderen Abby's angstige gedrag opvatten als onbeleefdheid en slecht zullen denken over Abby en haarzelf. Haar eerste reactie is de pijnlijke situatie met Abby te ontvluchten, en ze voelt zich daarna boos en vol verwijten.

Op zo'n zelfde soort manier herinnert Sid, de vader van Joshua, zich levendig zijn eigen worsteling met verlatingsangst. Daardoor neigt hij naar een meer 'ondersteunende' houding tegenover Joshua's angsten in plaats van de 'straffende' (volgens Sid) aanpak van Nancy. Daarnaast zit Sid tot over zijn oren in het werk en wil liever niet midden in een conflict thuiskomen. Zijn eigen frustratie en verwijten komen boven als hij denkt dat Nancy Joshua niet aankan zonder een uitbarsting die hij dan weer moet oplossen. Sids reacties vliegen van vermijding van angst en conflict naar toegeeflijkheid naar pogingen het huishouden te bestieren met zijn eigen woede-uitbarstingen.

Angela worstelt ook elke dag ontzettend als alleenstaande, werkende ouder. Sterlings buien zijn nóg een ding waar ze zich mee bezig moet houden en haar schaarse tijd en energie uitput. Haar gebruikelijke dansroutine bestaat uit manieren verzinnen om Sterlings stress zo klein mogelijk te houden, want dan kan Angela de dag beter doorkomen. Helaas leert Sterling hierdoor niet om te gaan met ontsteltenis, en door vermijding van uitdagende situaties die passen bij zijn leeftijd, komt hij qua school, sociaal en fysiek functioneren nog verder achter op zijn leeftijdsgenootjes.

Ouder zijn van een kind dat vaak angstig is, is keihard werken. De inspanning maakt van jouw eigen regressie een star en binair denkpatroon. Als ouder ontwikkel je dan een van de twee algemene benaderingen bij een angstige situatie. Aan de ene kant plaats je je kind in beangstigende situaties om hem 'wat harder te maken' of hem op een of andere manier aan angst bloot te stellen in een poging hem de confrontatie aan te laten gaan en zijn angsten te overwinnen. Aan de andere kant, en veel waarschijnlijker, zal je het tegenovergestelde doen en je kind beschermen tegen angstige situaties en op elke mogelijke manier je kind helpen angst die niet te vermijden is, te beheersen. Zoals ik eerder al zei, zijn vermijdings- noch beheersingsstrategieën op zichzelf niet slecht, maar als ze gedachteloos en als reactie op je eigen angst of frustratie worden toegepast, werken ze niet erg goed op de lange termijn.

Dus, zoals ik al zei in het eerste hoofdstuk, bestaat het succesvol behandelen van een angststoornis niet alleen uit het bestrijden van de symptomen. Dit vereist zowel de aanpak van de gedachten en gevoelens van je kind, als de automatische ouder-kindinteracties of -dansen. In plaats van *reactief* zijn in de vorm van oude dansroutines, zal je je *responsief* opstellen tegenover je kind als hij angstig is.

3.4 • RESPONSIEF OUDERSCHAP: DE NIEUWE DANS

Dit boek benadrukt dat angst bij kinderen meestal een probleem is vanwege de manier waarop de angsten, zorgen en behoeften van je kind worden ervaren en geuit, en hoe jij, de ouder, in die worsteling wordt meegetrokken om de gedachten en gevoelens van je kind en jezelf te vermijden of te beheersen. Het resultaat is het uitblijven van zelfregulatie en levensvaardigheden, die bij de leeftijd passen. Hij voelt dingen, haat dat, en reageert volgens zijn oude choreografie. Jij voelt zijn dingen plus wat van je eigen dingen, haat dat, en reageert met jouw eigen oude choreografie. We gaan het nu hebben over het veranderen van dat alles.

De nieuwe dans noem ik *responsief ouderschap*. Het is nuttig ouderschap dat je door oefening onder de knie krijgt, net zoals elke dans. Het wordt de nieuwe norm en geeft je die continuïteit en voorspelbaarheid die nuttig is bij een dans. Maar wat responsief ouderschap echt definieert, en onderscheidt van reactief ouderschap, is dat het doordacht en flexibel is. Nutteloze dansen zijn bijna onbewuste, broze, alles-of-nietsomgangspatronen. Ik noem responsief ouderschap graag soepel ouderschap – sterk maar flexibel, Net zoals een goede danser.

Responsief ouderschap is niet alleen een consequente en tijdige toepassing van consequenties en het draait ook niet de hele tijd om positief zijn. Onderzoek toont aan dat moeders van meegaande kinderen niet continu positieve aandacht aan meegaandheid schenken en dat ook geen bijzonder effectieve bekrachtiger is voor kinderen die ooit opstandig waren (Wahler & Meginnis, 1997). Beloning en straf verklaren dus de gedragspatronen van kinderen niet volledig. Er moet iets anders aan het werk zijn.

Het klopt dat responsief ouderschap inhoudt dat je je kind feedback moet geven in de vorm van instructies, regels, beloningen en straffen. Dat is het gepaste consequenties-deel. Je geeft je kind de juiste feedback in de juiste situatie en op het niveau van het kind op dat moment (denk eraan, ze maken een regressie door als ze gestrest zijn en functioneren misschien niet volgens hun chronologische leeftijd). Daarnaast moet de situatie doelen inhouden die verder gaan dan 'Hoe kan ik deze ontsteltenis, de zijne en de mijne, zo snel mogelijk wegnemen?'

Een responsieve ouder begrijpt op dat moment dat zijn kind een bepaalde behoefte probeert te bevredigen en dat deze behoefte waarschijnlijk gegrond is (net zoals jij wil hij niet angstig zijn). Maar door verschillende dingen kan dit slecht lopen: zijn timing ('Nu!'), de manier waarop hij probeert jou te laten helpen (een woedeaanval krijgen, mokken, of iets anders), of hij richt zijn aandacht op te weinig mogelijkheden (geen angst!). Jij moet groter denken dan hij op dat moment kan denken.

Als jij jezelf kunt oriënteren op de vraag 'Wat probeert mijn kind met dit alles te bereiken?' en antwoorden vermijdt zoals 'Hij probeert mijn leven te vergallen', kun je een reactie creëren die verschillende doelstellingen bereikt. Ten eerste laat je je kind weten dat je de boodschap achter het gedrag begrijpt, terwijl je er paal en perk aan stelt. Deze bevestigingstechnieken worden uitvoerig beschreven in hoofdstuk 8.

Ten tweede, vooral jonge kinderen weten soms niet eens wat ze willen of wat ze precies voelen op dat moment. Het enige dat je kind weet, is dat hij bang is en in de war en een hele golf aan energie en ontsteltenis en rauwe behoefte te verduren krijgt. Jouw respons geeft je kind een woordenschat die hem in staat stelt zijn behoeften en zijn eigen gedachten en gevoelens te herkennen en onder woorden te brengen. Ten derde zal jouw responsieve feedback suggesties bevatten voor de manier waarop hij zijn behoeften op een betere manier kan bevredigen of de manier waarop hij kan omgaan met het feit dat de behoefte nu gewoon niet bevredigd wordt.

Responsief ouderschap betekent dat je met één been in het 'hier en nu' staat en met het andere in het 'grote geheel'. Als je responsief bent, ben je gericht op je kind zoals hij op dat moment is, terwijl je ook in de gaten houdt wat er nu moet gebeuren. Je kunt een stapje terugdoen en het allemaal in je opnemen, bewust van je automatische gedachten en gevoelens en de gebruikelijke reactiepatronen die op de loer liggen. Je bent je bewust van wat je kind op dit moment meemaakt, van de mogelijkheden tot bevordering van effectieve communicatie, hulpvragende en probleemoplossende vaardigheden, als er inderdaad een probleem opgelost moet worden. Al deze processen en responsstrategieën worden uitvoerig beschreven in de volgende hoofdstukken.

Om de oude dans te veranderen, om echt te werken aan de groei van je kind, moet de doelstelling veranderen van vermijding en beheersing van angst naar leren omgaan met het leven *ondanks* die angst en andere moeilijke gevoelens en gedachten. Het gaat om een verschuiving van de aandacht op 'Hoe kan ik vermijden of beheersen wat er vanbinnen gebeurt?' naar 'Hoe kan ik het beste omgaan met de problemen en kansen in mijn leven?' Denk nog even aan wat ik zei over klassieke en moderne angst; wat er moet gebeuren als het plaatje te groot of te klein wordt, is de aandacht richten op de volgende stap.

RESPONSIEVE TAAL

Eén manier om je begrip van een situatie te vergroten, is de taal om je gevoelens te beschrijven onder de loep te nemen. Als we verontrust raken over iets, verandert ons denkpatroon op voorspelbare wijze. Net zoals je kind verval je in meer starre en primitieve denkpatronen; je denkt of spreekt bijvoorbeeld in alles-of-niets-zwart-wittermen. We horen dit in de taal van een kind: 'Jij doet nooit...,' 'Zij doet altijd...,' 'Dit gaat nooit werken.' En je kunt het horen in de manier waarop je spreekt tegen je kind en tegen jezelf tijdens een nutteloze dans. Je weet uit ervaring dat tegen dit soort praat weinig is in te brengen. Responsief ouderschap draait om het beschikken over een scala aan mogelijkheden om over een situatie na te denken en er wat aan te doen. Het is niet goed om maar twee mogelijkheden te hebben, allebei een uiterste van de mogelijke reacties. Als we denken dat we maar een paar mogelijkheden hebben, voelen we ons snel in de val zitten. Dan voelen we veel verontrustende emoties en denken veel ongelukkige gedachten die ons kunnen afleiden van de uit te voeren taak en onze mogelijkheden. Het is een vicieuze cirkel.

RESPONSIEF OUDERSCHAP: AFSTAND NEMEN VAN ONZE GEDACHTEN EN GEVOELENS

Als ouder en volwassen persoon, heb je je eigen vecht-of-vluchtsysteem, en dat is op zijn best wanneer je kind in gevaar verkeert. Het menselijk ras zou nooit ver gekomen zijn als ouders hun kinderen niet zouden beschermen.

Jouw gedachten en gevoelens bij uitdagingen van het ouderschap (boosheid, angst, hopeloosheid, enzovoorts) komen helemaal automatisch. Ze lijken uit het niets en met een beangstigende hevigheid tevoorschijn te komen. Je hebt misschien enge jeugdherinneringen die naar boven komen door de angst of woede van je kind. Je voelt je misschien schuldig over sommige gedachten die je tijdens die stressvolle momenten hebt. Jij kiest niet voor die gedachten en gevoelens. Ze zijn het gevolg van de huidige omstandigheden en jouw ingewikkelde verleden. We zullen hier dieper op ingaan in het volgende hoofdstuk.

Kort gezegd, brengt het opvoeden van kinderen een scala en hevigheid aan emoties en pijnlijke gedachten met zich mee die we nooit voor mogelijk hadden gehouden voordat we ouders werden. Ze kunnen ons bewustzijn zeker zo vullen dat het kind en de situatie naar de achtergrond verdwijnen en onze eigen verontrusting de hoofdrol speelt. De psychologen Georg Eifert en John Forsyth constateren dat 'angst geassocieerd wordt met grotere alertheid en een versmalling van aandacht zodat de aandacht van de persoon gericht blijft op de gebeurtenis die angst teweegbrengt' (2005, p.15). Vrees en angst overweldigen al het andere, wissen andere informatie uit die de ontsteltenis in perspectief kan plaatsen of een antwoord op het probleem bieden. Het versmallen van de aandacht kun je zien als angst onder de microscoop leggen; zo lijkt die juist groter – voor jullie allebei.

Dus als jij en je kind vastzitten in oude choreografie, samen bezig zijn met de angstdans, is het heel moeilijk de aandacht te verschuiven naar iets beters, zoals terugkeren naar het oorspronkelijke doel zoals een wandeling maken of met de andere kinderen spelen op een verjaardagsfeestje.

HARDE EMPATHIE

Het is geen toeval dat het gedrag van je kind jouw eigen angst (of boosheid of wanhoop, roep maar iets) oproept. Naast het feit dat je gebouwd bent om te voelen wat anderen dicht bij ons voelen (denk maar aan de stemvorktheorie en meetrillen), is dit een noodzakelijk deel van de angstdans. Jouw ontsteltenis heeft een doel. Nogmaals, deze processen gebeuren grotendeels buiten ons bewustzijn, maar jouw ontsteltenis is op bepaalde manieren 'nuttig' voor je kind. Om je kind echt te helpen, moeten er namelijk twee dingen gebeuren. Ten eerste moet hij weten dat je begrijpt hoe hij zich voelt. Ten tweede moet je motivatie hebben hem te helpen. De meest efficiënte manier waarop je kind jouw begrip en motivatie kan opwekken, is jou net zo te laten voelen als hij. En hij weet, zelfs op zeer jonge leeftijd, hoe hij dit kan bereiken. Sterker nog, op zo'n jonge leeftijd is het opwekken van jouw angst en andere emoties de enige manier om over te brengen wat hij meemaakt.

Het uitlokken van soortgelijke gevoelens bij jou is vaak de openingszet in de angstdans. Je moet begrijpen hoe het is voor hem, met hem meevoelen. Helaas begrijpt jouw kind niet dat hij een situatie creëert die jou juist *minder* in staat stelt te helpen: je bent nu niet echt op je best, en de dans waar jullie dan inglijden, is niet echt nuttig op lange termijn om de gevoelens en de situatie te beheersen. Daar staan jullie dan, allebei hevig ontdaan. Jouw kind heeft jou zover gekregen dat je hem begrijpt (jij deelt zijn angstige ontsteltenis) en dat je de motivatie hebt hem te helpen (jullie willen allebei dat die ontsteltenis stopt, nu). Maar wat voor soort hulp is dit en wat kost het ieders psychische gezondheid en de relatie zelf?

Laten we nu even zeggen dat je meegaat in de standaard opvatting dat de beste uitkomst van elke angstige situatie een snelle en gigantische vermindering van symptomen is. Als jij vindt dat je angst jouw kind weerhoudt van dingen die hij hoort te doen (op de fiets stappen, alleen naar boven gaan), dan is het logisch dat als jij gaat doen wat je moet doen (hem helpen), dat eerst jouw angst weggenomen moet worden. Moeten we immers niet, om te kunnen functioneren, al onze gedachten en gevoelens netjes geordend hebben?

Maar zoals we hierna zullen zien, is het doel om gedachten en gevoelens te beheersen om zo ons eigen gedrag of dat van een ander te beheersen heel moeilijk, of bijna niet, te bereiken. Daarom zijn zo veel reactieve ouderschapspatronen frustrerend en ineffectief. Het komt niet doordat we ze verkeerd uitvoeren; reactief ouderschap werkt niet omdat het niet kán werken. Het kan niet werken, als het doel is eerst jouw eigen en daarna de gedachten en gevoelens van je kind te manipuleren als voorwaarde om adequaat te functioneren.

We zijn gebouwd om op dezelfde golflengte te zitten als onze kinderen. Zij zijn gebouwd om ons met hen te laten meevoelen. Dit is de basis van empathie. Het is soms hard, maar het werkt om begrip tot stand te brengen en om aan te zetten tot handelen. Je kunt dit beter laten werken door een *respons* te geven op angst – die van jou en van je kind – en handelingen te kiezen die duidelijk maken wat de situatie nodig heeft, het probleem op te lossen als dat kan, en zo de groei van je kind te stimuleren.

3.5 • SAMENVATTING EN EEN VOORUITBLIK

Responsief ouderschap draait om het creëren van mogelijkheden. Het gaat erom verder te gaan dan de starre grenzen van het gebruikelijke denk- en reactiepatroon. Het gaat om verduidelijking van wat er gebeurt en wat er moet gebeuren. Het gaat erom in het oog te houden wat echt belangrijk is ondanks de neiging van angst je focus te verkleinen. Responsief ouderschap stelt je in staat gevoelig te zijn voor je kind zonder je kracht of autoriteit te verminderen. Noch moet je dat waarvan je weet dat het waar en waardevol is, ontkennen. Sterker nog, zoals ik je zal laten zien in hoofdstuk 5, een responsieve ouder worden, is de beste manier om met jouw grote waarden en doelen in verbinding te blijven en niet alleen te reageren op het ongemak van het moment. Het herchoreograferen van de ouder-kinddans kan het angstige 'help mij'-gedrag van je kind veranderen van een nadeel in een voordeel; de oude dans van terugtrekken in vermijding en beheersing kan veranderd worden in danslessen in probleemoplossing en het bereiken van je doel, een nieuwe dans waar je kind zijn hele leven iets aan heeft. Maar dit vereist een verschuiving in jouw eigen instelling ten opzichte van angst. In het volgende hoofdstuk kijken we vanuit een ander perspectief naar angst, dat van *acceptance* en *commitment*.

4
Acceptance en Commitment Therapie voor de angst van je kind

Bij angst staan jij en je kind meer reactief en minder responsief tegenover elkaar en de situatie. Vermijding en beheersing kan tot een beperkter leven leiden: sociale en schoolse doelstellingen worden niet behaald, bij de leeftijd passende vaardigheden voor zelfregulatie en conflictoplossing worden niet ontwikkeld en relaties met ouders, broers en zussen en anderen raken verstoord. Hoe kun je loskomen van nutteloze dansen en automatische reacties?
In dit hoofdstuk beschrijf ik een nieuwe behandeling van angststoornissen die je een weg uit de val van vermijding en beheersing belooft. Ik vraag je je aandacht te richten op de te volbrengen taak: echte problemen oplossen of omgaan met de uitdagingen die het leven op je pad brengt, wat die dan ook zijn.
Psychotherapie bestaat nu iets langer dan honderd jaar. Sinds vele jaren is de standaard psychotherapie de cognitieve gedragstherapie of CGT. Deze psychotherapie heeft bewezen ouders en kinderen te helpen met tal van psychologische kwesties.
In het algemeen liggen de doelen van CGT in dezelfde lijn als het overheersende diagnostische model: het verminderen of wegnemen van symptomen: geen symptomen meer, geen angststoornis meer. Er wordt aangenomen dat we zonder angst gretig het leven omarmen en de vaardigheden hebben dat succesvol te doen.
De traditionele CGT streeft ernaar denk- en gedragspatronen te veran-

deren zodat iemand zich succesvol kan gedragen in het leven en kan genieten van de positieve gevoelens die daarop volgen. CGT voor angst bestaat uit drie basisstappen. Stap 1 is het waarnemen van de angstige gedachten en gevoelens en deze identificeren. We kunnen immers niets veranderen waarvan we niet op de hoogte zijn. Dit wordt gevolgd door stap 2, logica en ervaring gebruiken om de redelijkheid van deze gedachten of de noodzakelijkheid van deze gevoelens aan de kaak te stellen ('Zijn we op dit moment daadwerkelijk in gevaar?' of 'Als je kijkt naar je ervaring, is het dan waarschijnlijk dat je in hondenpoep bent gestapt terwijl je op de stoep liep?'). Ten slotte is stap 3 een poging de oncomfortabele en onredelijke angstige gedachten en gevoelens te vervangen door positievere, aanmoedigende en plezierige gedachten en gevoelens ('Ik ben kalm,' 'Het maakt niet uit of de lussen van mijn schoenveters precies even lang zijn,' enzovoorts). Bij kinderen zal meer nadruk liggen op het stimuleren van positieve gedragsverandering (bijvoorbeeld het belonen van constructief gedrag tijdens angst) en minder op het veranderen van denkpatronen.

Jarenlang dacht men dat met redelijke en positieve gedachten betere gevoelens komen. Als negatieve gevoelens aan de kant geschoven zijn, kan een persoon eindelijk van slechte naar goede gedragspatronen overstappen. Dit klinkt logisch.

4.1 • DE BEPERKINGEN VAN GEZOND VERSTAND

Mijn moeder zegt graag: 'Ons gezond verstand zegt ons dat de aarde plat is.' De logische of gezond-verstand-oplossing voor angstige situaties is afkomen van of het zo klein mogelijk maken van de angstige dingen die instaan tussen jouw kind en dat wat ze moet doen. Op een vergelijkbare manier kun je denken dat je, om de ouder te zijn die je moet zijn op dat moment, van jouw eigen verontrustende emoties moet afkomen: angst, frustratie en zo meer. Dit klinkt ook logisch.

Je zou dit angst'probleem' net zo aanpakken als andere problemen in je leven, door het te vermijden of op te lossen. Je vermijdt verkeersboetes en ongelukken door niet door rood licht te rijden. Je let op je persoonlijke hygiëne tijdens het griepseizoen om geen bacillen te verspreiden of op te lopen. Je vervangt een kapotte lamp. Je fröbelt op het laatste moment een kostuum voor het schooltoneelstuk in elkaar. Hierdoor verloopt je leven soepel. Je bent immers een ouder; je bent goed in problemen oplossen.

Het is duidelijk dat vermijding en beheersing nuttig kunnen zijn. Enige controle op de omgeving van je kind is noodzakelijk om gezondheid en veiligheid in stand te houden, haar te behoeden voor chaos, en haar effectieve manieren te laten zien om om te gaan met de wereld. Vermijding en beheersing werken goed in de buitenwereld: een vuil kleed stofzuigen, niet met een schaar in de hand rennen, je rekeningen op tijd betalen, voorzichtig rijden in de buurt van een school. Al die maatregelen houden het leven van je kind en van jezelf veilig en laten het soepel verlopen. Terwijl ze opgroeit, wil je dat ze die vaardigheden en gewoontes leert zodat ze vertrouwen ontwikkelt in haar vermogen effectief met het leven om te gaan. Maar de wereld binnen in het lichaam dan – de wereld van gedachten en gevoelens?

4.2 • DE GRENZEN VAN BEHEERSING ALS HET GAAT OM ANGST

Je hebt waarschijnlijk vele oplossingen toegepast op de angstige gedachten en gevoelens van je kind of van jezelf. Je hebt jezelf of je kind aangemoedigd om diep adem te halen om kalm te worden. Je hebt haar aangemoedigd aan iets leuks te denken, om beangstigende situaties te vermijden, of om elke keer als ze een 'slechte gedachte' had, een elastiekje tegen haar pols te laten klappen, of je hebt haar verteld dat ze zich gewoon moest vermannen. Misschien heb je wel medicijnen geprobeerd. Maar de angst blijft terugkomen, vaak erger dan eerst.

Beheersing is erg ongrijpbaar binnen in het lichaam. Volgens de legende kwelde de beroemde Russische schrijver Fjodor Dostojevski zijn broertje door hem in de hoek te laten staan tot hij ophield met denken aan een witte beer. Na een tijdje denkt het jongetje: 'Oke, nu kan ik weggaan, ik denk niet meer aan... oh verdikkeme.' Je kunt niet weten dat je ergens *niet* aan denkt zonder eraan te *denken*. Fjodors broertje zat vast in de hoek.

In de psychologie noemen we dit het probleem van de witte beer; door pogingen tot onderdrukken of op een andere manier beheersen van ongewenste gedachten en emoties, waaronder angst, voelen we ons niet beter. Het kan zelfs leiden tot het sterker worden en vaker voorkomen van de negatieve gedachten en emoties (zie bijvoorbeeld Gross & Levenson, 1997). Hoe meer we van een gedachte of gevoel af willen, hoe meer die mentale activiteit zich lijkt te doen gelden in ons leven. Een veelvoorkomend voorbeeld is de slappe lach krijgen in de kerk; hoe meer je de grappige gedachte probeert te verdringen, hoe meer deze verschijnt.

Probeer het maar even voor jezelf. Denk ergens niet aan: je favoriete gebakje of koude drankje. Serieus, *denk niet aan die brownie!* De volgende keer dat je een sterke emotie voelt, positief of negatief, probeer die dan niet te voelen. Kijk maar eens hoe goed je daarin slaagt. Hoogstwaarschijnlijk neemt die gedachte of emotie koppig het middelpunt van je gedachten in beslag.

Hoewel vermijding en beheersing voor jou en je kind enige verlichting op korte termijn brengen, legt dit een zware tol op de relatie met je kind, en ontneemt haar ook de kans zelfregulatie te leren en goed om te gaan met normale maar verontrustende situaties.

Daarnaast, als ontvluchting, vermijding of beheersing de standaardstrategie van je kind of jezelf wordt voor het omgaan met vrees en angst, neemt het aantal situaties dat vermijding of beheersing vereist toe, omdat vrees en angst gemoedstoestanden zijn om bang van te worden. De neerwaartse spiraal van verminderd functioneren wordt breder en dieper.

Dit is al een ingewikkeld probleem voor individuen, maar wordt nog ingewikkelder binnen een gezin. Zoals ik al eerder zei, is het feit dat de angst van je kind interactiepatronen tussen jou en haar heeft gecreëerd die verontrustend en nutteloos zijn, de voornaamste reden dat je dit boek leest. En, zoals beloofd, zal ik je laten zien hoe die ouder-kindtransacties het hulpmiddel zijn om de aandacht van angst en verminderd functioneren te verleggen naar groei en succes.

OP DE GOLF VAN VERONTRUSTING

Als je kind veel situaties vermijdt omdat ze ervan overtuigd is dat ze ze niet aankan, zal ze een achterstand oplopen in noodzakelijke vaardigheden zoals leren fietsen of zichzelf voorstellen aan klasgenootjes op de eerste schooldag. Een van de belangrijkste vaardigheden die je kind moet leren is het omgaan met een zekere mate van ontsteltenis. Op weg naar de meeste levensdoelen, kom je nu eenmaal onprettige ervaringen tegen, zoals angst ('Word ik uitgekozen voor het voetbalteam?'), frustratie en ongeduld ('Ik krijg het koppen niet onder de knie'), verveling ('Waarom sta ik linksbuiten?'), enzovoorts. Het is pijnlijk om de ontsteltenis van je kind te zien. Meestal zijn we niet alleen getuigen van maar deelnemers aan die ontsteltenis. We zitten samen met onze kinderen in de emotionele achtbaan.

Voor een ouder is het erg verontrustend je kind de klim te zien maken aan het begin van een sterke emotionele golf. Hoe hoog gaat die? Hoe zal ze reageren? In haar boek *The Blessing of a Skinned Knee* (2001), wordt de psycholoog Miriam Adahan geciteerd. Zij zegt dat ouders hun kinderen vaak niet het volledige 'golfpatroon' van sterke emoties laten meemaken. Als je je kind te snel van een opkomende emotie afhaalt, zal ze niet de natuurlijke klim, piek en afname van die emotie beleven. Ze zal niet leren dat dat precies is wat emoties doen – ze verschijnen, ze komen omhoog, ze pieken en dan verdwijnen ze – als we ze laten gaan. Dit alles betekent natuurlijk dat jij, ouder en emotionele danspartner, samen met haar door die golf wordt meegenomen, om maar eens twee metaforen door elkaar te gebruiken.

Vermijding of onnodige redding ontneemt je kind de kans te leren dat ze haar ontsteltenis aankan en niet alleen kan overleven, maar ook overwinnen. Door een succesvolle emotionele ervaring krijgt je kind een nieuw gevoel van competentie en talent.

4.3 • EEN NIEUWE BENADERING VAN ANGST

Jarenlang was de cognitieve gedragstherapie gebaseerd op het idee dat als de psyche in orde is, je leven in orde is. Als je denkpatroon en gevoel goed zijn, gaat het goed met jou en zal je gedrag goed zijn. Maar sinds kort tonen clinici en onderzoekers aan, en weet jij uit eigen ervaring, dat het tijdelijk onder controle krijgen van je gedachten en gevoelens heel moeilijk en riskant is. Je pogingen kunnen de dingen alleen maar erger maken, vaak heviger, omdat de onprettige gedachten en gevoelens terugkeren, of omdat de vermijdings- en beheersingspogingen het leven voor jou en je kind verpesten.

In de afgelopen dertig jaar is veel klinische ervaring en wetenschappelijk onderzoek gestoken in een nieuwe benadering van angst en andere psychologische aandoeningen. Het resultaat is een nieuwe generatie therapieën met effectievere manieren om het leven van mensen rijker en gezonder te maken. Ze erkennen de doelloosheid van de poging gedachten en gevoelens te vermijden om een effectiever leven te leiden. De nadruk ligt juist op het leiden van een effectiever leven.

ACCEPTANCE EN COMMITMENT THERAPIE

Acceptance en Commitment Therapie (of ACT) is een van deze nieuwe therapieën en verschaft het kader voor de benadering in dit boek.

De twee grote doelstellingen van ACT zijn (1) kweken van *acceptance* van wat er op dat moment *is*, inclusief negatieve gedachten en gevoelens, zodat (2) er actie kan worden ondernomen richting doelen waar jullie volledig achter kunnen staan (commitment), in plaats van te proberen de negatieve gevoelens en gedachten zelf te beheersen of te vermijden (Eifert & Forsyth, 2005). Maar voordat ik het ga hebben over *acceptance* en actie met commitment, wil ik nog even iets zeggen over gedachten en gevoelens – wat ze wel en wat ze niet zijn.

Wat we kennen als zicht, gehoor, tast, smaak en reuk zijn de chemisch-elektrische activiteiten van de fijne en verbazingwekkend ingewikkelde vezels van onze centrale en perifere zenuwstelsels. Dit netwerk wordt gestimuleerd door gebeurtenissen in de wereld via verschillende zintuiglijke receptoren. Het is duidelijk dat onze zintuigen belangrijk zijn in het leerproces over de wereld en het beheren van ons leven daarin. Beschadigingen aan het gehoor of het zicht maken het mensen moeilijk. Maar zelfs zenuwstelsels die perfect werken kunnen om de tuin geleid worden: de ogen worden misleid door gezichtsbedrog, geluiden en woorden kunnen verkeerd gehoord worden, kunstmatige smaken bedriegen de smaakpapillen.

Daarnaast zijn er de innerlijke of 'privé'belevenissen van gedachten, gevoelens en herinneringen. Zoals ik eerder al beschreef (met de termen 'metacognitie' en 'meta-emotie'), kunnen we gedachten en gevoelens hebben óver gedachten en gevoelens. Een groot deel van ons denken 'levert commentaar': reflecties en oordelen over wat er gebeurd is, gebeurt of kan gebeuren. En het lijkt erop dat een groot deel van dat commentaar, deze innerlijke monoloog, op een of andere manier negatief is: akelige waarschuwingen, kritiek op jezelf en anderen, teleurstelling waar je in blijft hangen, noem maar op. Een korte observatie van je eigen mentale activiteit zal dit bevestigen. Waarom zijn we zo negatief? Zijn we allemaal depressief? Nee, maar al die negativiteit weerspiegelt het ware doel van nadenken: het bestaat niet om ons tevreden te houden, maar om ons in leven te houden.

Mensen hebben tienduizenden jaren overleefd en zelfs gefloreerd onder strenge en keiharde omstandigheden zonder iets dat maar een beetje lijkt op een vacht of slagtanden. We overleefden door van onze fouten te leren en deze te onthouden. Beter nog, we leerden van de fouten van Thog, onze grotbuurman: onthoud, sabeltandtijgers aaien niet goed. Onze voorouders verzonnen en gaven verbale regels en sociale voorschriften door, waarvan het grootste deel gaat over in leven blijven, niet over plezier maken. Het is nog maar zeer kort geleden dat mensen geluk en tevredenheid in hun leven zijn gaan najagen, verwachten en zelfs eisen.

Door nadenken konden mensen op de toekomst anticiperen en zich erop voorbereiden; ze konden voedsel opsparen voor de winter, gevaarlijke dieren en plaatsen vermijden en de kinderen in de gaten houden, zodat hen niets gebeurde. Ouders uit de steentijd die niet heel bezorgd waren over hun kinderen werden geen grootouders. We stammen allemaal af van deze paranoïde mensen.

Spoel even door naar de eenentwintigste eeuw. De technologie is vergevorderd en de samenleving is veel ingewikkelder, maar onze hersenen komen nog steeds ongeveer overeen met het standaardmodel uit 10.000 voor Christus. Abby is op het verjaardagspartijtje. Kan ze deze wilde rondrennende beesten echt vertrouwen? Angst komt opzetten en Abby verstijft alsof ze zich plotseling tussen een troep jakhalzen bevindt. Wat denkt en voelt haar moeder? Voor Catherine is het erg ambivalent; ze ziet een groter geheel en conflicterende doelstellingen. Aan de ene kant is er de noodzaak sociaal succesvol te zijn, angsten onder ogen te zien en te overwinnen, zodat deze situaties minder eng worden. Aan de andere kant voelt ze mee met Abby's angst en heeft ze de neiging naar de grot terug te rennen waar ze veilig zijn. Ze staat niet alleen met haar donkere gedachten. Hoogstwaarschijnlijk wegen één of twee ouders op het feestje de mogelijkheid af dat er pindasporen in de verjaardagstaart zitten of loodverf in de presentjes voor de gasten.

Waar het om gaat, is dat het vecht-of-vluchtsysteem en de angstige gedachten die daarbij horen ons zover gebracht heeft in een wrede wereld. Een andere gedachte ('Oh, het komt wel goed') voortgebracht door een zonniger deel van onze psyche zal het niet snel winnen van duizenden jaren aan psychologische gewoonten. Maar dat geeft niet; we hoeven niet één gedachte tegen een ander op te zetten om te kijken welke echt waar is.

TEGEN ONSZELF OVER DE WERELD PRATEN

Taal, in de vorm van nadenken, is een tweesnijdend zwaard. Taal stelt je kind in staat vol te houden tijdens tegenslag: 'Ik ben er bijna. Ik ga het halen!' Maar taal haalt haar ook over om enkele minuten later alle hoop te laten varen: 'Dit is hopeloos.'

Vanaf een verbazingwekkend jonge leeftijd stelt taal je kind in staat over de wereld, zichzelf en jou te leren. Dit leerproces wordt geordend en doorgegeven door regels. *Regels* zijn eenvoudige manieren om tegen onszelf over onze handelingen en hun consequenties te praten. Regels kunnen direct zijn: Ik raak het hete fornuis aan, brand mijn vinger, en kom tot de conclusie dat fornuizen heet zijn en niet aangeraakt moeten worden. Andere regels worden niet ontwikkeld uit directe ervaring, maar door sociale instructie of je eigen gevolgtrekking. Je vertelt je kind bijvoorbeeld: 'Het fornuis is heet. Raak het niet aan want dan bezeer je jezelf.' Door jouw woorden op te nemen en eigen te maken, hoeft je kind het fornuis niet aan te raken om deze regel op te slaan en evenmin andere aan te raken.

Dit vermogen regels af te leiden, zorgt ervoor dat heel veel dingen makkelijker en veiliger te leren zijn. Ik hoef nooit vergif te nemen of aangereden te worden door een bus om te weten dat dit slechte gebeurtenissen zijn en dat ze op vele manieren te voorkomen zijn. Ik hoef al die dingen niet te leren door directe ervaring. Je wilt dat je kind zoveel mogelijk leert met zo min mogelijk pijn. Taal stelt haar daartoe in staat. Maar, denk eraan dat ik vroege taal beschreef als raar, star en beperkt. Het is verontrustend gemakkelijk voor een jong kind, of een ontdaan ouder kind, zich vast te klampen aan ongelooflijk starre en nutteloze gedachten (regels), zoals: 'Als ik het niet meteen perfect kan, ben ik een enorme sukkel,' 'Ik kan die deurknop niet aanraken,' of 'Ik kan niet alleen naar boven gaan.' Deze gedachten werken verlammend omdat, zoals je je wel zal herinneren, dit geen regels of ideeën zijn voor een kind; ze zijn de werkelijkheid. Als ik het denk, dan moet het zo zijn: 'Ik ben...,' 'Ik kan niet...' Het plaatje is te klein.

Het is jouw taak je kind te laten zien dat haar gedachten alleen maar gedachten zijn. Ze zijn niet de werkelijkheid. Gedachten *geven* de wereld *weer* in ons hoofd zodat we kunnen herinneren, regelen en voorstellen. De gedachten kunnen accurate weergaven zijn, of het helemaal bij het verkeerde eind hebben. We moeten veel van onze gedachten met een korreltje gezonde scepsis nemen. Gedachten kunnen niet de toekomst voorspellen met een nauwkeurigheid die verder gaat dan die van onze ervaringen, of de ervaringen van een geleerde. Gedachten hebben niet meer kracht dan de kracht die jij en je kind eraan geven.

Het is ook problematisch als een nutteloos idee (of regel) wordt afgeleid uit een situatie en dan altijd wordt toegepast op situaties die er alleen maar op lijken. Bijvoorbeeld: 'Die hond maakte mij bang' wordt 'Alle honden zijn eng en gevaarlijk' of zelfs 'In alle omheinde tuinen zit een hond, dus ik moet vermijden langs tuinen te gaan die een hek hebben waar ik niet doorheen kan kijken.' In dit geval is het plaatje te groot geworden, zoals we eerder zeiden, en levensechte doelen, zoals door die straat naar het huis van een vriendje lopen, worden eruit gedrukt. Of het nou een klein plaatje of een groot geheel is, deze letterlijke en starre manier van denken is de norm op bepaalde leeftijden en in sterk emotionele buien; deze wijkt niet makkelijk voor ratio, inpalming, dreiging of zelfs geruststelling. Maar ACT zou nooit eisen dat de gedachten en gevoelens van je kind, haar regels en conclusies, zich schikken naar een externe definitie van de werkelijkheid: 'Nee Beth. Er zitten geen bacteriën op de deurknop.' (Eigenlijk zitten er *wel* bacteriën op de deurknop. Maar daar gaat het niet om). Zoals ik al zei, gedachten en gevoelens zijn – voor jouw kind, op dat moment – de werkelijkheid. Als jij je kind kunt laten zien dat je haar werkelijkheid kan accepteren (ook wel bevestiging genoemd en wordt in hoofdstuk 8 behandeld), dan wordt een verandering in gedrag mogelijk. Acceptatie (het aangebodene in ontvangst nemen) is namelijk een krachtige manier om empathie en begrip over te brengen. Als je kind ontdaan is, wil ze allereerst begrepen worden. Pas dan is je kind bereid met de werkelijkheid te spelen en te zien wat er mogelijk is.

GEDACHTEN EN GEVOELENS: KRACHTIG NOCH GEVAARLIJK

Zoals ik al eerder heb aangegeven, is de standaardbehandeling voor angst en soortgelijke emotionele aandoeningen het verminderen of wegnemen van de symptomen – de angstige gevoelens en gedachten. Ik noem dit het 'haarbalmodel'; als je kind die vervelende gedachte of gevoel nu maar kon op*haaaaaaagghhklen*, dan zou er niets aan de hand zijn. Nadat de angst is opgehoest, zouden jij en je kind weer rustig kunnen doorgaan waar jullie mee bezig waren. Deze aanpak komt voort uit het idee dat negatieve gedachten, en vooral gevoelens, fysieke verschijnselen zijn die in het lichaam gemaakt worden (de hersenen) en dan als onkruid in je bloemperkje uitgroeien, bepaald gedrag afdwingen en positieve en redelijke gedachten en gevoelens verstikken. Dit idee wortelt in de manier waarop psychologen en psychiaters begonnen na te denken over emotionele aandoeningen.

Het is maar honderd jaar geleden dat baanbrekende psychologen en psychiaters, zoals Sigmund Freud, begonnen het innerlijke leven van mensen te onderzoeken. Toen kwamen de belangrijkste wetenschappelijke modellen uit de natuurkunde. Natuurkunde van rond de eeuwwisseling van de twintigste eeuw sprak over de zwaartekracht en beschreef dat grote (planeten) en kleine dingen (net ontdekte atomen) in de ruimte tegen elkaar botsen als biljartballen. Het leek allemaal erg op een duw-treksysteem. Emoties en gedachten werden beschreven alsof ze gewoon een natuurkundige substantie waren en alsof ze onderhevig waren aan dezelfde duw-trek-, uitzetten-inkrimpenregels van de gangbare wetenschappelijke theorieën.

Maar gedachten, gevoelens, fysiek gevoel en herinneringen zijn geen natuurkundige substanties. Ze zijn een product van de hersenen, vaak gecombineerd met een chemische (hormonale of endocriene) reactie in andere delen in het lichaam. Dan krijg je de fysieke ervaring van vrees of liefde, angst of jaloezie, enzovoorts. Als de omstandigheden veranderen, is die specifieke emotionele ervaring voorbij. Emoties en gedachten worden niet ergens opgeslagen zodat ze kunnen blijven hangen, groeien of etteren. De herinneringen aan ervaringen, emoties of gedachten zijn gewoon meer elektrische activiteit van de hersenen.

Er is geen emotionele haarbal die opgehaald kan worden.

Dit wil niet zeggen dat gedachten en gevoelens niet belangrijk zijn of ons niet op verschillende manieren kunnen beïnvloeden. De liefde voor je kind, het gelach of verdriet dat door een herinnering kan worden opgehaald, de vastberadenheid vol te houden tijdens ontmoediging – dit zijn allemaal ervaringen die ons menselijk en het leven prachtig en rijk maken. Ik wil mijn standpunt nog even onderbouwen dat de sleutel tot bevrijding van angst niet te vinden is in het wegnemen van die gevoelens en gedachten (die van je kind of van jezelf). Het gaat erom die mentale gebeurtenissen, terwijl ze aan de gang zijn, in een bredere context te zien – een context die de nadruk legt op begrip, probleemoplossing, het leren van vaardigheden en groei.

GEDACHTEN EN GEVOELENS: DE ELEKTRISCHE ACTIVITEIT VAN DE HERSENEN

Denk eens aan je tv-toestel. De programma's verschijnen als de tv aanstaat en afgestemd is op die programmafrequenties. Ze worden gemaakt door de elektrische activiteit in de tv. Als het programma voorbij is, zitten de geluiden en beelden niet meer in je toestel. Het is niet zo dat stapels tv-programma's zomaar uit je tv barsten als je ze niet afweert of eruit haalt.

En toch denken we dat gevoelens, vooral boosheid, uit iemand gehaald moeten worden omdat die persoon anders ontploft of iets vreselijks gaat doen. Sterling denkt, Net zoals zijn moeder, dat hij rondjes moet rennen om zijn angst kwijt te raken. Rennen en andere activiteiten voelen misschien goed als het lichaam opgewonden is en vol zit met adrenaline, maar er is niets dat *eruit* moet, alleen maar een gevoel dat *erdoorheen* gaat op weg naar een ander gevoel.

Je tv geeft de zender weer waar hij op dat moment op staat afgestemd. Als jij overschakelt naar de realityshow, zal de tv niet uit zichzelf teruggaan naar het voetbal, tenzij je echtgenoot de afstandsbediening heeft. Een computer zal de software uitvoeren die jij erin stopt, zelfs iets dat je een tijdlang niet gebruikt hebt.

Maar de hersenen kunnen het beste wat ze het meest doen. Anders dan tv's en computers versterken de hersenen de elektrische activiteit die het meest wordt gebruikt. Door herhaaldelijk gebruik worden specifieke ketens of combinaties van hersencellen fysiek groter en beter verbonden, wat het waarschijnlijker maakt dat ze gebruikt worden. Ongebruikte zenuwnetwerken worden mettertijd zwakker. Weet jij de code nog van je kluisje op de middelbare school? Je hebt die maandenlang meerdere keren per dag gebruikt, maar nu is die weg.

Als angstige reacties en angst de norm zijn, als de hersenen en het lichaam van je kind die het meest geoefend hebben, dan komen die als eerste en als hevigste boven onder de juiste omstandigheden. Dit betekent niet dat angst daar ergens inzit en iemand die angst moet uitdrijven. Wel dat er automatisch wordt afgestemd op de combinatie van endocriene reacties en hersenactiviteit die we angst noemen door de huidige situatie. Wat je moet doen om de angst en daaropvolgend angstgedrag te veranderen, is overschakelen naar een beter programma.

Dit is moeilijk, natuurlijk. Denk maar aan de kracht van de angstdans, die door oefening is opgebouwd – jarenlange oefening voor je kind en misschien decennialange oefening voor jou. Daarnaast is het alternatief – de responsieve dans – relatief zwak door weinig gebruik. Als je altijd iets met je rechterhand hebt gedaan (bijvoorbeeld schrijven) en dan diezelfde taak met je linkerhand doet, zal dat raar aanvoelen. Sterker nog, er kan een compleet gebrek aan programmering zijn; je kunt bijvoorbeeld geen Frans spreken als je nooit Frans hebt geleerd.

Als je dus betere reacties van je kind en van jezelf wilt, dan is het meer een kwestie van nieuwe responsen toevoegen en versterken die het kanaal kunnen omschakelen, dan een kwestie van oude gedachten, gevoelens en reacties kwijtraken. Daarvoor moeten we eerst uit de vermijdings- en beheersingspogingen stappen, of wat we de 'vermijdings- en beheersingsdans' noemen. De nieuwe, responsieve dans zal gericht zijn op effectief leven in het moment, ongeacht wat jij en je kind op dat moment denken en voelen. Deze verandering begint met acceptatie van dat moment en alles wat dat met zich meebrengt.

4.4 • DE VELE BETEKENISSEN VAN ACCEPTATIE

Acceptatie is een ingewikkelde term met verschillende betekenissen:
- Ergens mee akkoord gaan of instemmen met
- Iets als waar of gegrond beschouwen
- Iets aannemen of in ontvangst nemen
- Zich aanpassen of schikken in

Veel mensen zien acceptatie als de eerste twee punten: akkoord gaan of erkennen dat iets op een of andere manier waar of gegrond is. Dat betekent misschien dat we ons bij iets neerleggen, of ons gewonnen geven. Het wordt vaak in verband gebracht met opgeven en verslagen worden. Er zijn vast vele keren op een dag dat je je, als ouder verslagen voelt. Maar toegeven aan die gevoelens en gedachten en je verslagen gedragen zijn zelden nuttig voor jou en je kind. Hoe accepteer je de vrees en angst van je kind als ze te hevig op iets onbelangrijks reageert?

Ik ben geïnteresseerd in acceptatie vanuit de laatste twee definities: *acceptatie* in de zin van erkennen wat er *is* op dat moment. Het gaat om ontvangen wat het leven je geeft en de juiste aanpassingen doen. Het betekent niet dat je wat er gebeurt moet goedkeuren of er blij mee zijn of het ermee eens zijn. Maar als ik ook maar enige kans wil maken op effectief omgaan met een situatie, moet ik letten op wat er gebeurt en mijn best doen het te begrijpen.

Ik wil niet dat mijn huis ooit in brand vliegt, maar als het ooit zou gebeuren, zou ik dat feit moeten accepteren om gepaste actie te kunnen ondernemen. Als ik verval in ontkenning of zelfmedelijden ten koste van actie ('Mijn huis kan niet in brand staan; er komen dit weekend vrienden eten'), zal mijn huis met mij erbij in vlammen opgaan.

Deze beschouwing van acceptatie is lastig. Nogmaals, ik heb het niet over de 'Jee, is dit niet geweldig'-acceptatie. Acceptatie is gewoon het tegenovergestelde van ontkenning en onwetendheid. Het is nodig een onbevreesde blik op de situatie te werpen als je de juiste respons moet vinden. Dit betekent niet dat je dat wat het leven je geeft leuk moet vinden. Het gaat niet om goedkeuren wat iemand wel of niet doet. Noch is acceptatie, zoals ACT dat voorstelt, een vorm van opgeven. Het betekent juist niet opgeven of geen passieve houding aannemen tegenover problemen. Sterker nog, de manier waarop ik *acceptance* ga gebruiken, is allesbehalve passief. Het is een krachtige sleutel die echte verandering in jouw leven en dat van je kind kan ontsluiten.

De klinische psychologie ziet acceptatie als het tegenovergestelde van vermijding en beheersing. Het bereiken van wat voor doel dan ook, van geboorte tot universiteit tot het verbouwen van de keuken, vereist acceptatie van het proces. Om deze en andere doelen te bereiken moeten we door een bepaalde hoeveelheid moeite, bezorgdheid, bloed, zweet, tranen, boosheid, spijt en een hele reeks andere gedachten en gevoelens heen ploeteren.

Ouders moeten natuurlijk de leiding hebben en ik zal in dit en in het volgende hoofdstuk strategieën aandragen om die leiding te houden. Maar in die eerste paar momenten van een uitdagende gebeurtenis, terwijl we proberen uit te zoeken wat er in hemelsnaam aan de hand is met ons kind en wat we eraan moeten doen, zal acceptatie als eerste vermijding en beheersing moeten vervangen.

ACCEPTATIE IN DE CONTEXT VAN KEUZES

Waarom vermijden of ontvluchten we niet gewoon alles wat een beetje onprettig of uitdagend is? Wat zou je doen als je opeens een complete vlaag van vermijding zou krijgen – het huishouden, je baan, familie, echtgeno(o)t(e), kinderen als ze veeleisend zijn of als je gewoon geen zin hebt in gezelschap? Het leven zou natuurlijk tot stilstand komen als je alle onprettige dingen zou vermijden. Laten we eerlijk zijn: als dat je levensdoel zou zijn, zou dat zeker ouderschap uitsluiten.

Als volwassene weet je dat je grote problemen vermijdt door kleinere taken of problemen juist niet te vermijden. Hier komt negatieve bekrachtiging weer om de hoek kijken. Door jarenlange levenservaring weet je dat het vermijden van taken zoals de afwas, flossen, belasting betalen of voor je ontdane kind zorgen als je daar helemaal geen zin in hebt, op langere termijn voor veel grotere problemen kan zorgen. Dus je maakt keuzes, zet je schouders eronder en voert die taken uit, ook al doe je ze niet helemaal perfect en met volledig enthousiasme.

Jouw kind heeft geen jarenlange ervaring. Gebrek aan ervaring in combinatie met de onvolwassen denkprocessen die ik eerder heb beschreven, maken het moeilijk voor haar de neiging onprettige dingen te vermijden of te ontvluchten, te negeren. Ten slotte verhoogt het zwart-wit-, alles-of-nietsdenkpatroon waar ze vaak in gevangenzit de inzet en beperkt de mogelijkheden. Op een dag zal je kind zo oud zijn dat ze het onvolwassen, starre denkpatroon achter zich laat. Maar denk eraan, dat wanneer angst verschijnt, Net zoals in elke stressvolle situatie, je kind vaak een serieuze regressie doormaakt, vaak tot aan het denkpatroon van een vierjarige of zelfs nog jonger. Dit maakt het voor haar erg moeilijk verder te kijken dan de directe onprettige gedachten en gevoelens die veroorzaakt worden doordat ze haar erwtjes moet opeten, haar huiswerk moet doen, of naar school moet gaan terwijl ze buikpijn heeft.

WILLEN VERSUS BEREIDWILLIGHEID

Wat er in deze situaties moet gebeuren, is dat je kind niet naar school moet *willen* gaan terwijl ze buikpijn heeft, maar dat ze *bereid* is naar school te gaan terwijl ze buikpijn heeft. Ergens toe bereid zijn, is niet hetzelfde als iets willen.

Willen is een voorkeur. Bereid zijn is een keuze. Je kind heeft misschien een voorkeur voor pepermuntijs in plaats van chocolade-walnotenijs. Ze geeft er de voorkeur aan niet angstig te zijn of geen buikpijn te hebben. Maar angst en buikpijn zijn haar keuze niet. Dat zijn gewoon twee innerlijke gebeurtenissen vanwege welke oorzaak dan ook; ze maakt dat mee op dat moment. De aanwezigheid van angstige gedachten of gevoelens, of buikpijn, neemt geen opties weg. Wat opties wegneemt, is wat er daarna gebeurt – de reacties op die gebeurtenissen, de daaropvolgende gedachten die de opties beperken: 'Als ik *dit* denk, dan kan ik *dat* niet doen,' 'Voordat ik *dat* kan doen, moet ik *dit* niet meer voelen.'

Willen reduceert elke optie tot 'Ik moet zo snel mogelijk van de slechte gedachten en gevoelens afkomen en de goede herstellen'. En als je kind zich te machteloos voelt om dit te doen, zal ze je inlijven om dat doel te bereiken, hoe dan ook.

Aan de andere kant ontstaan er door *willen* meer mogelijkheden voor de volgende stap van jou en je kind. Dat kan het wegnemen van een gedachte of gevoel zijn. Maar waarschijnlijker is de volgende stap actie ondernemen om een groter beeld (maar niet te groot) te krijgen. Het telkens proberen de innerlijke wereld op te ruimen zodat je de wereld aankunt, is precies hoe je in deze puinhoop terecht bent gekomen. Jij en je kind waren immers ergens naar onderweg, toen de angst jullie halt liet houden. Wat is er nodig om jullie weer op weg te helpen?

DE MOED VAN ONZE OVERTUIGINGEN

We kunnen ervoor kiezen iets te doen wat we eigenlijk niet willen. Het helpt enorm als we de overtuiging hebben dat wat we doen goed is voor ons, ook al is dat pas later. Dit is basiswijsheid en volwassenheid, en net zoals alle ouders wil je dat je kind dit begrijpt zodat ze een productieve burger kan worden, of in ieder geval ooit uit huis gaat. Als ouders leggen we telkens de nadruk op dit bereid zijn-gedoe als het gaat om werkhouding en het idee van sparen, nuttig zijn voor de maatschappij, onzelfzuchtigheid, discipline, enzovoorts.

Maar als het gaat om verontrustende gedachten en gevoelens is bereidwilligheid veel moeilijker, en als ouders zijn we vaak terughoudender daarop aan te dringen. De reden daarvoor is, denk ik, dat we als redelijk succesvolle volwassenen, deze wijsheid en volwassenheid hebben vergaard door onze ervaringen en de voordelen kunnen inzien van bereidwilligheid op werk en op school. Maar, we worstelen allemaal met gedachten en gevoelens en zelf vertonen we nog steeds ontwijkend gedrag als we iets onprettigs denken of voelen.

MOED TIJDENS VREES EN ANGST

Moed is de bereidwilligheid iets te doen waar we bang voor zijn. Het is moeilijk in te denken dat een brandweerman echt graag een brandend gebouw in wil. Maar hij of zij is daartoe bereid door de verplichting tegenover de maatschappij. Natuurlijk hebben brandweerlieden door opleiding en ervaring meer kans om alles tot een goed einde te brengen dan jij of ik. En ik denk dat brandweerlieden heel goed weten wanneer ze wel of niet naar binnen moeten.

Mijn punt is dat de bereidwilligheid van de brandweerman om dat brandende gebouw binnen te gaan niet de vrees of angst wegneemt of zelfs maar vermindert. Bereid zijn is niet een trucje om je gevoelens te beheersen. Dr. Steven Hayes zegt graag dat bereidwilligheid eigenlijk helemaal niets is. Als jij brandweerlieden hun werk ziet doen, zie jij niets meer dan brandweerlieden die hun werk doen. Je zegt misschien: Wat moedig!' maar je zegt niet: 'Wat bereidwillig!'

Beth, ons meisje met een dwangstoornis, was niet bereid haar handen niet te wassen nadat ze iets had aangeraakt. Dat hielp haar tijdelijk de gedachte te verzachten dat ze misschien besmet was door de enge substantie van de maand. Maar natuurlijk komt de smetvrees altijd terug. Als Beth bereid was het handenwassen te laten schieten behalve in gebruikelijke gevallen, zoals na wc-gebruik of voor maaltijden, wat zou ze dan doen? Nou, ze zou een hele hoop dingen doen; ze zou gewoon niet haar handen wassen. Dat 'niet handen wassen' zou niet te onderscheiden zijn van het gewone leven – spelen, een boek lezen, wat ze dan ook met haar handen doet in plaats van ze wassen. Ze zou geen gouden gloed om zich heen hebben of nu haar handen niet willen wassen of het prima vinden om haar handen niet te wassen. Ze zou gewoon doen wat ze zou doen als ze geen gewoonte had haar handen te wassen. Sterling zou gewoon naar school gaan. Hij zou niet worstelen met zijn schoenveters. Abby zou gewoon met leeftijdsgenootjes spelen en gewoon met ze praten. Joshua zou alleen naar boven gaan.

Niet bereid zijn tot iets is heel veel dingen. Bereid zijn is niets; het is gewoon doen wat er gedaan moet worden. Het is niet 'niet angstig doen'; het is gewoon je leven leven zoals dat moet, zelfs wanneer angst aanwezig is.

4.5 • COMMITMENT (VASTBERADENHEID, VERPLICHTING, TOEWIJDING, BELOFTE)

Naast acceptatie is er nog de weg van *commitment* in de ACT. Ik vertel de kinderen met wie ik werk dat *commitment* een soort belofte is; je verklaart dat je een doel hebt en laat anderen weten dat je je best doet om dat doel te bereiken. Je pogingen hoeven niet perfect te zijn; je moet gewoon volhouden. Soms is *commitment* nodig voordat acceptatie plaats kan vinden. Je uitgesproken doel en de belofte je best te doen dat te bereiken, creëren de context waarin acceptatie en bereidwilligheid mogelijk worden.

Commitment geeft betekenis aan dat wat er van haar gevraagd wordt door de uitdagingen van het leven. Het maakt ook mogelijk wat jij elke dag als ouder doet. Met andere woorden: jij en je kind hebben elke dag voor jullie zelf een goed verhaal nodig omdat jullie allebei verplichtingen hebben en taken uitvoeren tijdens onprettige gedachten en gevoelens. Die komen en gaan. Een goed verhaal helpt je kind verder.

Dit verhaal hoeft niet ingewikkeld te zijn en de *commitment* hoeft niet groot te zijn. Sterker nog, de beste verhalen zijn vaak de eenvoudige verhalen die de volgende kleine stap ontcijferen: 'Ik ga de volgende keer echt luisteren als iemand tegen me praat,' 'Ik ga vandaag een uur aan dat project werken en zoveel mogelijk gedaan krijgen,' 'Ik ga een vriendin bellen en haar dit weekend uitnodigen.'

Vaak hebben de meest nuttige en flexibele doelen geen 'finish'; de weg erheen is net zo belangrijk als het einddoel. Ze geven de vastberadenheid weer om ons leven op een bepaalde manier te leven, elke dag weer. Een goede ouder zijn, een goede leerling, een loyale vriend, een hulpvaardige grote zus – deze *commitments* creëren ruimte en mogelijkheden. Ik kan enig ongemak, enige twijfel, enige angst accepteren om elke dag naar die doelen toe te leven.

Zoals ik hierboven al zei, wordt *commitment* vaak in verband gebracht met kleine handelingen. Wat moet je kind doen, nu meteen, om een goede leerling te zijn? Die 'volgende stap' kan zo eenvoudig zijn als 's ochtends opstaan, terwijl je kind verschillende gedachten over de naderende vreselijke schooldag met zich meedraagt. In de volgende hoofdstukken zullen we meer tijd wijden aan de manier waarop dit eigenlijk werkt: het aanmoedigen van actie tijdens problematische gevoelens en gedachten. Alle ondernemingen, groot en klein, bestaan uit kleine samenhangende vastberaden handelingen. We gaan veel nadenken over hoe jouw kind zich samenhangend en vastberaden kan gaan gedragen.

Net zoals acceptatie een balans is tussen wat er is en wat er kan zijn, is *commitment* ook het zoeken van balans. We kunnen niet overdreven bezig zijn met onze doelen omdat dat ten koste gaat van leven in het moment. De Franse filosoof en schrijver Albert Camus heeft gezegd: 'Als men alles geeft in het heden is men pas echt gul naar de toekomst' (1956). Ik vind dit zeer op ouders van toepassing. Als ouder kun je het niet helpen dat je nadenkt en zelfs tobt over de toekomst van je kind, vooral als er dingen niet goed gaan. Maar je hebt alleen maar vandaag om te doen wat je kunt. En de dag van morgen biedt meer kansen de eenvoudige maar heftige taken van de opvoeding te volbrengen, dag na dag. Als jij of ik kunnen doen wat er elke dag gedaan moet worden met *commitment* en *acceptance*, redt de toekomst zichzelf wel.

Als je het van-dag-tot-dagproces kunt veranderen in een proces dat responsiever, accepterender en toegewijder is, leg je de basis voor een steunende en wederzijds bevredigende relatie met je kind. Deze relatie stelt je in staat toekomstige moeilijkheden als kansen voor groei te beschouwen, hoe pijnlijk ze ook kunnen zijn. Als de relaties binnen een gezin sterk zijn, dan hoeft het geen probleem te zijn dat je problemen hebt.

ORIËNTATIE OP HET DOEL: VOORGROND EN ACHTERGROND

Kijk eens naar dit gezichtsbedrog van gezichten/vaas. Wat zie je in deze figuur? Sommige mensen zien meteen de witte vaas of kelk, terwijl anderen eerst de twee zwarte gezichtsprofielen waarnemen. Zonder veel inspanning kun je schakelen tussen de twee afbeeldingen, de vaas en de gezichten, je ziet de een na de ander. Dus wat is het nu – de vaas of de gezichten? Natuurlijk is het allebei. Het hangt ervan af hoe je ernaar kijkt. Het gaat er in het bijzonder om welk deel van de afbeelding jij als voorgrond ziet en welk als achtergrond. (Deze twee delen worden soms respectievelijk 'figuur' en 'grond' genoemd.)

Als je hersenen de zwarte buitenkant als achtergrond waarnemen, springt de witte vaas op de voorgrond en dan zie je die. Ban de witte vaas naar de achtergrond en de zwarte figuren springen in het zicht als figuur. Natuurlijk bewegen geen van beide delen naar voren of naar achteren. Het is een waarnemingstrucje van je hersenen, en jij hebt daar controle over, ook al zien de meeste mensen sneller het ene figuur dan het andere.

De dagelijkse verdeling van je aandacht en concentratie werkt net zo. Terwijl je deze bladzijde leest, zijn er waarschijnlijk andere dingen die je je bewust wordt: geluiden in de kamer of buiten, je kriebelende neus, een gedachte die door je bewustzijn gaat. Met enige moeite houd je deze woorden op de voorgrond en de rest op de achtergrond. Het geluid van de verwarming die aangaat, zal waarschijnlijk zonder veel moeite op de achtergrond blijven. Als jij je kind nu opeens hoort schreeuwen, verdwijnt dit boek subiet op de achtergrond, en zo hoort het ook.

Soms kies jij wat op de voorgrond treedt, en dus wat belangrijk is. Al het andere wordt achtergrond of verdwijnt totaal uit je bewustzijn. Maar als je kind angstig is en tegensputtert en jouw hoofd omloopt van je eigen pijnlijke gedachten, gevoelens en herinneringen, komt al dat leed makkelijk op de voorgrond en eist je aandacht op. Je voelt je gedwongen de pijn te beheersen zodat je het juiste kunt doen. De strategie met beheersing op je gedachten en gevoelens en die van je kind te reageren, werkt op dat moment niet goed, tenminste niet zonder ten koste te gaan van je doelstellingen. Daarin heb je genoeg ervaring.

Er is een andere keuze. In plaats van je gebruikelijke reacties kun je leren de beheersingsgewoonte te vervangen door een responsieve aanpak. De rest van dit boek zal ik hieraan wijden. Op de korte termijn is het net zo eenvoudig als schakelen tussen de vaas en de gezichten. Het gaat erom een informatiebron (angstige gevoelens en gedachten) naar de achtergrond te plaatsen en andere informatie (dat wat het leven nu van jou en je kind vraagt) naar de voorgrond. De vaas hoeft niet weg te zijn om de gezichten te kunnen zien. De gezichten kunnen niet permanent op de voorgrond zijn, maar dat hoeft ook niet. Soms is alles wat we nodig hebben maar een glimp van waar we heen moeten en wat we moeten doen om de volgende stap te kunnen zetten – en dan de volgende en dan de volgende.

HET GROTERE PLAATJE

Bereidwilligheid is mogelijk als we onze gevoelens en gedachten in een grotere context plaatsen. Bij de brandweerman is dit 'het werk doen waar ik voor opgeleid ben'. In de context van het ouderschap zijn er veel dingen die je bereid bent te doen, maar die je niet noodzakelijkerwijs wilt doen. Je kunt waarschijnlijk wel honderden dingen opnoemen die je als ouder eigenlijk niet wilde doen, om maar bij de bevalling te beginnen. Al die keren dat je midden in de nacht opstond om je kind te voeden of te verschonen kwamen vast en zeker voort uit bereidwilligheid en niet uit de wil dat op dat tijdstip te doen. En natuurlijk zijn er dingen waarvan je niet bereid bent ze te doen. Je maakt keuzes en die zijn verbonden met iets – een gebeurtenis, een doel, een principe – dat richting geeft aan je besluitvorming en je keuzes toelicht.

Nogmaals, je kind klusjes opgeven terwijl je die net zo makkelijk (waarschijnlijk makkelijker) zelf kunt doen, is vol te houden omdat je wilt dat je kind werkhouding, karakter, waardering, enzovoorts ontwikkelt. Het feit dat ze het niet wil doen, is bijzaak en je doet je best om dat bijzaak te houden. Maar als je kind niet naar school wil omdat ze angstig is, ontstaat er een veel moeilijkere situatie. De angstige gedachten en gevoelens vormen felle, knipperende barrières die de volgende noodzakelijke stap in het leven van je kind belemmeren.

Je kind bezit niet de wijsheid, volwassenheid of ervaring om de gevolgen van haar beheersings- en vermijdingsstrategieën te begrijpen. Haar angst vermindert op de lange termijn niet en neemt misschien zelfs toe, en hoewel jij haar helpt met haar gevoelens om te gaan, creëert ze grotere problemen in haar relatie met jou en in mogelijke relaties met anderen, nu en in de toekomst.

Het feit dat je kind probeert jou haar angstprobleem te laten oplossen, is goed. Ze pakt het gewoon verkeerd aan en met het verkeerde doel in gedachte, maar ze maakt jou deelgenoot van het proces, omdat jij haar ouder bent. Jij bent haar eerste en belangrijkste leerkracht in het leven.

CONTEXT EN BETEKENIS

Eén manier waarop het plaatje, groot of klein, ons kan beïnvloeden is door de context. Context kan de betekenis van woorden veranderen. Bijvoorbeeld, 'Dat gebied kent een strenge vorst' kan betekenen dat de temperatuur daar onder nul duikt, of dat de heerser van dat gebied streng is. Harde lachsalvo's zijn gepast bij cabaret, maar niet tijdens een begrafenis. Context bestaat uit vele veranderende factoren van onze fysieke en sociale omgeving: maandag of zaterdag, gezondheid of ziekte, de baas die je op de vingers kijkt, zonneschijn na een weeklang regen. Deze contextuele factoren vormen een soort activators die omgevingsfactoren genoemd worden. Ze beïnvloeden onze kijk op de wereld. Ik hou bijvoorbeeld van cheeseburgers. Als ik honger heb (een omgevingsfactor), ziet een cheeseburger er nog beter uit dan normaal. Maar na een documentaire over gekkekoeienziekte ziet die cheeseburger er ineens veel minder appetijtelijk uit. Die cheeseburger is niet veranderd. De invloed ervan op mij is veranderd door de documentaire als omgevingsfactor.

OEFENING: VERANDERENDE CONTEXT, VERANDERENDE ERVARING

Met deze oefening wil ik laten zien hoe context jouw ervaring op subtiele en minder subtiele wijze kan veranderen. Beschrijf een gebruikelijke situatie waar jij en je kind mee worstelen. Daarna stel ik veranderingen voor in zowel de uiterlijke context of situatie als jouw eigen innerlijke context (gemoedstoestand of fysieke staat). Kijk maar of deze contextveranderingen jouw gedachten, gevoelens of handelingen veranderen.

1 Denk aan een situatie die een typische angstreactie bij je kind oproept. Stel je die reactie nu voor in termen van jouw gedachten en gevoelens en jouw reactie. Schrijf ze op.

Gedachten en gevoelens

Reactie

2 Stel je nu voor dat je kind zich op die manier gedraagt in elke volgende situatie of context. Schrijf op hoe jouw gedachten, gevoelens en reacties wel of niet veranderen aan de hand van deze contexten (omgevingsfactoren).

Je bent moe.
Gedachten en gevoelens

Reactie

Je bent uitgerust.
Gedachten en gevoelens

Reactie

Je bent ziek.
Gedachten en gevoelens

Reactie

Je moeder is erbij.
Gedachten en gevoelens

Reactie

Je echtgeno(o)t(e) is erbij.
Gedachten en gevoelens

Reactie

Je echtgeno(o)t(e) is de stad uit.
Gedachten en gevoelens

Reactie

Je bent thuis.
Gedachten en gevoelens

Reactie

Je bent in het openbaar.
Gedachten en gevoelens

Reactie

Je andere kinderen zijn ontevreden en veroorzaken ook problemen.
Gedachten en gevoelens

Reactie

Je andere kinderen zijn blij en momenteel tevreden.
Gedachten en gevoelens _____
_____

Reactie _____
_____

Je weet dat je kind moe is of honger of pijn heeft.
Gedachten en gevoelens _____
_____

Reactie _____
_____

Je kind was drie jaar jonger en gedroeg zich op dezelfde manier.
Gedachten en gevoelens _____
_____

Reactie _____
_____

Zie je veel verschil in de manier waarop je tegen het gedrag van je kind aankeek? Wat veranderde er meer, je gedachten en gevoelens of je waarschijnlijke reacties? Als je ervaring van context tot context verschilt, waar wordt dat dan door veroorzaakt?

....

Context of omgevingsfactoren beïnvloeden elke dag onze waarneming, onze gedachten en gevoelens en ons gedrag. Ze veroorzaken de verscheidenheid en de starheid van zowel jouw gedragspatronen als die van je kind. Nogmaals, het is niet de bedoeling angst weg te nemen als voorwaarde voor een succesvol leven. Het doel is jou en je kind de aard en processen van angst te laten begrijpen en het proces te veranderen in iets dat meer toekomstgericht en nuttig is om je doelen te bereiken. Stel je voor dat de moeilijke gedachten en gevoelens als ouder alleen maar onduidelijke informatie is. Het zijn gewoon sensaties die door je lichaam en hersenen zijn voortgebracht om je te laten weten hoe de dingen ervoor staan op dat moment, onder die omstandigheden. Stel je voor dat je in staat bent die informatie te gebruiken (of te negeren) om je bijeen te rapen en op koers te blijven. Geduld is hierbij een vereiste. Het kost tijd en veel puntjes op de i zetten.

4.6 • SAMENVATTING EN VOORUITBLIK

Een groot gedeelte van de vorige eeuw draaide de behandeling van psychische syndromen om het wegnemen van symptomen of om die op een of andere manier te beheersen. Recente benaderingen stellen een alternatieve kijk voor die veel vrijheid belooft – niet vrijheid *van* verontrustende gedachten en gevoelens, maar vrijheid *om* een vitaal en interessant leven te leiden, met alle vreugde en verdriet die het met zich meebrengt.

Responsief ouderschap is een verfijnde en levendige dans van *acceptance* en *commitment*, nemen wat aangeboden wordt *en* aan je doelen en een waardevol leven blijven werken. Ik ken iemand die haar kind vertelt: 'Ik hou van je zoals je bent, maar ik hou te veel van je om je zo te laten.' Je kunt je kind accepteren hoe ze is op dat moment en toch haar groei bevorderen en zelfs eisen dat ze haar gedrag verandert. Je kunt haar behoeften en gevoelens erkennen terwijl je regels en grenzen biedt die een veilig en goed functionerende gezinsomgeving garanderen. Deze nieuwe dans kan alleen slagen als je een bepaalde balans in jezelf kunt ervaren, als je de kansen voor *acceptance* en *commitment* ook voor jezelf grijpt. Toen ik voor het eerst de vorige zin opschreef, stond er 'kan alleen slagen als je een bepaalde balans in jezelf *bereikt* hebt.' Ik heb het veranderd omdat we geen balans kunnen bereiken; het is niet iets statisch of iets dat we lang kunnen houden. Het leven komt gauw genoeg voorbij om ons uit ons evenwicht te brengen. Responsief ouderschap draait niet om berusting. Het is een dans van dag-tot-dag, zelfs van minuut-tot-minuut, verschuiven en corrigeren en aanpassen in reactie op wat jouw kind doet, op wat er binnen in jou gaande is, op de doelen die voor je liggen. Een goede manier om met het kweken van *acceptance* en het maken van *commitments* te beginnen, is het onderzoeken en verhelderen van je waarden en doelen, het onderwerp van het volgende hoofdstuk.

5
Angst in de context van waarden en doelen

Zoals ik al beschreef, streeft ACT ernaar mensen een waarde- en doelgericht leven te laten leiden. Zo'n leven is niet noodzakelijkerwijs vrij van ongemakkelijke gedachten en gevoelens, maar je accepteert ongemak om je doelen en wat belangrijk is voor jou te blijven nastreven. Het draait om *effectief* leven; probleemoplossing, omgaan met, en aanpassing treden op de voorgrond terwijl vermijding en nutteloze beheersing naar de achtergrond verdwijnen.

Zoals het probleem van de witte beer (zie hoofdstuk 4) aangeeft, houdt de angstdans jou en je kind gevangen in een terugkerende en zich uitbreidende cyclus van angst en vermijdings- of beheersingspogingen. Je ervaart misschien bevrijding op de korte termijn, maar het gaat ten koste van het leven volledig aangaan en het vermogen problemen op te lossen als die zich voordoen. Angst graaft zich in in ons leven, maar veel problematischer is dat angst toeneemt in reikwijdte en kracht.

Maar als jij en je kind de nadruk leggen op het omgaan met de situaties die het leven je brengt in plaats van om te gaan met gedachten en gevoelens, zal jullie leven vitaler, doelgerichter en succesvoller zijn. Terwijl jullie effectiever leren omgaan met beangstigende situaties door jullie aandacht op jullie doelen te blijven richten, zal het zelfvertrouwen groeien. Na een tijdje worden jullie ongegronde gedachten en gevoelens geleidelijk minder. Je hoeft niet bang te zijn voor vrees en angst als die gedachten en gevoelens opkomen. In dit hoofdstuk ga ik het hebben over het leren kennen van waarden en doelen die het mogelijk maken anders te reageren op angst en vrees. Je nieuwe reacties zullen meer gericht zijn op de naleving van je waarden en doelen. Dan zijn jij en je kind in staat je aandacht te richten op wat je echt probeert te bereiken in een bepaalde situatie in plaats van op angstige gevoelens en gedachten.

Je kunt angst zien als een telefonisch verkoper die tijdens het avondeten belt. Jij en je kind zijn iets aan het doen, op weg naar een bepaald doel, en opeens worden jullie onderbroken ('Wat onbeleefd!'). Het is de bedoeling dat je beleefd maar met klem nee zegt tegen de onderbreking en zo snel en soepel mogelijk terugkeert naar waar je mee bezig was. Als volwassene ben jij meestal degene die de doelen stelt waar jij en je kind naartoe werken. Als je kind ouder wordt en meer verantwoordelijkheid krijgt, krijgt hij meer te zeggen over zijn doelstellingen. Vandaag staat zijn tanden flossen of naar school gaan zelfs wanneer hij angstig is misschien niet op zijn lijstje, maar ze staan waarschijnlijk wel op jouw lijstje. Ten slotte zal ik in dit hoofdstuk wat oefeningen en ideeën geven voor het kiezen van doelen en het stellen van prioriteiten. Dit zal je helpen de choreografie van de huidige dans van jou en je kind te veranderen.

5.1 • WIJS WORDEN UIT HET HARDE WERK VAN OUDERSCHAP

Kinderen opvoeden is hard werken en vereist reusachtige offers, dag na dag, jaar na jaar. Laten we eerlijk zijn, als we een makkelijk leven hadden gewild, waren we geen ouders geworden. Onze kinderen hebben ons bozer, verdrietiger, gefrustreerder en angstiger gemaakt dan we ooit voor mogelijk hebben gehouden. We hebben gevoelens van spijt, wrok en jaloezie gekend. En dat zijn nog maar de gevoelens die we willen toegeven! Onze kinderen hebben ons ook veel vreugde gebracht, en zelfs de moeilijke tijden hebben ons gevormd en helpen groeien als personen en zo. Hoe dan ook, we kunnen het ouderschap niet vervullen onder het motto 'de goede gedachten en gevoelens zullen op de lange termijn zwaarder wegen dan de slechte'. Dat doen ze misschien juist niet. Ik ben gewoon eerlijk.

Laten we even terugdenken aan Angela en Sterling. Angela houdt zielsveel van haar zoon, maar na het gevecht om hem eenvoudigweg 's ochtends de deur uit te krijgen is ze moe, voelt zich een mislukkeling. Goede gevoelens en gedachten zijn geweldig, maar ze zijn schaars en vluchtig in ons leven. We hebben meer nodig dan 'Waar bevind ik me op de "goedgevoelmeter"?' Sterker nog, het doel om je goed te voelen heeft Angela en Sterling, en velen van ons, in deze hachelijke situatie gebracht: proberen om te gaan met ons innerlijk (gedachten, emoties, enzovoorts) terwijl we niet genoeg aandacht en energie geven aan wat er in de buitenwereld gebeurt. We moeten onthouden dat een goede ouder zijn, een responsieve ouder, niet betekent dat we ons altijd goed voelen. Het gaat om wat jouw kind op dat moment nodig heeft, binnen die context van onze waarden en doelen, en dan kleine stapjes in die richting zetten.

5.2 • WAARDEN EN DOELEN BEPALEN

Misschien vraag je je af wat ik bedoel met waarden en doelen. De eerste paar definities van 'waarde' hebben te maken met het waarde toekennen aan iets, zoals de waarde van een dollar. Ook kom je bij 'waarden' uit als 'iemands gedragsprincipes; iemands oordeel over wat belangrijk is in het leven' (Oxford Dictionaries, 2008). Uit dezelfde bron halen we dat een doel 'het object van iemands ambitie of moeite; een gewenst resultaat' is en 'de bestemming van een reis'. In ACT zijn waarden de richtingen en doelen de bestemmingen (Eifert & Forsyth, 2005). Onze principes en idealen wijzen ons de richting van ons werk en vrije tijd, en onze doelen markeren de voortgang die we boeken.

Dus, bijvoorbeeld, ik vind het waardevol om een goede vader te zijn. Dat is een richting, net zoals een kompasaanwijzing, die ik blijf nastreven. De invulling ervan kan vele vormen aannemen met vele verschillende doelen, zoals goed luisteren, geduld tonen, grenzen stellen, het hele weekend een autovol padvinders naar een soppig weiland rijden en twee nachten in de regen op de grond slapen, lachen, angst en verdriet verdragen. De lijst is eindeloos lang – omdat ik de richting van een goede vader zijn heb *gekozen* en die keuze elke dag opnieuw bevestig. De andere dingen – de doelen – horen daar gewoon bij.

Mijn zoon vindt het waardevol een goede leerling te zijn. Zijn doelen zijn onder andere zijn werk op tijd afkrijgen en inleveren, goede toetsresultaten behalen en bijdragen aan de algemene leeromgeving door mee te doen en het leerproces van zijn medeleerlingen niet te verstoren. Op de weg naar een goede leerling zijn, krijgt hij te maken met verschillende hindernissen: verveling, vermoeidheid, andere interesses, negatief commentaar van jongens die het niet cool vinden om een goede leerling te zijn, en vele andere.

Waarden en doelen – die van jou, van je kind – geven vorm aan onze overtuigingen en stellen ons in staat de moeilijke keuzes te maken over wat te doen als ongemakkelijke gedachten en gevoelens opkomen. Het is nu belangrijk je waarden en doelen leren uit te spreken en na te leven om een volledig en bevredigend leven te kunnen leiden.

DE WAARDEN EN DOELEN VAN JE GEZIN

De roemrijke Zwitserse psychiater Carl Jung heeft gezegd: 'De belangrijkste problemen in het leven kunnen niet opgelost worden, alleen maar ontgroeid.' In lijn met deze wijsheid, gaan we de problemen in het leven benaderen aan de hand van groei. De strategieën in dit boek zijn erop gericht om jouw kind de neiging vast te zitten in angst en jou te dwingen hem te redden, te laten ontgroeien. Om acceptatie te accepteren, bereidwillig te zijn, vrees en angst onder ogen te zien en te doorbreken, moeten jij en je kind een idee krijgen waarom jullie dit doen. Wat is het nut van moedig zijn? Waar brengt die bereidwilligheid je? Wat is echt belangrijk voor jou en je kind? Voor je gezin? Welke *commitments* wil je op dit punt in je leven op de voorgrond hebben?

Als ouder moet je vaak ingrijpen om je kind te begeleiden, en dingen bevelen waar hij, als het aan hem lag, niet voor zou kiezen. Bijvoorbeeld: je kind kan het nut van mondhygiëne, goede cijfers en een goede musicus worden beamen. Maar zou hij zijn tanden poetsen, zijn huiswerk doen of piano oefenen zonder jouw 'aanmoediging'? De meesten moeten in ieder geval een duwtje krijgen. Veel gedachten en gevoelens staan de meest eenvoudige taken in de weg – verveling, ongeduld, wrok, om er maar een paar te noemen.

Denk aan een typerende dag in het leven van jouw gezin. Als je gezin ook maar een beetje normaal is, wijd je veel tijd en energie aan je kind stimuleren en overhalen noodzakelijke dingen te doen die hij niet echt *wil*. Dit begint al 's ochtends om hem uit bed te krijgen en eindigt met hem 's avonds te laten slapen. Daar tussenin bevinden zich honderden taken, eisen en doelen waarvan je weet dat ze belangrijk en noodzakelijk zijn, en misschien weet hij dat ook wel. Maar omdat jij de volwassene bent (met perspectief en ervaring), ben jij degene die het belangrijk vindt en je schouders eronder zet.

En dat zijn nog maar de dagelijkse dingen. En de echte uitdagingen dan? Zou je kind zich zomaar storten in situaties die hem vreselijke gedachten en gevoelens geven? Waarom zou hij? Op de beste momenten ontbreekt het schoolgaande kinderen aan perspectief en ervaring om gedachten en gevoelens die vermijding van ongemak en moeilijkheid bevorderen, te overwinnen. Het is voor volwassenen al moeilijk genoeg. Hoe moeilijk moet dat dan niet zijn voor je kind?

Als angst verschijnt, hebben onze plannen en doelen de neiging naar de achtergrond te verdwijnen en treedt zelfbehoud snel op de voorgrond. Dit geldt voor jou, maar ook voor je kind. Helaas moet een van jullie beiden grip houden op wat belangrijk is en op de volgende noodzakelijke stap. Dat ben jij, omdat jij de volwassen danspartner bent.

WAT WIL JE VOOR JE KIND?

Wil je dat je kind een vredestichter wordt, een ontdekker van geweldige ideeën, iemand die de mensheid iets geeft? Belachelijk veel geld verdient? Voor het Hogere Gerechtshof gaat werken? Tevreden is met zichzelf? Wat hijzelf nastreeft, hangt af van wat hij leert waarderen. Wat hij kan worden, hangt af van zijn vermogen doelen te bereiken ondanks de hindernissen die hij tegenkomt.

Wat je kind leert waarderen, komt uit vele bronnen. Als ouder heb je veel invloed op wat jouw kind belangrijk en waardevol vindt in zijn leven. Terwijl hij opgroeit zullen er veel invloedrijke mensen en ervaringen in zijn leven zijn waarden en doelen vormgeven: andere volwassenen, leeftijdsgenootjes en de media om maar de meest logische te noemen. Maar als ouder heb je altijd een hoofdrol in dit proces.

Waarden zijn de kompasrichting. Doelen zijn de eindbestemming. In het echte leven overlappen deze termen elkaar enigszins; bijvoorbeeld, een verantwoordelijk persoon zijn, kan zowel een waarde als een doel zijn. Voorlopig wil ik zeggen dat door je waarden en doelen helder te hebben, voor jou en je kind, je beter in staat bent je te richten op een effectieve richting te midden van angstige ontsteltenis, die van jou en van je kind. Er zijn kortetermijntaken en -doelen die je wijzen op de volgende effectieve stap in beangstigende situaties, en langetermijndoelen die zich richten op de waarden van het grote geheel die je de juiste richting wijzen naar de persoon die je wilt zijn.

Angela heeft bijvoorbeeld het doel 's ochtends op tijd het huis te verlaten. Dit doel is gebaseerd op haar waarden vanuit het grote geheel: verantwoordelijk zijn en verzekeren dat Sterling zoveel mogelijk aan school heeft door op tijd te zijn. Ze wil ook dat Sterling in het algemeen verantwoordelijk wordt, en in het bijzonder verantwoordelijker in voor zichzelf zorgen, zoals aankleden, ontbijten, enzovoorts. Negatieve bekrachtiging is hier ook werkzaam; Angela wil niet te laat komen en haar baas irriteren. Ze wil niet dat de school denkt dat ze een slordige ouder is van een kind dat langzaam is. Dus als Sterling over zijn toeren raakt, dreigt dat de vele doelen die in die korte tijd behaald moeten of kunnen worden, te ontsporen. Wat moet je dan als moeder?

KIJKEN NAAR WAARDEN EN DOELEN

De volgende oefening is bedoeld om je te helpen een duidelijker beeld te krijgen van zowel jouw doelen en waarden in het leven als de doelen die je voor je kind stelt. Het is noodzakelijk na te denken over jouw waarden en doelen omdat die een drijfveer zijn voor het ouderschap. Als je bijvoorbeeld de schoolresultaten van je kind belangrijk vindt, heb je vaker bepaalde verwachtingen van goede leergewoonten en -strategieën. Je zal er alles aan doen om een voorliefde voor het leren bij te brengen en zoveel mogelijk aanmoedigen moeite te steken in het leren. Je zal zelf een voorbeeld zijn van leergierigheid en -plezier. Je gedrag komt voort uit een eenvoudige waarde van leren en het doel die waarde en dat gedrag aan jouw kind door te geven. En terwijl je kind opgroeit, wil je dat hij nadenkt over zijn eigen waarden en zijn eigen doelen stelt zodat hij dit proces meeneemt in zijn volwassenheid en die ideeën en strategieën gebruikt om verder te komen in het leven.

Bij deze oefening zijn er geen goede of foute antwoorden. Als jij denkt dat je al deze dingen even belangrijk behoort te vinden om een goede ouder en een goed mens te zijn, put je jezelf heel snel uit. Sommige dingen gaan in elkaar over, zoals gezin en ouderschap. Waarden en doelen zullen zeker overlappen in verschillende gebieden van het leven. Daar komt vaak onze energie vandaan.

OEFENING: WAARDEN EN DOELEN

Deze oefening is gebaseerd op de *Valued Living Questionnaire* (Enquête voor Waardevol Leven, Wilson & Groom, 2002). Er zijn tien gebieden in het leven (zoals gezin of lichaamsverzorging) die mensen meestal belangrijk vinden en waarop men doelstellingen baseert. Geef aan hoeveel waarde jij hecht aan elk gebied op een schaal van 0 tot en met 10: 0 staat voor helemaal geen waarde en 10 staat voor veel waarde, een richting in het leven waar je niet buiten kan.

Daarna schrijf je één tot drie doelen op voor elk gebied. Dit kunnen procesdoelen zijn zoals 'goed luisteren' of einddoelen zoals 'een fotografiecursus doen'. (Voor meer informatie over proces- en einddoelen, zie p. 131.) Wees zo gedetailleerd mogelijk; 'Tijd nemen om echt te luisteren' bevat meer informatie dan 'Aardig zijn'.

Als je een partner in het ouderschap hebt, is het nuttig dat hij of zij deze oefening ook doet. Hoe verschillend zijn de doelen die jullie elk hebben verzonnen? Hebben jullie elk andere middelen om dezelfde doelen te bereiken (bijvoorbeeld: de één vult zijn vrije tijd met energieke activiteiten, terwijl de ander graag met een boekje op de bank kruipt?) Zijn er conflictgebieden? Bijvoorbeeld: is er geen evenwicht tussen werk en vrije tijd in jullie gezin? Hoe gaan jullie met deze verschillen om? Hoe bereik je die balans?

Jouw waarden en doelen
Geef het belang van elk gebied een cijfer tussen de 0 en 10; schrijf dan voor elk gebied drie doelen op.

1 Familie (buiten huwelijk of ouderschap om)
   Doelen:
   1
   2
   3

2 Huwelijk, (echt)paren, intieme relaties
   Doelen:
   1
   2
   3

3 Ouderschap
   Doelen:
   1
   2
   3

4 Vrienden, sociaal leven
   Doelen:
   1
   2
   3

5 Werk

Doelen:

1

2

3

6 Opleiding, school

Doelen:

1

2

3

7 Vrijetijd, plezier

Doelen:

1

2

3

8 Spiritualiteit

Doelen:

1

2

3

9 Burgerschap, maatschappij

Doelen:

1

2

3

10 Lichaamsverzorging (dieet, beweging, slaap)

Doelen:

1

2

3

Doe de oefening opnieuw met behulp van het volgend formulier, maar nu terwijl je je kind in gedachten houdt. Als je kind oud genoeg is, acht jaar of ouder, kun je met hem over deze gebieden van het leven praten. Bepaal hoe belangrijk ze voor hem zijn en hoe hij er in de toekomst over denkt (in het geval van huwelijk of werk). Verzin eenvoudige, concrete doelen die hij vaak kan bereiken of in relatief korte tijd: meer geduld hebben met zijn kleine zusje, tanden flossen, aanbieden een bejaarde buur te helpen in de tuin. Praat erover hoe dit in verbinding staat met de waarden die jullie gemeen hebben. Als je een jonger kind hebt, of van wat voor leeftijd dan ook, denk dan na over wat jij voor je kind wilt als het gaat om waardevolle richtingen en representatieve doelen.

De waarden en doelen van je kind

Geef het belang van elk gebied een cijfer tussen de 0 en 10; schrijf dan voor elk gebied drie doelen op.

1 Familie (buiten huwelijk of ouderschap om) _____
   1 _____
   2 _____
   3 _____

2 Huwelijk, (echt)paren, intieme relaties _____
   Doelen:
   1 _____
   2 _____
   3 _____

3 Ouderschap _____
   Doelen:
   1 _____
   2 _____
   3 _____

4 Vrienden, sociaal leven _____
   Doelen:
   1 _____
   2 _____
   3 _____

5 Werk
   Doelen:
   1
   2
   3

6 Opleiding, school
   Doelen:
   1
   2
   3

7 Vrijetijd, plezier
   Doelen:
   1
   2
   3

8 Spiritualiteit
   Doelen:
   1
   2
   3

9 Burgerschap, maatschappij
   Doelen:
   1

   2

   3

10 Lichaamsverzorging (dieet, beweging, slaap)
   Doelen:
   1

   2

   3

Wat is je opgevallen? Hebben jij en je kind elk gebied het cijfer 10 gegeven? Was je verbaasd dat sommige gebieden niet heel hoog op de waardenlijst stonden? Lijken je doelen je realistisch, onmogelijk, ongrijpbaar op een frustrerende manier, of saai? Zijn er aanzienlijke conflicten tussen jouw waarden en doelen en die van je ouderschapspartner of je kind? Zijn de doelen voor je kind misschien gerecyclede, onbehaalde doelen uit jouw jeugd? Ben je geraakt door het aantal waardevolle geschenken van het leven en hoeveel het leven je kind te bieden heeft? Nogmaals, er zijn geen goede of slechte antwoorden. De vragen die door deze oefening bovenkomen zijn eindeloos. Vind iemand met wie je de discussie kunt voortzetten. Praat met je kind over jouw doelen. Toon interesse voor de zijne.

DOELEN TREDEN OP DE VOORGROND

Denk even terug aan het gezichtsbedrog van de vaas en de gezichten uit hoofdstuk 4. Je ziet de vaas of de gezichten, afhankelijk van hoe je hersenen de een of de ander op de voor- of achtergrond plaatst. De vaas verdwijnt niet als je de gezichten ziet; de hersenen hebben die eenvoudigweg naar de achtergrond verplaatst door een verschuiving in de waarneming. Doelen en waarden kunnen net zo werken bij angst. Met enige oefening kunnen jouw hersenen en die van je kind leren je doelen op de voorgrond te houden en angst naar de achtergrond te laten verdwijnen. Angst hoeft niet totaal te verdwijnen als dit gebeurt, net zoals de vaas niet totaal verdwijnt als je de gezichten ziet.

EINDDOELEN EN PROCESDOELEN

Door de vorige oefening heb je waarschijnlijk gezien dat een aantal doelen tegenstrijdig is – bijvoorbeeld: de tijd hebben om naar de sportschool te gaan *en* je kind steunen door hem naar voetbaltraining te brengen. Een responsieve ouder zal alle mogelijke en concurrerende doelen in een situatie uitpluizen en het doel eruit halen dat voor iedereen het beste is. Dit is niet zo moeilijk als het klinkt als je er van tevoren even goed over nadenkt – en dat is precies wat we nu aan het doen zijn. Een paar bladzijden terug zei ik dat waarden en doelen elkaar kunnen overlappen, bijvoorbeeld in het geval van 'een verantwoordelijke ouder zijn'. Het is nuttig om twee soorten doelen te onderscheiden: einddoelen en procesdoelen. Nogmaals, er zal in de werkelijkheid enige overlapping zijn tussen deze twee. *Einddoelen* zijn de 'bestemmingen' waarvan je redelijk makkelijk weet wanneer ze bereikt zijn: je kind is aangekleed en heeft gegeten, de rekeningen zijn betaald en op de post gedaan, Joshua is alleen naar boven gegaan, Beth heeft zelf de wc-deur opengedaan, Sterling is naar school, of Abby kijkt iemand aan en zegt 'hallo'. *Procesdoelen* zijn gebeurtenissen of gedragspatronen die je kunt waarnemen, maar die een onduidelijke eindstreep hebben, of ze zijn een terugkerende handeling waar je nooit helemaal mee klaar bent. Meewerken, luisteren, verantwoordelijk zijn, een goede leerling zijn en een goede vader zijn, zijn bijvoorbeeld allemaal procesdoelen.

Het belangrijkste aspect is de erkenning dat je de tijd neemt in dit moment te investeren in het belang van de doelen van het grote geheel, zoals de ontwikkeling van meer zelfbewustzijn of effectievere communicatie en zelfregulatievaardigheden van je kind.

Het einddoel dat Angela voor Sterling had gesteld was op tijd het huis uitgaan. Als haar procesdoel nu was geweest Sterling zijn gedachten en gevoelens te helpen begrijpen, misschien eenvoudigweg een naam voor zijn gevoel te hebben (gefrustreerd, zenuwachtig)? Misschien had Angela Sterling kunnen helpen begrijpen dat er een verband bestaat tussen situaties, gedachten, gevoelens, lichaamservaringen, gedrag en de consequenties ervan, waaronder de reacties of respons van anderen. Angela kan bijvoorbeeld zeggen: 'Als je het weekend weg bent geweest, kunnen deze maandagochtenden zo moeilijk zijn! Kleine dingen kunnen frustrerend zijn. Je hebt vast de zenuwen in je buik. Als je hulp nodig hebt met je veters, vraag het dan maar aan mij.' Deze procesdoelen zijn duidelijk gericht op de groei en zelfbewustwording van het kind, en dienen ervoor op de lange termijn zijn zelfregulatievaardigheden te vergroten. De belangrijkste zin hier is: 'op de lange termijn.' Door verder te kijken kan Angela een responsievere ouder worden door Sterlings groei te bevorderen (zelfregulatie) en hun automatische dans te herchoreograferen.

Dit betekent niet dat moeilijke situaties opeens beter zullen aflopen. Maar wel dat ze leermomenten zijn waarin jij aan je kind overbrengt dat je hem en zijn ontsteltenis begrijpt. Je leert en doet een nieuwe dans voor zodat jouw kind een beginnend stapje terug kan zetten en de situatie kan begrijpen.

5.3 • WAARDEN EN DOELEN ALS CONTEXT

Waarden en doelen naar de voorgrond verplaatsen, schept een context waarin keuzes en effectieve handelingen mogelijk worden. In het vorige hoofdstuk vroeg ik je vanuit verschillende situaties (moe zijn, in het openbaar zijn, enzovoorts) naar het gedrag van je kind te kijken. Dat veranderde waarschijnlijk jouw kijk, interpretatie en respons op het gedrag van je kind. Dat is de kracht van context: de betekenis van informatie te veranderen, onze bedoeling te veranderen en onze handelingen te begeleiden. Waartoe, in de context van waarden en doelen, zou jij bereid zijn om je kind sterk en vaardig te laten opgroeien? Misschien zeg je: 'School is heel belangrijk en ik zal erop staan dat mijn kind naar school gaat, ook al klaagt hij over buikpijn, omdat ik uit ervaring [andere context] weet dat er na twintig minuten op school niets meer aan de hand is'.

Waartoe, in de context van waarden en doelen, zou je kind bereid zijn om te groeien en te slagen, ook al is hij bang of angstig? 'Om mijn voetbalteam te helpen, ga ik gewoon op die bal af, ook al is het eng en denk ik dat als ik het verpest, ik me helemaal doodschaam.' Dat lijkt misschien een geringe prestatie. Maar voor veel kinderen met angst kan het een heel belangrijke en moedige daad zijn die, als die op verschillende manieren en in verschillende situaties wordt herhaald, een deel wordt van hun ervaring, hun geschiedenis. Dat gevoel van succes, met een nieuw zelfbeeld van competentie en vertrouwen, wordt de context voor verdere bereidwilligheid als die nodig is. Dat gaat niet in één keer, maar het is wel een begin.

EINDDOELEN VERSUS PROCESDOELEN ALS CONTEXT

In de volgende hoofdstukken ga ik het hebben over specifieke strategieën die je kunt gebruiken als je kind angstig of bang is. Eigenlijk toon je hem het proces waardoor hij de ervaring van dat moment beter leert begrijpen, die ervaring aan jou vertelt, om jouw hulp vraagt en die hulp of accepteert of zelf het probleem oplost, en dit alles met zo min mogelijk drama en negativiteit.

Om dit te doen wanneer angst het leven van je kind verstoort, moet je een helder beeld hebben van jouw eind- en procesdoelen. Bijvoorbeeld: Joshua staat onder aan de trap, niet bereid om zijn schoenen te halen zonder dat zijn moeder met hem meegaat. Jammeren is zijn manier van communiceren. Zijn moeder Nancy zou haar aandacht kunnen richten op het einddoel van het kleine plaatje 'Joshua gaat alleen naar boven'. Dit is tot op heden het standaarddoel en veroorzaakte veel stress. Als alternatief kan Nancy haar aandacht richten op een einddoel van een 'medium plaatje'. Dit biedt meer mogelijkheden voor een oplossing. Nancy kan met Joshua naar boven gaan of de schoenen zelf halen. Het doel wordt bereikt, maar door negatieve bekrachtiging zou Joshua de volgende keer dat hij alleen naar boven moet, weer gaan jammeren. Deze beide opties zijn logische keuzes in de context van het einddoel dat Joshua alleen naar boven gaat of de schoenen worden gehaald. Maar als er andere mogelijkheden zijn?

Door het probleem in een andere context te plaatsen, kan het probleem opnieuw gedefinieerd worden: welk proces is hier aan de gang, en hoe kan het verbeterd worden? Een procesdoel zou zijn het *hoe* van Joshua's handelingen aan te pakken in plaats van het *wat*. Zoals genoemd in hoofdstuk 3 is het proces de dans tussen Joshua en Nancy in die situatie. Zoals ik in hoofdstuk 8 zal bespreken, kan Joshua's moeder direct handelen op de dans en zich concentreren op procesdoelen, zoals de manier waarop Joshua zijn gevoelens en gedachten overbrengt en om hulp vraagt. Bijvoorbeeld: Nancy kan reageren op Joshua's smeekbeden met: 'Ik zie dat je angstige gedachten hebt over alleen naar boven gaan. Klopt dat?' Als Joshua Nancy's waarneming bevestigt, kan ze vragen: 'Wat zeggen je hersenen tegen je over alleen naar boven gaan?' Misschien kan hij de gedachten beschrijven, misschien ook niet. Nancy komt snel tot de kern van de zaak: 'En jij wilt dat ik met je meega naar boven zodat je je veiliger voelt?' Joshua knikt. Nancy heeft nu een aantal mogelijkheden die elk meer groei voor Joshua nastreven. Welke ze kiest, is afhankelijk van haar waarneming of de situatie (ook haar eigen niveau van frustratie en geduld), hoe ver ze zijn in het proces de angstdans te veranderen (zie de oefening op p. 135), en hoe veel 'rek' er in Joshua zit die dag. Op basis daarvan kan Nancy zeggen: 'Oké, laten we gaan,' en met hem naar boven gaan met zo min mogelijk gedoe, fysiek contact of geruststelling. Of ze vertelt Joshua dat ze met hem mee naar boven gaat, maar dat hij dat met vaste, duidelijke stem moet vragen. Maar misschien hebben ze dit alles al eens met goed resultaat gedaan en is Joshua klaar voor een uitdaging: 'Ik blijf hier beneden aan de trap staan. Jij rent zo snel als je kunt naar boven en pakt je schoenen zodat we naar oma kunnen. Vlug maar. Ik blijf hier staan.'

De aandacht richten op het proces verandert de context. Sterker nog, oriëntatie op het proces *erkent* de context. De uitwisseling tussen Nancy en Joshua draaide eigenlijk maar gedeeltelijk om schoenen die boven lagen of over enge gedachten en gevoelens. Voor Joshua gaat het altijd om zich veilig en beschermd voelen: 'Ga je nog steeds voor me zorgen? Zelfs hier? Zelfs nu?' Procesdoelen beantwoorden die vraag: 'Ja, ik ben er nu voor je. En dit moet je doen om dit te laten werken.'

Einddoelen hebben de neiging ons drukke leven te overheersen. Procesdoelen kunnen onbelangrijk of een vast gegeven lijken. Als je merkt dat je dingen zegt zoals 'Ik zou hem dit niet drie keer moeten vertellen' of 'Hij zou dit in zijn eentje moeten kunnen,' dan werkt het proces niet goed – meewerken of vertrouwen op eigen kracht bijvoorbeeld. Maar vaak beschrijven procesdoelen juist die acties en reacties waaruit het angstprobleem van je kind bestaat: hij communiceert niet, luistert niet, of werkt niet mee; hij vertrouwt niet op eigen kracht. Het is begrijpelijk dat je je verbolgen voelt over het feit dat je zoveel tijd en aandacht kwijt bent aan dit onderwerp. Maar de aandacht richten op procesdoelen en de middelen ze te bereiken is een van de eerste stappen in het veranderen van een gedragspatroon, in het bijzonder één die je kunt beschouwen als een dans tussen twee mensen.

OEFENING: VAN EINDDOELEN NAAR PROCESDOELEN

Kijk nog eens naar de doelen in de verschillende gebieden van het leven die jij en je kind hebben verzonnen in de vorige oefening. Schrijf (samen met je kind als hij dat kan en wil) in de linkerkolom een paar einddoelen. Zet nu tegenover die doelen in de rechterkolom één of meer procesdoelen die kunnen bijdragen tot het succesvol bereiken van dat doel. Er staat al een voorbeeld.

EINDDOEL	PROCESDOELEN
Joshua zover krijgen naar boven te gaan en zijn schoenen te halen.	Joshua zijn gedachten en gevoelens overbrengen op een manier die past bij zijn leeftijd.
	Joshua mij met woorden om hulp laten vragen.

Seve Graybar heeft eens gezegd: 'Hij die zich het minste aantrekt heeft de meeste macht.' Ik noem dit Graybars tweede wet van menselijk gedrag en draai het soms om zodat je krijgt: 'Hoe meer je je iets aantrekt, hoe meer je bereid moet zijn om te dragen.' Graybars eerste wet van menselijk gedrag wordt besproken in hoofdstuk 8.

Ik breng Graybars tweede wet nu ter sprake omdat je als ouder weet dat er sommige dingen zijn die je je aan moet trekken (proces- en einddoelen) die je kind niet belangrijk vindt, of tenminste niet op dezelfde manier of in dezelfde mate. Het schijnt bijvoorbeeld dat elke moeder in Seattle, een stad door water omgeven, erop staat dat haar kind leert zwemmen. Veel kinderen vinden dat prima, en een hoop niet. Dus om je doel te bereiken, moet je worstelen om hem naar zwemles te krijgen en hindernissen nemen – opstandigheid, angst, treuzelen, financiële zaken, of je eigen tijdsbeperkingen. Als leren zwemmen voor jou een hoge prioriteit heeft, dan zal je waarschijnlijk bereid zijn alle vormen van protest van je kind te doorstaan om je doel te bereiken.

Hoever ben je bereid te gaan om bepaalde doelen te bereiken? Als ouder moet je eieren voor je geld kiezen en je kostbare bronnen van tijd, geld, energie en welwillendheid zo goed mogelijk benutten. Of het nu gaat om de kwaliteit van het huiswerk, het aantal padvindersonderscheidingen, het aantal gescoorde doelpunten, of overwonnen beangstigende situaties, er komt een moment dat we als ouder het doel belangrijker vinden dan ons kind en we meer dan onze portie doen om dat doel te bereiken. Soms is dit ook nodig. Maar vaak, door te veel belangrijk te vinden en te veel van het werk te doen, ontnemen we onze kinderen de kans dingen uit te proberen en te worstelen, vol te houden en te leren – of misschien op te geven en te falen, en daarvan te leren.

Hoeveel we als ouder moeten doen, is een moeilijke vraag. Maar het proces van doelen en prioriteiten bespreken, tegenstrijdige bedoelingen erkennen, elkaars gedachten en gevoelens respecteren (zelfs die die we niet delen of waar we het niet mee eens zijn) creëert een sfeer van compromis en samenwerking in het gezin.

Nog een laatste puntje hierover: waarden en doelen zijn geen veeprikkers. Je gebruikt ze niet om je kind iets te laten doen dat hij niet wil: 'Je *zei* dat je naar het feestje wilde.' Je bewust zijn van waarden en einddoelen bevordert het bewegen in een goede richting bij angst en vrees. Als de beweging tot stilstand is gekomen, helpt het jou en je kind de aandacht te richten op het proces om een bewustere en verantwoordelijke keuze te maken om *niet* die kant op te gaan. Een voorbeeld van het laatste is als je kind zegt: 'Ik heb besloten niet naar het feestje te gaan' in plaats van 'Ik *kan* niet naar het feestje gaan omdat ik te angstig ben.' Als je kind een keuze maakt waar je het niet mee eens bent, kun je er in ieder geval voor zorgen dat hij die keuze weloverwogen maakt – en dat hij zich ervan bewust is dat hij een keuze maakt.

5.4 • DE CAMPAGNE PLANNEN ZODAT DE ANGSTDANS VERANDERD WORDT

Gedrag veranderen is moeilijk, zeker bij krachtige emoties, biologische overlevingsinstincten, krachten zoals negatieve bekrachtiging en jarenlange gewoontes. Verandering vereist een campagne: een geplande en gezamenlijke inspanning gedurende een bepaalde tijd. Jouw campagne om de angst van jouw kind aan te pakken verloopt in fases die elkaar enigszins overlappen.

Aan de hand van jouw waarden en doelen, moet iedereen in fase 1 zich bewust worden van de huidige dans en die begrijpen (hoofdstuk 6). Fase 2 is het leren van sociale vaardigheden en sociaal begrip, aangevuld door ademhalings- en spierspanningsoefeningen voor zelfregulatie (hoofdstuk 7). Aan je kind de duidelijke boodschap overbrengen dat je snapt wat hij denkt en voelt, dat je de boodschap die achter zijn angstgedrag zit begrijpt, wordt wel spiegelen, reflecteren of bevestigen genoemd en is het doel van fase 3 (hoofdstuk 8). Fase 4 is het effectief omgaan met angstige situaties en het angstgedrag van je kind, op zowel proactieve als responsieve wijze (hoofdstuk 9).

5.5 • FASE 1: BEWUSTWORDING

De eerste fase in een gedragsveranderingscampagne houdt bewustwording in van wat elke danspartner nu eigenlijk doet. Deze fase is van levensbelang. Zoals ik al heb gezegd, gebeurt een groot deel van waar je kind en jij mee worstelen buiten je bewustwording van dat moment om. Achteraf kun je de gebeurtenissen reconstrueren, wie wat dacht en voelde en welke handeling werd verricht. Om de dans te veranderen, moet je je gedrag veranderen *tijdens* het dansen. Om dat te kunnen doen, moeten jij en je kind bewust zijn van wat je doet en wat je in plaats daarvan moet doen – op dat moment.

Geduld is een vereiste tijdens de fase van bewustwording. Je wilt zo snel mogelijk tot verandering komen. Misschien denk je dat je kind dondersgoed weet wat hij denkt en voelt en het juiste kon doen als hij dat zou willen. Misschien beschouw je je kind als slachtoffer van zijn genen of van zijn gevoeligheid die alleen maar zal verergeren door een kritische blik. Hoe dan ook, ik zal je het belang van een investering in bewustwording laten zien wanneer ik je door elke fase van je veranderingscampagne heen loods. Bewustwording is de eerste fase, en dat blijft altijd belangrijk. Het is een voortdurende en noodzakelijke context, een innerlijk procesdoel.

Bewustwording geeft jou en je kind voeling met wat je doet, hoe je met elkaar communiceert en of je op elkaar reageert dan wel een respons geeft. Van daaruit ga je de ouder-kindtransacties (de dans) en de procesdoelen duidelijker zien. Ik zal je laten zien hoe je goede ouder-kindtransacties moet uitspreken en aanmoedigen door effectieve strategieën voor communicatie en probleemoplossing. Die strategieën worden besproken in de hoofdstukken 7, 8 en 9.

Net als bewustwording blijft goede communicatie altijd belangrijk, en je zal merken dat je de aandacht van je kind steeds stuurt naar het geven en ontvangen van communicatie, als een stap richting andere doelen.

STUKJE BIJ BEETJE VOORTGAAN

In alle fases is het belangrijk iets te herkennen en te respecteren dat wij gedragspsychologen een stapsgewijze benadering noemen. De term stapsgewijze benadering verwijst naar toenemende gedragsverandering. Je hebt een einddoel, bijvoorbeeld: 'Mijn kind zal 's ochtends het huis uitgaan zonder dat ik hem hoef aan te sporen.' In werkelijkheid vliegt hij niet zomaar even van waar hij zich nu bevindt (jij die hem erg aanspoort en hij die negatief reageert) naar dat beeld van vrede en volwassenheid dat je voor ogen hebt. Jullie zullen dat stukje bij beetje bereiken door een stapsgewijze benadering. Nogmaals, de eerste fase is bewustwording van zijn vermijdingspatroon, jouw aansporing, zijn ontdane reactie, enzovoorts. Daarna verwacht en bevorder je gedrag dat jou en je kind helpt de richting van jouw uiteindelijke doel in te slaan. Bijvoorbeeld, 'woorden gebruiken' om zijn gedachten en gevoelens over te brengen, creëert afstand van oude, regressieve vormen van communicatie, zoals jammeren en met armen en benen zwaaien, en brengt je naar bij de leeftijd passende, vruchtbare verbale communicatie, jouw procesdoel.

Je weet wat je niet wilt als hij angstig is: vastklampen, onbedaarlijk huilen, verstijven, een woedeaanval krijgen. Wat wil je *wel* als hij bang of bezorgd is? Het antwoord is niet 'minder angstig zijn'. Die beangstigende situatie vereist een gepaste respons. Wat is die dan?

Alternatief gewenst gedrag, zoals 'woorden gebruiken' wordt wel *positief tegengesteld* van wat je kind nu doet, genoemd. Diplomatie is het positief tegengestelde van oorlog. Het is belangrijk een helder beeld te hebben van wat je wilt en verwacht van je angstige kind zodat je dat aan hem kunt leren, kunt opzoeken en aanmoedigen. Bijvoorbeeld: het positief tegengestelde van zeuren kan zijn iets op een vriendelijke toon vragen. Het positief tegengestelde van iets vermijden is datgene juist doen. Nogmaals, bereidwilligheid is niets bijzonders. Het is gewoon doen waar de situatie om vraagt in de context van jouw proces- en einddoelen.

Als volwassene wil je er ook zeker van zijn dat je hetzelfde of gelijk gedrag vertoont onder jouw eigen uitdagende omstandigheden. Dat is wel zo eerlijk en jouw voorbeeld van het gewenste, positief tegengestelde gedrag en jouw bereidwilligheid tijdens jouw eigen ontsteltenis zijn zeer krachtige leermiddelen.

OEFENING: HET GEBRUIK VAN WAARDEN EN DOELEN VOOR DE BEWUSTWORDING VAN JE ANGSTDANS

De eerste stap van de herchoreografie van je angstdans is je bewust worden van wat jij en je kind doen, wat jullie waardevol achten en welke doelen jullie proberen te bereiken. In deze oefening gebruik je de waarden die je eerder hebt opgeschreven om de bewustwording van jou en je kind te vergroten wat betreft de angstdans en zo je gedragsveranderingscampagne van start te laten gaan. De onderstaande stappen leiden je door een proces dat de basis legt voor het leren van een *respons* geven in plaats van een *reactie* op beangstigende situaties. Als je deze oefening doet – en als je je in een beangstigende situatie bevindt met je kind – houd dan deze twee dingen in gedachte:

- Wat is mijn doel in deze specifieke situatie?
- Welke doelen helpen mij besluiten wat ik moet doen?

Schrijf op een blaadje papier jouw antwoord(en) op elke onderstaande stap. Elke stap zal uitgelegd worden aan de hand van een voorbeeld uit de gedragsveranderingscampagne van Beth.

1 Noem twee of drie terugkerende beangstigende situaties. Hoe vaak verschijnen die situaties? Je kunt bijvoorbeeld kiezen voor een aspect uit 's ochtends het huis verlaten of uit het bedtijdritueel van je kind. Je kunt het beste beginnen met gedrag dat dagelijks of meerdere keren per dag voorkomt, voor zover mogelijk.

Beth's gedragsveranderingscampagne
Beth en haar ouders besluiten samen smetvrees voor de wc aan te pakken, omdat ze deze angst meerdere keren per dag heeft.

2 Kies een van deze situaties waarover je enige controle hebt. Je hebt waarschijnlijk meer controle over situaties bij je thuis. Beheersing is belangrijk omdat je in staat moet zijn het verloop van de situatie te kunnen voorspellen op basis van ervaring, en je moet er redelijk zeker van zijn dat je de uitkomst kunt bepalen.

Beth's gedragsveranderingscampagne
Beth en haar ouders kiezen de wc thuis. Die maakt deel uit van hun dagelijkse beleving zonder veel ingewikkelde factoren (er zijn bijvoorbeeld geen andere mensen bij betrokken). Ook de verwachting voor Beths gedrag kan eenvoudig en consequent zijn.

3 Denk aan de situatie die je hebt gekozen. Noem twee of drie andere mildere en minder vastgeroeste gedragspatronen die half zo vaak voorkomen.

Beth's gedragsveranderingscampagne
Beth's smetvrees en onbereidwilligheid de deurknop van de wc aan te raken is niet erg hevig of star. Soms kan ze zelf de deur opendoen, met of zonder veel angstige gedachten of gevoelens. Die momenten bieden haar de kans bewust te worden van het innerlijke proces dat opkomt en wegebt en haar soms in de weg zit, en dit te onderzoeken. De reacties van Beth's ouders op haar wc-gedrag is thuis milder en bedachtzamer dan in andere situaties (bijvoorbeeld in het openbaar of 's avonds laat als iedereen moe is).

4 Wat zijn de belangrijkste waarden – die van jou en van je kind – in deze situatie die jouw respons begeleiden? Oudere kinderen kunnen hun waarden noemen; bij jongere kinderen zul je moeten raden.

Beth's gedragsveranderingscampagne
Omdat Beth tien jaar is, kan ze in ieder geval een deel van haar waarden uitspreken en begrijpen. Haar waarde in deze situatie, die op het eerste gezicht misschien nergens verband mee lijkt te houden, is een goede leerling zijn en goede cijfers behalen. De waarde van haar ouders is dat Beth 'zich naar haar leeftijd gedraagt'.

5 Noem de angstige gedachten, gevoelens en het gedrag – dat van jou en van je kind – die in deze situatie opkomen. Als je kind heel jong is, kun je alleen raden wat hij denkt en voelt.

Beth's gedragsveranderingscampagne
Beth noemt verschillende angstige gedachten en gevoelens: Ze is bezorgd dat de deurknop haar vingers zal besmetten, dat ze dan bacteriën in haar mond krijgt en ziek wordt en niet naar school kan. Ze is bezorgd dat ze de bacteriën aan haar familie overbrengt. In haar gedachten geeft ze zichzelf een uitbrander omdat ze zo kinderachtig doet en vertelt ze zichzelf gewoon de deur open te doen. De gedachte aan het aanra-

ken van de deurknop maakt haar misselijk. Haar typische reactie op die gedachten en gevoelens is op de badrand te gaan zitten en met een luide jammerklacht haar moeder roepen, ook al weet ze dat haar vader haar er eerder uit haalt. Ze roept om haar vader als haar moeder niet in de buurt is. Soms wordt Beth moe van het wachten en komt zelf de badkamer uit, terwijl ze soms haar hand met een papieren zakdoekje bedekt. Beth's ouders noemen ergernis, wrok, en zorgen over Beth's toekomst als hun gebruikelijke reactie.

6 Ontcijfer de boodschap achter het gedrag van je kind. Wat probeert hij te bereiken in die situatie? Waarschijnlijk probeert je kind jou zover te krijgen hem te helpen, jouw aanzienlijke grotemensenkracht te gebruiken om zijn ontsteltenis weg te nemen, om het goed te maken. Maar hij kan ook een ander doel hebben.

Beth's gedragsveranderingscampagne
De boodschap van Beth lijkt redelijk duidelijk: ik kan niet de wc uitkomen omdat ik niet bereid ben die vieze deurknop aan te raken en daardoor ziek te worden (of misschien anderen ziek te maken). Beth en haar ouders ontcijferen dit als de boodschap en noemen dit uitdrukkelijk, misschien wel voor het eerst. Wat verzwegen en onuitgesproken bleef, wordt uitgesproken en duidelijk. Kleine taalveranderingen kunnen de manier waarop we het probleem en de oplossing zien, veranderen. Door bijvoorbeeld de zin 'Ik ben niet bereid...' in plaats van 'Ik ben te bang om...' te gebruiken, verplaatst de aandacht van gedachten en gevoelens gebruiken als reden voor haar gedrag, naar de context van doelen en bereidwilligheid. Op dezelfde manier benadrukt 'Ik kies ervoor om niet...' in plaats van 'Ik kan niet...' dat Beth de verantwoordelijkheid neemt voor haar handelingen. Verantwoordelijkheid nemen is een algemeen doel dat verbonden kan worden aan haar waarde een goede leerling te zijn.

7 Identificeer de doelen – zowel proces- als einddoelen. Wat moet er volgens jou en je kind gebeuren in deze situatie, vooral in het licht van jullie waarden? Een einddoel kan bereidwilligheid of actie met commitment zijn, wat dat dan ook betekent in deze situatie. Een procesdoel kan bijvoorbeeld verbeterde communicatie zijn, hulp zoeken, en meewerking.

Beth's gedragsveranderingscampagne
Beth's waarde een goede leerling te zijn, is hier belangrijk, want we kunnen speculeren dat haar angst *niet* goed te zijn (bijvoorbeeld bij een verwachte toets) ten grondslag ligt aan haar weerzin de badkamer uit te komen. Als ze de toets mist, kan ze hem ook niet slecht maken. Op een algemener niveau voelt Beth misschien grote druk om goed te presteren op school, om verantwoordelijk te zijn en zelfstandig. Onuitgesproken in de dans is Beth's doel een ouder zover te krijgen voor haar te zorgen (proces) door de deur open te doen zodat ze bacteriën op de deurknop kan vermijden

(einddoel). Het doel van haar ouders is dat Beth haar angst onder ogen ziet (proces), en zijzelf de deur opendoet (einddoel). Dit is gebaseerd op hun waarde dat Beth zelfstandig en verantwoordelijk opgroeit.

Om de gedragsveranderingscampagne te ontwikkelen, praten Beth en haar ouders over hun waarden en het einddoel van Beth, 'niet meer angstig zijn'. Peggy slikt haar antwoord dat dat een onrealistisch doel is in. In plaats daarvan zeggen de ouders tegen Beth dat dat een goed doel is, maar dat ze er in kleine stapjes naartoe moeten werken. Beth's ouders brengen hun gezamenlijke waarden en doelen ter sprake: 'We willen allemaal dat je een goede leerling bent, wat betekent dat je verantwoordelijkheid neemt voor wat je doet, dat je omgaat met frustratie, dat je hulp krijgt als je dat nodig hebt, dat je bereid bent dingen te doen die je soms niet wilt doen (zoals toetsen maken) omdat je je *commitments* wil naleven,' enzovoorts. Deze campagne tegen angst draait allemaal om diezelfde ideeën: doelen, *commitment*, bereidwilligheid, geduld en je bronnen (zoals je ouders) spaarzaam gebruiken.

Samen verzinnen Beth en haar ouders oplopende doelen. Voor Beth is een bijna-einddoel het omdraaien van de deurknop ondanks haar angsten en zelf de wc uitkomen. Een ander oplopend doel is het gebruik van een papieren zakdoekje om de deurknop om te draaien en de wc uit te komen zonder de hulp van haar ouders. Beth kan ook op een kalme maar duidelijke en vaste toon (geen gejammer) haar ouders om hulp vragen. Ze stemt er ook mee in dat ze een ouder vertelt wanneer ze naar de wc gaat en de ouder vraagt om in de buurt te blijven voor het geval ze hulp nodig heeft.

Al en Peggy zullen geduldiger met Beth zijn, voorstellen wat ze in die situaties kan doen in plaats van zich te richten op wat ze fout doet, en naar haar zorgen luisteren zonder ze af te keuren.

Als je begint met de gedragsveranderingscampagne, denk er dan aan waar je begint: ontdaan, in tweestrijd over wat je moet doen, zelfs verward. Je bewust zijn van al die gedachten en gevoelens is de belangrijke eerste fase van elke gedragsverandering en het herchoreograferen van de angstdans. Door volharding zal je routine veranderen van de oude vermijdings- en beheersingsdans in een nieuwe dans van begrip, effectieve probleemoplossing en groei voor jou en je kind.

....

Beth en haar ouders waren in staat tot een kalm gesprek over deze situatie en hun verschillende waarden en doelen. Bij een jong kind zoals Abby of Joshua zou je meer leiding moeten nemen. Je zou het kort, eenvoudig en concreet houden – dat wil zeggen: heel specifiek en waarneembaar. 'Een belofte houden' kan bijvoorbeeld gebruikt worden voor 'een *commitment* houden' en 'het zelf doen' kan de plaats innemen van 'verantwoordelijkheid nemen'. Waarden worden dan ook in termen van doelen geformuleerd: beleefd zijn, hulpvaardig zijn, aardig zijn.

Ik vraag je een situatie te kiezen waar je enige mate van controle over hebt, omdat er geen plek is voor verrassingen wanneer je je kind tijdens angst een nieuwe respons probeert te leren. Natuurlijk is een situatie die je kind angstig maakt niet volledig te voorspellen of te beheersen. Vaak wordt een situatie beangstigend door dubbelzinnigheid of het gebrek aan zekerheid over de uitkomst, zoals we in hoofdstuk 9 gaan bespreken. Nu reiken we nog even naar het laaghangende fruit: situaties die ons de beste kans bieden op gedragsverandering. Dus ook al vind je maar één of twee optimale situaties waar je je campagne in praktijk kunt brengen en nieuwe responsen gaat zien, je zal een nieuwe basis leggen van communicatie, medewerking en succes die uiteindelijk toepasbaar is op andere, meer ingewikkelde of sterk geladen situaties. Je zult zien dat de moeilijkere situaties tegelijkertijd bijna uit zichzelf verbeteren.

5.6 • SAMENVATTING EN VOORUITBLIK

Het helder stellen van je waarden en doelen biedt de context waarin het harde werken van ouderschap en kind-zijn zinnig wordt en de worsteling waard. Het beweegt jou en je kind weg van de angstdans naar de acceptancedans. Pas nadat je samen begonnen bent richting die acceptancedans te gaan, kun je beginnen je kind te leren omgaan met moeilijke, beangstigende situaties.

Jouw directe doel in fase 1 is, dat jij en je kind bewuster worden van, en, in zekere mate, meer acceptatie kweken voor de huidige patronen van reactie en tegenreactie, die jullie allebei van jullie daadwerkelijke doelen weerhouden. Dit betekent dat je je aandacht moet verleggen naar zowel de beangstigende situatie als de gedachten en gevoelens daarover, in plaats van die te vermijden.

Op die momenten is het ongemak onder ogen zien wel het laatste dat je wilt doen. Maar voor doelen zoals begrip en groei, ben je misschien bereid ernaar te kijken. Je kunt iets pas veranderen als je het begrijpt of je ervan bewust bent. Het zou net zo zijn als 'de muziek uitzetten om die beter te horen' (p. 78), om maar een zin te lenen van de roemrijke therapeut Salvador Minuchin (1981).

Angst veranderen en de manier waarop die ons leven beheerst, is moeilijk. Het proces waar ik je doorheen leidt, lijkt meer op vliegvissen. Je verandert typen angstgedrag één voor één, terwijl je het proces stapje voor stapje verandert richting een leven dat niet door angst beheerst wordt.

In dit hoofdstuk zijn we begonnen met de verduidelijking van de proces- en einddoelen die jij wilt voor je gezin. Nu gaan we kijken naar kansen om bewustwording en begrip op weg naar die doelen, te vergroten. Dit is het onderwerp van ons volgende hoofdstuk: mindfulness.

6
Mindfulness tijdens angst

Tot nu toe is de angst van je kind beschreven op een groot doek: gedragspatronen, de angstdans, waarden en doelen en oude gewoonten beginnen te veranderen. In dit hoofdstuk zal ik me concentreren op het gedrag waaruit de angstdans bestaat. Het doel is je bewustwording te vergroten, dat van je kind en jezelf, van wat je precies voelt, denkt, en doet op die angstige momenten. Elke gedragsveranderingscampagne begint met bewustwording van wat je doet. Dit is de enige manier om de dans te herchoreograferen.

6.1 • DEFUSIE: IDENTIFICATIE MET JE GEDACHTEN EN GEVOELENS VERMINDEREN

Alleen al bewust worden van wat je doet, kan je beleving subtiel veranderen. Een gevoel benoemen ('spanning'), het in de ruimte plaatsen ('achter in mijn nek'), tijd en plaats noemen ('in de auto naar huis nadat de kinderen van de naschoolse opvang zijn opgehaald') helpt je afstand te nemen van de beleving en deze helderder vanuit een ander standpunt te zien. Het nieuwe standpunt is dat *jij daarnaar* kijkt, de gedachte of het gevoel, in plaats van dat jij hiermee samengesmolten bent. Dit is het begin van *defusie*, de vermindering van identificatie met je verontrustende gedachten en gevoelens. Je bent niet onlosmakelijk verbonden met je gedachten en gevoelens, maar wordt een observator daarvan. Als ik angstige gevoelens en gedachten heb, zijn dat dingen die ik op dat moment ervaar, niet dingen die ik ben: Ik *heb* angst. Ik *ben* Chris. Gedachten en gevoelens komen en gaan; ik houd vol. Zoals we zullen zien, verandert deze verschuiving van de manier waarop jij en je kind gedachten en gevoelens beleven, hun aard en maakt ze misschien minder verontrustend, minder dringend.

Jij en je kind zitten vast in een patroon van oude dansen die meestal draaien om vermijding en controle. Per definitie zijn deze dansen automatisch gedrag buiten jullie bewustzijn om. Om je daarvan te bevrijden of te vermijden dat je op weg naar je doel vast komt te zitten, moet je je eerst bewust zijn – bewust van wat er eigenlijk gaande is in de huidige situatie, bewust van je dans, bewust van je doelen, bewust van de volgende stap. Je kind zal uiteindelijk hetzelfde moeten doen.

Hier leer je hoe je je bewustwording vergroot, zodat je een respons (in plaats van een reactie) kan geven op de angst van je kind. In hun boek *Parenting from the Inside Out* (2003) zeggen Daniel Siegel en Mary Hartzell dat 'bewustwording keuzemogelijkheden biedt' (p. 70). Uit die mogelijkheden en het toegenomen idee van keuze komt een gevoel van controle voort voor jou en je kind – controle over jullie volgende stap als angst de kop op steekt.

Om je hierbij te helpen, geef ik je verderop oefeningen die jullie een verscherpt beeld geven van de wereld buiten en binnen in jullie zelf. Ironisch genoeg ontstaat er door de bewustwording van en aandacht voor je verontrustende gedachten en gevoelens meer afstand tussen jou en die gedachten en gevoelens. Jij en je kind zullen defusie beleven – je losmaken van je gedachten en gevoelens in plaats van het wegwerken van of verstikt worden door die gedachten en gevoelens.

Toegenomen perspectief en defusie bieden meer mogelijkheden voor responsief ouderschap, dat wil zeggen: ouderschap vanuit je waarden en doelen. Als je kind haar vermogen vergroot om haar gedachten en gevoelens in perspectief te plaatsen, en zich er minder mee identificeert, zal ze stabiliteit en zekerheid in zichzelf vinden die haar in staat stelt beter om te gaan met ontsteltenis en van vermijdings- en beheersingspogingen om te schakelen naar een vitaal leven.

6.2 • WAAROM BEWUST WORDEN?

Veel mensen denken dat angst noodzakelijk is om alert te zijn op gevaar en de overleving van hun kind en zichzelf te garanderen. Inderdaad zijn er adrenalinejunks en mensen die denken dat ze niets kunnen zonder de druk van een deadline of andere externe factor. Maar uit ervaring weten we dat we op ons best zijn als we ons concentreren op de belangrijke informatie. Als we beslissingen nemen die gebaseerd zijn op informatie in combinatie met onze ervaring, en niet als we geheel in beslag genomen worden door en reageren op de gevoelens die door ons lijf heen schieten of het vaak negatieve commentaar en speculatie waaruit veel denkpatronen bestaan.

Aan de andere kant hoeft angst jou en je kind niet *minder* effectief te maken als het gaat om het bereiken van je doelen. Het is allemaal afhankelijk van waar je je op concentreert: als je de angst gaat vermijden of beheersen, verliezen jij en je kind je in die taak, en dat gaat ten koste van meer dringende of nuttige doelen.

DANSEN ONDER DE RADAR

De danspassen van jullie angstdans beletten jullie je vrij over de dansvloer van het leven te bewegen. Maar je pogingen je kind op een andere manier te leiden en een meer responsieve ouder te worden, zijn moeilijk en frustrerend geweest – en met reden. Zoals ik eerder al zei beginnen jij en je kind automatisch aan de angstdans en jullie bewustwording daarvan blijft onder de radar. Samen blijven jullie maar dansen zonder er veel bij na te denken. Zoals je ongetwijfeld weet, is het heel moeilijk iets te veranderen dat we automatisch of uit gewoonte doen.

Toen mijn vader nog een kind was, hebben zijn ouders hem geleerd het woord GOD met zijn vinger op zijn kussen te schrijven voordat hij ging slapen. Hij bleef dit de rest van zijn leven doen, vast zonder er veel bij na te denken en zonder zich ervan bewust te zijn dat hij het überhaupt deed. Dat, waarvan we ons niet bewust zijn, kunnen we ook niet veranderen.

Dus de eerste fase in het veranderen van zulke patronen is, bewustwording van wat je doet. Rokers die willen stoppen worden geholpen door elke keer STOPPEN op te schrijven als ze een sigaret roken. Zo worden ze zich bewuster van hun gewoonte en de specifieke patronen ervan. Ze realiseren zich hoe vaak ze er eentje opsteken, de situaties die de neiging te gaan roken vergroten, enzovoorts. Alleen al die kennis kan leiden tot minder roken.

Op dezelfde manier moet je je bewust worden van je automatische gedragspatronen, gedachten en gevoelens wanneer je kind bang is of angstig. Een eenvoudige strategie is het gewoon rustiger aan doen. Weersta de panische drang dit probleem nu meteen op te lossen, voor eens en voor altijd. Doe rustig aan en bekijk jezelf als je je oude dans doet. Natuurlijk moet je in sommige situaties (bijvoorbeeld bij gevaar) snel en besluitvaardig handelen. Maar veel situaties die je elke dag tegenkomt, kom je al heel lang elke dag tegen. Je kunt iets rustiger aan doen en een beetje experimenteren, zelfs een beetje te laat zijn op je bestemming of het eten een paar minuten later dan gewoonlijk opdienen om deze situaties beter te begrijpen en er hopelijk beter op te kunnen reageren.

Dus, als je de automatische gedragspatronen wilt veranderen, moet je je eerst beter bewust zijn van wat je doet. Daarna kun je, zoals ik je zal laten zien, je kind bewuster maken van wat ze op die momenten doet en haar de weg wijzen naar een betere respons.

OEFENING: BEWUSTWORDING NR. 1 – EEN GEBRUIKELIJKE PROCEDURE

1 Neem een blaadje gelinieerd papier.

2 Denk aan een gebruikelijke huishoudelijke taak met meerdere stappen die je praktisch elke dag meestal in je eentje uitvoert, bijvoorbeeld de (af)was doen of zoiets.

3 Voordat je iets opschrijft, maak je een schatting van hoeveel verschillende stappen de procedure heeft. Schrijf dat getal op.

4 Schrijf nu de hele procedure uit, stap voor stap, van het begin tot het einde.

5 Kijk naar wat je hebt opgeschreven en beantwoord deze vragen:
   a Hoe goed heb je het aantal stappen geschat?
   b Is de eerste stap die je hebt opgeschreven echt het begin?
   c Wat zet je aan tot de procedure? Wat is de aanzet van die aanzet?
   d Is de laatste stap die je hebt opgeschreven echt het einde? Bijvoorbeeld: houdt de taak 'de was doen' ook het opvouwen en opbergen van de kleding in?
   e Ben je stappen vergeten? Bijvoorbeeld: houdt de wasprocedure ook in 'de kinderen op hun nek zitten dat ze de kleding netjes in de juiste lade doen'?
   f Welke bijkomende procedures versmelten, bestrijden, of lopen parallel aan deze procedure (dat wil zeggen: multitasken, of van de ene naar de andere procedure schakelen).
   g Wat zorgt ervoor dat deze procedure niet doorgaat, goed gaat, of afkomt?
   h Als je kijkt naar wat je hebt opgemerkt tijdens deze oefening, is er dan een eenvoudige verandering door te voeren die de procedure efficiënter of plezieriger maakt?

De meeste mensen hebben het aantal stappen erg onderschat. Je hebt je waarschijnlijk ook verbaasd over het aantal details dat nodig is om echt de 'werkinstructies' te beschrijven van een redelijk simpele en routinematige dagelijkse taak. Misschien heb je wel gemerkt dat taken zoals deze nogal een onduidelijk begin en einde hebben; de ene procedure loopt over in de andere zonder een echt eindpunt of een gevoel van controle over gebeurtenissen. Misschien werd je je bewust van andere dingen die je aandacht vragen en ertoe bijdragen dat je minder efficiënt en meer gefrustreerd wordt. En dit is nog maar het doen van de was!

We willen ons niet bewust zijn van wat we vaak doen. Veel dagelijkse klusjes zijn saai of onprettig en we denken dan liever aan iets anders. Daarbij komt dat als ik echt nadenk over de nutteloosheid van de was doen, de dakgoot schoonmaken, enzovoorts, ik misschien naar Mexico vlucht en nooit meer terugkom. Maar als ouder kan ik het me niet veroorloven *niet* bewust te zijn. Bewustwording is in eerste instantie onprettig, maar het is van levensbelang om noodzakelijke veranderingen door te voeren.

OEFENING: BEWUSTWORDING NR. 2 – EEN GEBRUIKELIJKE ANGSTDANS

1 Neem een ander blaadje papier.

2 Bedenk nu een redelijk gebruikelijke en moeilijke situatie die jouw kind angstig maakt of een andere onprettige emotie of gedachte geeft. Geef dit een naam: 'Op maandagochtend proberen de deur uit te gaan,' 'Naar de tandarts gaan,' 'Langs het huis lopen met de grote, lawaaiige hond in de tuin.'

3 Schrijf de 'procedure' uit, de specifieke volgorde van gebeurtenissen die de situatie creëren: wat je kind doet, wat jij doet, de daaropvolgende handelingen van je kind, jouw reacties, enzovoorts.

4 Kijk naar wat je hebt opgeschreven en beantwoord deze vragen:
   a Was de eerste stap die je hebt opgeschreven echt het begin van deze gebeurtenis? Heb je het gevoel dat de angst (die van je kind of van jou) op subtiele wijze minuten, uren of zelfs dagen eerder begint?

b Wat zijn de emotionele of cognitieve stappen in deze procedure? Zijn er bepaalde gevoelens of gedachten (die van je kind of van jou) die op voorspelbare momenten in de keten van gebeurtenissen verschijnen? Er kunnen bepaalde gevoelens zijn, zoals je eigen angst, boosheid of wanhoop. Er kunnen oordelen zijn ('Dit is onredelijk'), conclusies ('Dit gaat nooit over'), zorgen om de toekomst ('Dit kan hij niet doen als hij vijftien is'), herinneringen, enzovoorts.
c Wanneer en hoe eindigt het echt? Moet je er later over praten? Moet je kind er later over praten? Kan deze gebeurtenis de sfeer en het succes van volgende taken en gebeurtenissen beïnvloeden? Drukt dit op je als je de situatie instapt en verhoogt dit op een bepaalde manier de inzet voor een positief eindresultaat?
d Zijn er verschillende variaties op deze gebeurtenis, bijvoorbeeld één patroon waar het goed gaat en één patroon waar het slecht gaat?
e Welke bijkomende procedures versmelten, bestrijden, of lopen parallel aan deze procedure (dat wil zeggen: multitasken, of van de ene naar de andere procedure schakelen).
f Wat zorgt ervoor dat deze procedure niet doorgaat, goed gaat, of afkomt?
g Komt er iets in je op dat jij of je kind kunnen doen dat de procedure efficiënter of succesvoller maakt?

Wat heb je ontdekt door deze oefening en vragen? Wat kwam er bij je op aan gedachten, gevoelens, lichamelijke gevoelens en herinneringen? Op welke punten in de procedure kan een gedragsverandering, van jou of van haar, de dans een andere en betere richting op sturen?

6.3 • MINDFULNESS: DE OEFENING VAN AANDACHT

Het woord 'attentie' komt van het Latijnse woord *attendere*, wat 'uitstrekken' betekent. Dit feit herinnert ons eraan dat wanneer we ergens onze aandacht op richten en ons ergens van bewust zijn, we er naartoe bewegen. Attentie mag niet verward worden met waakzaamheid, wat betekent dat je op de uitkijk staat voor gevaar. Veel angstige kinderen zijn erg waakzaam, behoedzaam, aarzelend en voorzichtig. Door op de uitkijk te staan, strek je je niet naar het leven uit, maar trek je je juist terug. Angstige kinderen krijgen soms het verkeerde etiketje van concentratie*problemen* opgeplakt, omdat hun waakzaamheid hun aandacht afleidt. Het is moeilijk je uit te strekken als je angstig op de uitkijk staat. *Attentie,* of aandacht hebben voor iets, is een ingewikkeld setje vaardigheden en gewoonten die ons in staat stellen ons uit te strekken naar het leven en effectieve probleemoplossende en doelgerichte handelingen te verrichten. Het uitstrekken en het leven omarmen gaat 'ten koste' van de oude danspassen waardoor we ons van het leven terugtrekken en in nutteloos vermijdings- en beheersingsgedrag vervallen. Omdat het een setje vaardigheden en gewoonten is, kan het richten van je aandacht geleerd en versterkt worden door oefening.

Hoewel het al eeuwen bestaat, komt mindfulness (zoiets als opmerkzaam- of bedachtzaamheid) pas sinds kort in de psychologische literatuur voor. De term wordt gebruikt om een heel eenvoudige en krachtige manier van bewustwording of aandacht richten te beschrijven.

Er zijn door de jaren heen verschillende definities van mindfulness gegeven. Vaak wordt het in verband gebracht met meditatie uit India, Tibet en Oost-Azië. Maar mindfulness is geen spirituele of religieuze oefening, hoewel het tot op zekere hoogte wel te vinden is in alle spirituele en religieuze stromingen, zowel in oosterse als westerse. Het is een manier van naar de wereld kijken, zowel buiten onszelf als binnenin. *Mindfulness* is eenvoudigweg de pure bewustwording en acceptatie van je beleving op een bepaald moment. Die beleving bestaat uit alle vele subtiele en krachtige ervaringen die op elk moment kunnen gebeuren: gedachten, gevoelens en herinneringen.

DEFINITIES VAN MINDFULNESS

Jon Kabat-Zinn was een van de eerste westerse wetenschappers die op systematische wijze mindfulness bestudeerde en toepaste op psychologische kwesties. Hij beschrijft mindfulness als 'op een bepaalde manier aandachtig zijn: doelgericht, op het huidige moment en niet oordelend' (1994, p. 4). Deze definitie dient iets uitgebreid te worden.

Ten eerste doe je mindfulness bewust en met reden. Het doel van mindfulness is je bewustwording vergroten van wat er om je heen en binnen in je gebeurt, zodat je die allebei ten volle kunt beleven en duidelijker kunt zien. Daardoor begrijp je beter wat er aan de hand is, en van daaruit kun je effectieve handelingen verrichten.

Ten tweede, bij mindfulness richt je je aandacht op wat er op dat moment gaande is. Gedachten over het verleden of de toekomst zijn nog steeds gewoon gebeurtenissen die nu plaatsvinden. Nu is waar je zijn moet, omdat je daar het meest effectief in je leven kunt zijn en responsief voor je kind. Nu gebeurt het allemaal. Dat betekent niet dat we nooit over de toekomst of het verleden mogen nadenken. Maar een eenvoudige beoordeling daarvan zal onthullen dat veel daarvan herhalend, speculatief en niet echt nuttig is.

Het derde onderdeel van de definitie van Kabat-Zinn is interessant. Bijna alle definities van mindfulness zeggen dat het in de praktijk 'niet veroordelend' is. Dit betekent dat we moeten waarnemen wat er binnen in en om ons heen aan de gang is zonder dat we deze ervaringen moeten verdelen in goed en slecht, eerlijk en oneerlijk of een van de duizend andere meningen en evaluaties. Het idee is dat het opdelen ervan in stapeltjes van goed (acceptabel) en slecht (onacceptabel), frustratie en een hele horde andere (slechte en onacceptabele) gevoelens voortbrengt. Het opdelen en evalueren kan ons naar vermijding en beheersing toetrekken en is vaak verspilling van tijd en energie.

Wat betreft het idee dat mindfulness niet oordelend is, ben ik wat ruimdenkender en vind dat als jij op dat moment toevallig een oordeel hebt, *dat ook* deel is van jouw mindfulness over iets. Je kunt je eerlijk en vol moed bewust zijn van je oordelen en die accepteren: 'Ik ben me ervan bewust dat ik nu aan het oordelen ben. Typisch iets voor mij!' Zeggen dat we alleen mindful kunnen zijn als we niet oordelen leidt tot het vermijden en beheersen van oordelen. Ik wens je veel succes.

We moeten onze 'negatieve' gedachten en gevoelens leren kennen om te begrijpen hoe die eigenlijk met ons gedrag sollen. Welke *precieze* zorg drijft Joshua tot eisen dat zijn moeder in huis overal met hem meegaat? Denkt hij echt dat het kwaad kan dat hij alleen is, en dat hij veilig is bij zijn moeder? Of draait het om een vaag gevoel van ongemak of vrees of eenzaamheid? Door deze vragen te beantwoorden of ze zelfs maar bewust te overwegen treden de gedachten en gevoelens een beetje naar buiten. Dan zijn ze niet zo onlosmakelijk verbonden met Joshua als persoon. Nauwgezet behoedzame gedachten en gevoelens bekijken is heel anders dan behoedzaam *zijn*. Dit is defusie, dat ik hierboven besproken heb.

Door beter begrip van onze negatieve gevoelens en gedachten en de situaties waar ze door voortgebracht worden, zijn we in een betere positie om problemen op te lossen, of, om ons tenminste aan te passen of ermee om te gaan. Begrip kan alleen maar ontstaan uit bewustwording en acceptatie. De boeddhistische schrijver Gunaratana herinnert ons aan het feit dat 'je iets niet volledig kunt onderzoeken als je je bezighoudt met de verwerping van het bestaan ervan' (2002, p. 139).

Mijn punt is dus dat het beoefenen van mindfulness betekent dat je alles wat je denkt en voelt op dit of een ander moment volledig opgemerkt wordt en zonder enige poging dat te veranderen. Tenminste, niet meteen. Nogmaals, 'bewustwording biedt keuzemogelijkheden', de mogelijkheid een andere respons te kiezen dan gewoonlijk. Ik blijf het maar herhalen, je kunt niet veranderen waar je je niet van bewust bent.

Bedachtzame bewustwording is een voorwaarde voor verandering. Ten slotte zullen jij en je kind ontdekken dat, door een meer accepterend en mindful perspectief, minder angstige (of bange of gefrustreerde) gedachten en gevoelens *hoeven* te veranderen.

MINDFULNESS EN DE ANGSTDANS

Mindfulness is een bewezen, effectieve vaardigheid die therapie voor verschillende psychische aandoeningen verbetert, zoals angst, depressie, stress, drank- en drugsmisbruik en huwelijksproblemen. Het nut ervan bij gezinstherapie en ouderschap wordt pas nu ontdekt.

Kinderpsycholoog Jean Dumas (2005) gebruikt mindfulness als onderdeel van zijn werk met gezinnen en zegt dat het 'zowel een gemoedstoestand als een gevarieerde set oefeningen' is (p. 782). Hiermee bedoelt hij dat mindfulness voortkomt uit dingen doen op een manier die mindful is. Het lijkt een beetje op hoe ik bereidwilligheid beschreef: mindfulness is eenvoudigweg iets doen, wat dan ook, met volledige bewustwording. Het is niet een ander soort gedrag. Sterker nog, zoals ik hieronder zal bespreken, dagelijkse ervaringen (eten, de deur opendoen, de afwas doen) bieden mogelijkheden om mindfulness te oefenen en te ontwikkelen.

Dumas zegt over mindfulness, dat ouders (en hun kinderen) deze manier van aandacht richten kunnen gebruiken als een wijze om 'afstand te nemen van onproductieve manieren om met stress om te gaan... om duidelijker te zien hoe je het best kunt reageren' (2005, p. 783). Zoals we zullen zien is de beste respons soms helemaal geen respons. Bijvoorbeeld: een gebruikelijke nutteloze 'danspas' is toe te snellen en een probleem op te lossen voor je kind, zonder haar de kans te geven haar eigen oplossing te ontdekken.

Dus, samenvattend, mindfulness toepassen is bewust afstand nemen en je gedachten, gevoelens en handelingen observeren. Het gaat om weten dat deze gebeurtenissen met jou versmolten zijn, noch jou vreemd zijn. Zo wordt mindfulness een kans om in jouw leven op een rustigere en flexibelere manier aanwezig te zijn. Je krijgt iets meer perspectief zodat je verbanden tussen externe gebeurtenissen, gevoelens, gedachten en impulsen gaat zien. Waar de innerlijke en uiterlijke gebeurtenissen contact maken en samentrekken, vinden we *keuzepunten,* plekken waar de dansers een pirouetje kunnen draaien en een nieuwe richting op gaan, misschien een beetje wankel in het begin maar soepeler en natuurlijker hoe meer ze oefenen. Vanuit dit punt van mindfulness, dienen alternatieve interpretaties, oordelen en handelingen zichzelf aan. Denken wordt soepeler. Dit begint allemaal met een onbevreesde aandacht voor wat er op dat moment is, zodat je kunt begrijpen waar je mee te maken hebt en dan beter in staat bent je respons uit de mogelijkheden te kiezen.

WAT MINDFULNESS NIET IS

Door de jarenlange associatie met het boeddhisme en andere religieuze stromingen, is er een aantal misvattingen over mindfulness:

- Het is niet passief. Mindfulness biedt je juist de kans verbonden te blijven met je waarden en doelen en effectiever te handelen.

- Mindfulness is niet noodzakelijkerwijs kalm en rustig. Je kunt best redelijk geagiteerd zijn en mindful zijn ten opzichte van je agitatie. Je kunt mindful zijn en snel door je dagelijkse routines heen gaan. Je kind kan mindful zijn tijdens haar voetbalwedstrijd en als een tijger op de bal afduiken. Sterker nog, mindfulness leidt tot effectievere actie door verscherpte aandacht, helderheid en intentie.

- Het is niet afstandelijk. Mindfulness biedt juist een stevigere band tussen jou en je kind op dat moment. Deze band zal door haar gevoeld worden en helpt haar kalm te worden en te begeleiden op die moeilijke momenten.

- Het is niet alles wat je denkt en voelt leuk vinden. Mindfulness is eenvoudigweg bewust zijn van hoe de dingen er op dat moment voor staan. Dat houdt ook in dit moment niet leuk vinden of willen dat het anders was. En het is weten dat dit moment niet anders behoort te zijn; het is wat het is.

- Het is geen nieuwe manier van denken of een verandering van houding. Mindfulness is een vaardigheid die alleen verworven kan worden door oefening en praktische toepassing, door ervaring.

- Het is geen religieuze of spirituele handeling, hoewel een vorm van mindfulness.

- Meditatie te vinden is in bijna alle religieuze en spirituele stromingen. Mindfulness vereist geen religieus systeem.

MINDFULNESS IS EEN VAARDIGHEID

Mindfulness is een vaardigheid die je moet oefenen als jij en je kind er goed in willen worden. Door herhaling hebben jullie deze gewoonten, die ik steeds angstdansen heb genoemd en die niet-mindful zijn, ontwikkeld. Met mindfulness kun je de dans *ont*oefenen. Sterker nog, mindfulness *is* het dansen met angst ontoefenen. Zelfs als je precies dezelfde dans met je angstige kind doet, zal dat niet hetzelfde zijn omdat jij en je kind bewuster zijn van wat jullie doen. Dat is een grote en belangrijke stap in de richting van echte verandering, ook al zullen jullie allebei een periode van onhandigheid en frustratie moeten doorstaan. Jij en je kind moeten jullie doelen voor ogen houden terwijl jullie door de vroege, moeilijke fases van de dansverandering heen zwoegen. Jullie worden beloond met nieuwe en betere manieren om op elkaar te reageren tijdens angst.

OEFENEN, OEFENEN, OEFENEN

Ik geef je verschillende mindfulness- en defusieoefeningen, die jij en je kind vaak moeten doen. Gelukkig biedt het leven ons ontelbare kansen om mindfulness te oefenen. Je kunt het zelfs nu doen terwijl je deze woorden leest, andere ervaringen voelt komen en gaan: een geluid dat ergens vandaan komt, een herinnering die als een wolk door de hemel van je psyche zweeft, een kriebel op je neus, een gedachte dat je je neus moet krabben, enzovoorts. Al deze ervaringen kun je mindful observeren.

Voor het oefenen van mindfulness, doet de eigenlijke inhoud van de gedachten, gevoelens, ervaringen of wat dan ook er niet toe. Elke oefening draagt bij aan de ontwikkeling van deze vaardigheid, ongeacht hoe ver de situatie verwijderd lijkt van de prangende kwesties en situaties die angst bij jou oproepen. Elke mindfulnessoefening (een sinaasappel eten bijvoorbeeld) zal je responsiever maken tijdens een verontrustende angstsituatie (zoals 's ochtends het huis verlaten).

Net zoals de meeste vaardigheden voor moeilijke tijden, moeten mindfulness en defusie geoefend worden op de momenten dat je de vaardigheid niet echt nodig hebt. Daardoor is de vaardigheid voor jou en je kind makkelijk aan te boren in het heetst van de strijd. Brandweerlieden zouden niet goed voorbereid zijn als ze hun vaardigheden alleen gebruiken als er echt brand is. Sportteams trainen voor een wedstrijd. Jij en je kind moeten deze technieken oefenen zodat ze beschikbaar zijn als jullie ze het hardst nodig hebben.

Sommige defusie- en mindfulnesstechnieken zijn goede zelfkalmeringsstrategieën als je angstig of ontdaan bent. Maar eigenlijk is het voornaamste doel niet jezelf of je kind afleiden van angst, maar je richten op de te volbrengen taak, wat die dan ook moge zijn.

6.4 • MINDFULNESSOEFENINGEN

Elke activiteit is een kans mindfulness te oefenen of eenvoudigweg mindful te zijn: lopen, eten, een gesprek voeren, autorijden, een glas met water vullen, de woorden van een huiswerkopdracht opschrijven. Als je veel normale taken mindful doet, krijgen ze een rijkere dimensie en maken ze meer bewustwording, concentratie en uiteindelijk succes mogelijk. Er is hier een oud gezegde van toepassing: 'Als je geen tijd hebt om het goed te doen, wanneer heb je dan tijd om het over te doen?' Als je kind halfbewust haar dag doorkomt, hoe kan ze dan leren van haar ervaringen en haar gedragspatroon op de juiste manier bijstellen? Sommige oefeningen en metaforen zullen de manier waarop je angst en andere onprettige gedachten en gevoelens beschouwt, veranderen. Veranderen hoe je kind naar haar gedachten en gevoelens kijkt, vormt de eerste stap in de verandering van haar respons erop. Veranderen hoe jij kijkt naar je eigen gedachten en gevoelens als je kind angstig of bang is, is de eerste stap op weg naar responsiever met je kind omgaan.

HET BEGINT BIJ JOU

De volgende oefeningen zijn niet alleen voor je kind, maar ook voor jou – om twee redenen. Ten eerste brengt de angst van jouw kind een scala aan gedachten en gevoelens in jou teweeg. Jouw vermogen effectief te reageren in een situatie hangt af van jouw vermogen de aandacht af te leiden van pogingen gedachten en gevoelens te veranderen (die van jezelf en van je kind) en te richten op de taak. Angela bijvoorbeeld, merkt dat haar frustratie omhoogkomt als Sterling niet aan zijn huiswerk wil beginnen. Ze gaat zichzelf verwijten dat ze niet genoeg geduld heeft en dat deze gedachten haar afleiden van Sterling. Als ze dit opmerkt, haalt Angela even diep adem en concentreert zich weer op de taak, namelijk Sterling zijn huiswerk laten maken.

Ten tweede, tijdens de oefeningen, doe je je kind voor hoe ze deze oefeningen en strategieën kunt gebruiken om los te komen van haar gedachten en gevoelens en zich te concentreren op wat er bereikt moet worden: hulp zoeken bij jou en anderen op een effectievere manier, zichzelf steunen door zelfkalmeringsvaardigheden en allerlei effectieve probleemoplossende of omgangsstrategieën te ontwikkelen. In de zonet beschreven situatie, spreekt Angela de frustratie uit die Sterling op dat moment voelt over zijn huiswerk en wat het eigenlijke probleem kan zijn. Ze geeft het enige context in verband met waarden en doelen en laat Sterling zien hoe ver hij al is. Dan stelt ze een aantal manieren voor waarop hij ermee om kan gaan. 'Het huiswerk is echt moeilijk geweest dit jaar hè? Je wilt echt je best doen en soms is het moeilijk te weten waar je moet beginnen, en dat is best frustrerend. Ik weet nog hoe frustrerend huiswerk uit groep vier was, maar nu lijkt het makkelijk. Laten we een paar keer diep ademhalen en kijken voor welke vakken je vandaag huiswerk hebt en waar we moeten beginnen.' Ze kan hem dan helpen met zijn huiswerk te beginnen en stukje bij beetje al het huiswerk maken.

OEFENING: LUISTEREN

Dit is een oefening die je met je kind kunt doen. Als je een stopwatch of alarm op je horloge hebt, zet die dan op ongeveer twee minuutjes.

1 Ga samen comfortabel zitten op een tijd en plaats waar jullie niet gestoord worden.

2 Start de stopwatch en sluit allebei de ogen. De bedoeling is dat je mindful luistert en alle geluiden die jullie allebei horen tijdens die paar minuten opmerkt. Er kunnen bijvoorbeeld geluiden zijn uit een ander gedeelte van het huis of van buiten. Iemands maag kan knorren. Gaan verzitten op je stoel kan geluid maken. Of is er alleen maar stilte.

3 Merk op dat je gedachten over andere onderwerpen krijgt. Jij of je kind kunnen denken hoe raar dit lijkt. Ze denkt misschien: 'Wie hoort er meer geluiden?' Jij denkt misschien: 'Ik moet hierna die berg was binnenhalen,' enzovoorts. Als dit gebeurt, richt je aandacht dan rustig weer op luisteren.

4 Als de tijd om is, vergelijk dan zowel de geluiden die jullie allebei hebben gehoord als de andere gedachten en ervaringen die boven kwamen.

OEFENING: ADEMHALING

Ademhaling als zelfkalmeringstechniek wordt in hoofdstuk 7 besproken. Hier geef ik je een eenvoudige ademhalingsoefening die je helpt bij mindful concentratie. Gebruik de aanwijzingen hieronder om elke ochtend te oefenen tijdens een gewone activiteit, zoals aankleden, koffiezetten of lunchpakketten maken. Overdag kun je oefenen als je voelt dat je concentratie op het hier en nu moet terugkrijgen.

Na een dag of twee oefenen, als je je prettig en bekend voelt bij de oefening, leer je het aan je kind. Met jonge kinderen kun je er een concentratiespelletje van maken. Oefen samen tijdens een gewone activiteit, zoals in de auto of rustig worden voor het naar bed gaan. Vijf tot tien in- en uitademingen zijn genoeg als je het vaak doet. Het is niet de bedoeling dat jij en je kind serieus gaan mediteren. Dit is gewoon een snelle en makkelijke manier om bewustwording van je hoofd naar je lichaam te brengen (je neus, precies gezien) als de hersenen – de jouwe of die van je kind – gestoord worden door angstige gedachten en gevoelens.

1 Adem rustig door je neus. Vind een ritme en snelheid waar je je prettig bij voelt. Je ogen kunnen open of dicht zijn.

2 Voel hoe de ademhaling je neus in- en uitstroomt. Merk op dat je je aandacht daarop kunt richten, op je neusvleugels. Voel bij elke ademhaling dat de lucht die je inademt koel aanvoelt op de huid rond je neusvleugels. Voel dat de lucht bij de uitademing warmer is, opgewarmd door het lichaam. Voel hoe die warmte van de uitademing nog subtieler aanvoelt op de huid.

3 Blijf doorademen. Merk op dat je steeds meer subtiele variaties in de ademhaling kunt waarnemen: luchtsnelheid en -druk, temperatuur, soepelheid, zachte fluitgeluidjes, enzovoorts. Je zal andere ervaringen in en buiten je lichaam waarnemen. Als je merkt dat je aandacht wordt afgeleid, richt je dan rustig weer op je neusvleugels en je ademhaling.

4 Doe dit zo lang als je wilt. Zoals ik hiervoor al zei, zijn vijf tot tien aandachtige in- en uitademingen genoeg oefening en misschien wel het maximale dat een jong kind achter elkaar aankan. Zodra dit soort bewustwording is ontwikkeld, zullen jij en je kind mindfulness in verband brengen met een gevoel van kalmte en veiligheid, zelfs tijdens drukte of sterke emoties. Maar enkele mindful ademhalingen roepen dan die kalme en veilige gevoelens op en vergroten je gevoel van competentie en responsiviteit. Een paar mindful ademhalingen kunnen je kind uit de versmelting met haar gedachten en gevoelens halen en haar bewust maken dat ze nog steeds is wie ze is, ongeacht wat haar gedachten en gevoelens haar vertellen.

OEFENING: RAADSPELLETJES

Jij en je kind kunnen 'raadspelletjes' spelen met dagelijkse dingen. Bijvoorbeeld: jullie verzamelen elk een stuk of zes kleine dingen: een sleutel, een paperclip, een knoop, een munt, enzovoorts.

1 Kies iemand die als eerste mag, laat die persoon de ogen sluiten terwijl de ander één van de dingen in haar hand legt.

2 Er wordt vast meteen geraden wat het ding is, maar houd het nog even vast.

3 Draai het ding om en voel de vorm en textuur met je vingers.

We rekenen zoveel op ons gezichtsvermogen dat het goed kan zijn om de wereld op andere manieren te 'zien'.

OEFENING: GEUREN

Houd om de beurt dingen met een andere geur onder elkaars neus: een schijfje citroen, een beetje tandpasta op een lepeltje, een pepermuntje, enzovoorts (geen dingen die heel vies zijn).

OEFENING: EEN ROZIJNTJE ETEN

Dit is een heel bekende oefening voor mindfulness. Pak een rozijntje. Eet 'm langzaam op, neem hiervoor de tijd zodat je de vele aspecten kunt waarderen: grootte, kleur, geur, smaak, die kleine, korrelige knapperigheid meteen gevolgd door een zachte textuur als je erop bijt, enzovoorts.

OEFENING: LEVEN MET KRIEBEL

Deze oefening is wel een beetje een uitdaging, maar het komt in de buurt van wat ik je kind en jou wil laten doen als er een onprettige gedachte of gevoel opkomt. Ergens op je lijf heb je nu jeuk. Dat kan op je neus zijn, je voorhoofd, overal. Het enige dat je moet doen, is *er niet aan krabben*. Richt je aandacht op wat je aan het doen bent. Blijf gewoon lezen, terwijl je mindful bent van het kriebelende gevoel, maar er niet naar handelt. Je leest niet alleen om jezelf af te leiden van de jeuk (niet krabben!). Lezen is nu jouw doel. Dat staat op de voorgrond. De kriebel (is die er nog?) is de afleiding. Blijf lezen. Het vermogen een beetje ongemak te kunnen verdragen is de sleutel tot zowel het vermijden van grotere problemen als het bereiken van veel doelen. Oefen het niet-krabben met je kind. Steun elkaar in het concentreren op iets anders, zoals een spelletje spelen of een liedje zingen. Je zult merken dat de kriebel uiteindelijk vanzelf verdwijnt.

ANDERE OEFENINGEN MET DE VIJF ZINTUIGEN

Er zijn veel andere manieren om mindful concentratie te oefenen met elk van de vijf zintuigen. Naast het verschaffen van belangrijke informatie, is mindfulness nuttig omdat het draait om rustig aan doen, 'monotasken,' en je psyche een eenvoudige ervaring laten onderzoeken zonder veel woorden eraan vuil te maken. Hier zijn een paar eenvoudige oefeningen die je samen met je kind kunt doen.

6.5 • DEFUSIEOEFENINGEN

Defusie is het verminderen van identificatie met je gedachten en gevoelens. Het lijkt erg op mindfulness, maar is meer gericht op afstand nemen van de inhoud van je psyche om zo bewust te worden van de scheiding tussen jou en een gedachte of gevoel. De manier waarop je de geluiden om je heen ervaart is de manier waarop je wilt dat je kind haar gedachten en gevoelens opmerkt: ze verschijnen, worden opgemerkt, er wordt misschien over nagedacht, misschien wordt er naar gehandeld, maar er is geen identificatie. Niemand zal zeggen: 'Ik ben het tikken van de klok' of 'Ik ben die autodeur die dichtgaat.' Geluiden komen en gaan buiten het lichaam. Gedachten en gevoelens komen en gaan aan de binnenkant.

Het loslaten van de identificatie met alles wat komt en gaat in je hoofd is het voornaamste doel van defusie- en mindfulnessoefeningen. Gedachten en gevoelens neem je waar. Jullie zijn niet hetzelfde. Die gedachte verdwijnt en wordt vervangen door een andere. Gevoelens en gedachten komen en gaan, maar jij blijft constant.

GEDACHTEN EN GEVOELENS HEBBEN

Afstand tussen onszelf en onze gedachten en gevoelens kun je creëren door onze manier van praten over deze mentale ervaringen aan te passen. Helaas zit het identificeren met onze gedachten en gevoelens in onze taal ingebouwd. Ik zeg bijvoorbeeld uit gewoonte: 'Ik ben angstig,' op dezelfde manier waarop ik zeg: 'Ik ben Chris.'

Ik zou in plaats daarvan kunnen zeggen: 'Ik heb angstige gedachten' of 'Ik heb zorgen.' Meer in het bijzonder, kan Beth zeggen: 'Ik heb de gedachte dat ik besmet wordt door bacteriën als ik deze deurknop aanraak.' Het is een beetje raar in het begin, maar het doel is een beetje bewegingsruimte te creëren tussen de 'ik' en die voorbijgaande gedachten en gevoelens. We gaan het in hoofdstuk 8 hebben over bevestiging en de manier waarop je feedback aan je kind kunt geven als ze verschillende emoties en gedachten beleeft. Wees je voor nu bewust van de manier waarop je denkt over je gedachten en gevoelens. Kijk of de kans zich voordoet om commentaar te geven op wat je kind denkt en voelt met defusiepraat: 'Je hebt op dit moment een beetje angst (zorgen, boosheid, frustratie)' in plaats van 'Je bent angstig.'

GEDACHTEN EN GEVOELENS BENOEMEN EN ORDENEN

Je kind is het leven begonnen met de ervaring van krachtig en ongedifferentieerde genoegens en pijn. Alleen de interactie met anderen heeft ervoor gezorgd dat ze woorden verbond aan specifieke gedachten en gevoelens: ik heb het koud, ik ben boos, ik ben bang, ik herinner me. Steeds meer handigheid in het benoemen van gedachten en gevoelens maakt je kind bewust van de subtiele verschillen daartussen. Nu kan ze zeggen: 'Ik heb het ijskoud,' 'Ik ben gefrustreerd,' 'Ik ben nerveus,' 'Ik haal herinneringen op.'

Er is een verschil in bang en nerveus zijn, tussen boos en gefrustreerd zijn. Je kind gaat zien dat er een scala aan emotionele ervaringen is tussen de alles-of-nietsuitersten die zo kenmerkend zijn voor de beleving van een erg jong kind. Je wilt dat haar respons op nerveus of bedachtzaam zijn anders is dan haar reactie op doodsangst.

Omdat ik in Californië ben opgegroeid, heb ik maar één woord voor 'sneeuw' geleerd. Later, toen ik noordelijker ging wonen en ging skiën, leerde ik verschillende soorten sneeuw onderscheiden. Voordat ik dit onderscheid had geleerd, kon ik het verschil tussen 'korrelsneeuw' of 'lentesneeuw' en 'poeder-' of 'plaksneeuw' niet zien. Pas toen men mij op die verschillen wees, kon ik ineens variatie zien. Met die nieuwe woorden kon ik de informatie gebruiken die mijn ogen me altijd al gegeven hadden, maar niet door mijn hersenen 'gezien' werd. Met een grotere woordkeuze om verschillende gedachte- en gevoelstoestanden te beschrijven, kunnen jij en je kind meer accurate en nuttige beschrijvingen van mentale gemoedstoestanden geven.

Benoemen en ordenen zijn bedrieglijk eenvoudige en erg oude technieken die niets meer zijn dan eenvoudigweg gedachten en gevoelens waarnemen en er een etiketje op plakken. Ik beschouw *benoemen*, soms 'in een hokje plaatsen' genoemd, als een gedachte of gevoel van een ander onderscheiden ervaring. *Ordenen* is het ontdekken van overeenkomsten tussen gebeurtenissen buiten en binnen in het lichaam. Ordenen kan je kind helpen patronen te herkennen of gewoonweg de herhaling van bepaalde categorieën van gedachten en gevoelens te zien.

Benoemen was onderdeel van jouw vroegste taalgebruik (en die van je kind), dat wil zeggen: namen geven aan dingen in de wereld: Mama, papa, poes, verschillende woorden voor 'fles', enzovoorts. Iets een naam geven helpt je kind met anderen communiceren. Ze kan je vragen een boekje voor te lezen of sap te halen. Het vermogen appelsap te benoemen en te onderscheiden van sinaasappelsap stelde je kind in staat specifieker na te denken over en te krijgen wat ze wilde. Dit zorgde voor een grote vermindering van proefondervindelijke pogingen haar behoeften te bevredigen en voor een grote vermindering van frustratie voor iedereen.

Catherine begon Abby's gevoelens hardop te benoemen: 'Oh, je vindt het eng om hier naar de wc te gaan.' Zo zou Abby leren dat volwassenen allerlei gedachten en gevoelens om verschillende redenen hebben, bijvoorbeeld: 'Ik ben afgeleid omdat ik denk aan het avondeten.'

Zonder echt Abby's gedachten, gevoelens of gedrag direct proberen te

> **OEFENING: BENOEMEN IN DE PRAKTIJK BRENGEN**
>
> Om te benoemen, merken jij en je kind eenvoudigweg een gevoel of gedachte op en plakken er een etiketje op: 'Hier is 'angst' of 'Dit is weer een "nerveus" gevoel' of 'Oh nee hè, weer een domme "Ik ben dom' gedachte." Het idee is het simpel te houden, niet met een gedachte over die gedachte mee te gaan, maar gewoon klaar te zijn voor de volgende gedachte, gevoel of herinnering die door je hoofd zweeft, stommelt of schiet. Je merkt op en benoemt. Oefen het benoemen van gevoelens met je kind. Als je een emotie voelt, benoem die dan voor je kind. Als je vaststaat in het verkeer zeg je bijvoorbeeld: 'Ik ben gefrustreerd door het langzame verkeer. Ik wil naar huis om eten te maken.' Of 'Ik ben heel blij dat je in staat was bij Suzie te logeren. Ik weet hoe moeilijk het voor je was om niet thuis te slapen.'
> Vind emoties in de wereld daarbuiten. Je kunt samen raden naar het innerlijke leven van karakters in boeken of films: 'Hoe voelt hij zich nu denk je? Wat denk je dat hij wil doen?'
> Je kunt een verzameling gevoelswoorden aanleggen die je in kranten, tijdschriften en zo vindt. Knip ze uit en plak ze in een klein blocnootje.

veranderen, zette haar moeder gewoon de woordenschat op poten die Abby nodig heeft om effectiever te communiceren. Daarnaast leert Abby door haar eigen innerlijke dialoog uiteindelijk haar eigen gedachten en gevoelens te onderscheiden en zichzelf effectief te kalmeren en reguleren. Dit vergt innerlijke taal – hoe preciezer hoe beter.

Jonge kinderen hebben een voorbeeld nodig hoe je moet nadenken over gedachten en gevoelens. Dit vormt de kern van leren nadenken over eigen en andermans gedachten en gevoelens en die informatie effectief gebruiken. Voor kinderen zoals Beth, Sterling of zelfs Joshua kan benoemen nieuwe kleuren toevoegen aan het emotionele palet: bang, angstig, nerveus, in gedachten verzonken. Andere kenmerken kunnen nuttig zijn. Sterlings worsteling met zijn huiswerk bijvoorbeeld kan een reactie zijn op frustratie en niet zozeer op angst. Frustratie vereist misschien een ander setje probleemoplossende vaardigheden en een ander plan van aanpak.

Maar Angela zag Sterlings gedrag eigenlijk alleen maar in het kader van zijn zogenaamde angststoornis, en haar directe doel (en dat van Sterling) is het vermijden of ontvluchten van die zogenaamde angst. Maar

OEFENING: ORDENEN IN DE PRAKTIJK BRENGEN

Gevoelens en gedachten in categorieën plaatsen, helpt jou en je kind een beetje afstand te nemen van de angstige inhoud van die gevoelens en gedachten: de enge hond, de toets van morgen, de knoop in haar maag. Nu kan ze ook waarnemen dat ze 'vrees', 'bezorgdheid', of 'behoedzaamheid' beleeft en dat 'haar lichaam weer stennis schopt'.
Net zoals met benoemen, help je je kind ervaringen met woorden omschrijven, maar bij ordenen verbind je een bepaalde gebeurtenis, handeling (of gebrek aan handeling), gedachte of gevoel met een grotere categorie van emotie of gedachte.

toen Angela rustiger aan ging doen en haar gedachten en gevoelens tijdens huiswerktijd observeerde, zag ze een aantal emoties, waaronder haar eigen frustratie en ongeduld. Dit hielp haar niet alleen meeleven met Sterling, maar het gaf haar ook aanwijzingen wat haar, en zijn, volgende stap moest zijn: hun emoties en gedachten erkennen en ze zelfs accepteren als een natuurlijk deel van de situatie, het laatste restje geduld gebruiken, het echte probleem dat de frustratie veroorzaakte onderscheiden (een enorme berg huiswerk), en dat probleem gaan oplossen (het huiswerk in kleinere, hapklare brokken verdelen).

Angela ziet dat Sterling zijn vuisten balt en naar zijn huiswerk gromt. Ze kan zeggen: 'Ik merk dat je nu *gefrustreerd* bent.' Nancy kan tegen Joshua zeggen: 'Ik merkte dat je een tijdlang onder aan de trap aarzelde. Leiden *die enge gedachten* je af van het naar je kamer gaan?' Al kan tegen Beth zeggen: 'Ik merk dat je hersenen je *nieuwe zorgelijke gedachten* geven.'
Door angst in al deze vormen en situaties te observeren, leert Beth bijvoorbeeld dat haar gevoelens en gedachten verbonden zijn aan gebeurtenissen, soms willekeurig. Ze leert dat angst steeds terugkomt, maar met verschillende 'oorzaken': twee weken geleden ging het allemaal over hondenpoep, vorige week draaide het om bacteriën op de kraan in de badkamer, deze week gaat het over koolstofmonoxide. Ze kan het draaimoleneffect van deze gevoelens en gedachten gaan zien: daar komt die gedachte weer, – en nu deze.
Beth kan dan een gevoel van haar eigen bestaan krijgen tegen de ach-

tergrond van deze steeds verschuivende gedachten en gevoelens. Om terug te komen op de gezichten/vaasvergelijking: Beth plaatst zich op de voorgrond, terwijl haar mentale gebeurtenissen op de achtergrond zijn. Gedachten en gevoelens zijn niet weggenomen. Ze zijn er nog steeds. Sommige kunnen immers nuttig zijn. Maar ze vormen niet langer het middelpunt van haar leven – in plaats daarvan neemt zij die centrale plek in.

Wijzen op het veranderende landschap van haar angsten helpt Beth de gedachten en gevoelens zien wat ze zijn: haar overijverige hersenen die voor haar proberen te zorgen door haar op al die potentiële gevaren in de wereld te wijzen. Dit soort ordenen moet gedaan worden met zowel tact en medeleven als geduld.

Dit is bijvoorbeeld een observatie die feitelijk en meelevend is: 'Koolstofmonoxide [door specifiek te zijn geeft Pa aan dat hij echt heeft geluisterd]. Wauw, dat lijkt me een enge gedachte om te hebben. Jouw hersenen werken heel hard om jou en de rest van ons veilig te houden.' Pa moet dan de neiging nog meer te zeggen sterk onderdrukken om Beth de kans te geven hierop in te gaan. Als ze dat niet doet, is het niet erg. Het plaatje is uitgebreid. Pa zal andere kansen krijgen om tussen neus en lippen door een observatie te geven als respons op Beth's zorg hoe een gebeurtenis (bedtijd) verbonden is met gevoelens en gedachten (koolstofmonoxidevergiftiging) en handelingen of bedoelingen (controleren of de koolstofmonoxidedetector werkt of een ander ritueel opvoeren). Nogmaals, het voornaamste is je kind bewust maken van haar patronen en haar te laten weten dat jij, de ouder, de situatie mindful behandelt, dat er met respect en medeleven naar haar zorgen wordt geluisterd, en dat jullie beiden afstand kunnen nemen om hierover na te denken in plaats van gewoon voortgedreven te worden als een cowboy door de kudde.

DE ANGSTBRIL

Dit is mijn variatie op de metafoor van Steve Hayes over 'kijken door versus kijken naar een gedachte' (Hildebrandt e.a., 2007). Op een middag reed ik door de stad op zoek naar een bepaalde winkel. Nadat ik verschrikkelijk verdwaald was, zette ik de auto aan de kant, haalde een kaart tevoorschijn, zette mijn leesbril op en bepaalde waar ik zijn moest. Ik borg de kaart op en draaide de rijbaan weer op. Meteen wist ik dat er iets goed mis was; de gebouwen golfden en draaiden; alles was verwrongen. Het duurde een paar tellen voordat ik me realiseerde dat ik vergeten was mijn leesbril af te zetten. Ik zette hem af en mijn gezichtsveld werd snel weer normaal.

Prisma's en lenzen, zoals in een bril, veranderen de informatie die de ogen binnenkomt. Dit kan visuele scherpte verbeteren of vervormen (bijvoorbeeld als je een bril op sterkte van iemand anders opzet).

Een van de favoriete psychologische experimenten is studenten een bril laten opzetten die hun gezichtsveld naar rechts of links verschuift, of omdraait zodat links rechts wordt of die het gezichtsveld omdraaien

OEFENING: BRIL

Bij deze oefening heb je een bril nodig. Dat kan een duikbril zijn of een zonnebril of een bril op sterkte die het gezichtsveld verandert. Je hebt ook wat kleine stickers nodig, gekleurde folie of andere dingen die je op de brillenglazen kunt plakken. Kleine plastic insecten zijn ideaal.

1 Zet om de beurt de bril op – eerst je kind, dan jij. Laat je kind de verandering gedetailleerd beschrijven. Laat haar haar hoofd heen en weer bewegen en naar verschillende dingen kijken vanaf verschillende afstanden. Hoe beïnvloedt beweging of afstand of kleur wat ze ziet? Hierna beschrijf jij wat jij ziet met de bril op.

2 Plak wat dingen op de brillenglazen, op één of op allebei. Probeer verschillende kleuren uit, stickers die het zicht beperken, kleine plastic insecten die ineens gigantisch en gemeen lijken van zo dichtbij. Hoe reageert je kind op die dingen? En jij? Kijk maar hoe moeilijk het is naar de wereld te kijken en je erop te concentreren als er een gigantische vlieg recht voor je zit.

3 Vergelijk de veranderingen in het zien met de manier waarop angst (of boosheid of verdriet) iemands perspectief op de wereld kleurt of verandert. Praat over de manier waarop jouw zienswijze (de manier waarop je de innerlijke en uiterlijke wereld waarneemt) veranderd kan worden door die emoties of door bepaalde gedachten (bijvoorbeeld: 'Het is niet eerlijk'). Wijs erop dat een veeg op je bril irritant kan zijn, maar dat het geen probleem in de buitenwereld is. Het probleem zit 'm in waar jij je op richt.

---

zodat de wereld op zijn kop lijkt te staan. De studenten moeten dan bepaalde opdrachten doen zoals een object aanraken. Natuurlijk is dat erg moeilijk. Maar met oefening en tijd voor de hersenen te wennen aan het nieuwe zicht, worden de studenten beter in die opdrachten. Deze verbetering heet *aanpassingsvermogen*.

Na de eerste onbeholpen aanpassingsperiode konden de studenten met veel effectiviteit de gestelde opdrachten uitvoeren. In sommige experimenten konden de studenten een paar dagen wennen aan hun bril. Na een tijdje konden ze aantekeningen maken tijdens college, of fietsen, zelfs met een bril die hun wereld ondersteboven en achterstevoren draaide! Hun hersenen en spieren hadden zich aan de verwrongen omstandigheden aangepast. Maar toen de studenten hun bril afzetten aan het eind van het experiment, waren ze opnieuw gedesoriënteerd en moesten zich opnieuw aanpassen aan een normale visuele omgeving. Dit heet *after-effect* (nawerking).

Op vergelijkbare wijze kijkt je kind naar de wereld door een angstiggekleurde bril als ze angstig wordt. Er is een bepaalde vervorming die als werkelijkheid wordt beschouwd. Toen ik wegreed, wist ik dat de gebouwen niet golfden en draaiden. Mijn directe aanname was dat ik een beroerte of een andere ernstige hersenaandoening kreeg. Maar jouw kind gelooft dat wat ze waarneemt, echt is; dat is hoe de dingen zijn. Er is gevaar boven aan de trap. Er zijn dodelijke bacteriën op die deurknop. Die specifieke reacties komen voort uit het idee dat de wereld echt zo'n vreemde en gevaarlijke plek is en zijn vaak nutteloos en komen je duur te staan.

Maar als je kind kan inzien dat er een bepaalde mate van vervorming optreedt, dat door een deel van haar hersenen de wereld eng *lijkt*, dan is ze misschien in staat *recht naar* die gedachten en gevoelens te kijken (bijvoorbeeld: 'Ik heb die "ik word ziek als ik de deurknop aanraak"-gedachte') in plaats van *door* de lens van angstige gedachten en gevoelens te kijken en de wereld gekleurd en vervormd te zien: 'Ik *word* ziek als ik die deurknop aanraak.'

Ik vertel kinderen dat die angstbril (of woedebril of wat dan ook) soms heel stevig op je hoofd vastzit en dat afzetten dan heel moeilijk is. Om een of andere reden zijn die vervelende gedachten en gevoelens vandaag gewoon heel sterk en met heel veel. En, zelfs als je de bril niet nu meteen afkrijgt, weet je wel dat de wereld niet eng en verontrustend en verwarrend is, maar dat dat zo lijkt door de bril. Door jezelf gewoon te vertellen 'Het is de bril maar' kan je genoeg afstand tussen jou en een gedachte of gevoel creëren zodat je een beetje bewegingsruimte krijgt om een betere keuze te maken – om responsief en niet reactief te zijn.

Joshua en zijn moeder speelden met dit idee. Ze vonden Joshua's duikbril met blauwe glazen. Ze dwong hem niet de bril op te zetten als hij angstig was over naar boven of naar bed gaan. Dat kan opgevat worden als straf of een vernedering. Ze probeerden de bril gewoon een tijdje uit op momenten dat Joshua niet angstig was. Ze zagen dat de kamer blauw leek als ze de bril opzetten, maar dat dat verdween naarmate ze de bril langer ophadden (aanpassingsvermogen). Ze merkten dat de kamer een soort gelige tint kreeg nadat ze de bril afdeden (after-effect). Ze praatten erover dat hij op sommige ochtenden door een onzichtbare 'zenuwachtige bril' keek, waardoor de wereld er eng uitzag terwijl dingen misschien niet zo gevaarlijk waren als ze leken. 'Eng' zit binnen in Joshua en zijn gedachten en gevoelens zijn wat ze zijn en hoeven niet echt te veranderen. In plaats daarvan probeert Joshua's moeder zijn aandacht en energie te laten richten op de buitenwereld. Die wereld heeft zo zijn uitdagingen – voor Joshua voelt alleen naar boven gaan heel eng – maar zijn ervaring leert dat het allemaal niet zo gevaarlijk is als het soms lijkt.

6.6 • SAMENVATTING EN VOORUITBLIK

Bij responsief ouderschap gaat het om op dezelfde golflengte zitten als je kind, oplettend zijn en accepteren wat er op dat moment gaande is. In onze verwoede pogingen alles te bereiken wat we moeten bereiken, worden sommige gedachten en gevoelens beschouwd als problemen en beperkingen. Dit verhoogt de frustratie van jou en van je kind en er ontstaat meer afstand tussen jullie en effectieve communicatie en probleemoplossing (als er een probleem is) en minder afstand tot pogingen gedachten en gevoelens te beheersen. Dit zou te verdragen zijn als het je dichter bij je kind zou brengen, maar eerder het tegenovergestelde is het geval. Jij en je kind kijken naar elkaar door lenzen die vervormen wat jullie allebei meemaken, maar door aanpassingsvermogen lijkt die vervorming normaal. Gewoonte heeft de angstdans geautomatiseerd.

Mindfulness en defusie brengen je in contact met wat er eigenlijk aan de hand is zonder ermee te hoeven worstelen. Deze technieken vergroten je kennis van waar je eigenlijk wel en niet mee te maken hebt. Het beoefenen van mindfulness biedt een bepaalde kalmte, een verschuiving van aandacht die je waarden en doelen op de voorgrond zet. Ik citeer nogmaals de zin 'bewustwording biedt keuzemogelijkheden'. Door meer responsmogelijkheden voor een bepaalde situatie kun je je losmaken van reacties en de oude, niet-effectieve angstdans achter je laten.

In het volgende hoofdstuk zal ik een aantal basisstrategieën voor proactiviteit tegenover de angst van je kind beschrijven zodat probleemreacties helemaal vermeden kunnen worden. Daaronder vallen nog wat ademhalings- en ook spieroefeningen die er niet op gericht zijn angst te ontvluchten of te beheersen, maar jou en je kind helpen het gevoel terug te krijgen van gedragsbeheersing als angst opduikt. Ik zal het ook hebben over het belang van goede sociale vaardigheden. Je kind heeft in haar leven vele danspartners. Als deze relaties goed gaan, als ze effectief en positief kan omgaan met anderen terwijl ze angstig en gestrest is, zal dit haar zelfvertrouwen bevorderen en haar vangnet vergroten. Deze strategieën aanleren en bevorderen is de tweede fase van je gedragsveranderingscampagne: gepaste zelfbeheersing toepassen en hulp van anderen krijgen op een manier die in het verlengde ligt van je waarden en doelen.

7

Basisvaardigheden voor angstige kinderen en ouders

Dit hoofdstuk heeft twee doelen. Allereerst zal ik het hebben over het belang angstige kinderen sociale vaardigheden aan te leren. Ten tweede zal ik je enkele eenvoudige ademhalingstechnieken en spieroefeningen geven die angst en andere zorgelijke gedachten of gevoelens (jouw eigen en die van je kind) een beetje afvlakken.

Deze vaardigheden bieden jou en je kind effectieve middelen voor omgang met situaties die jullie tegenkomen – zelfs tijdens krachtige emoties en gedachten, zoals vrees en angst.

De sociale vaardigheden moeten proactief en responsief ingezet worden. Beter kunnen opschieten met anderen zal de hoeveelheid conflicten en stress in het leven van je kind verminderen en ook de vrees en angst door die omstandigheden. Goede sociale vaardigheden helpen je kind reageren op angstige en stressvolle situaties op een effectievere en positievere manier (door bijvoorbeeld op gepaste wijze te communiceren over gevoelens en behoeften en hulp te vragen). Daarnaast helpen sociale vaardigheden kinderen succesvol om te gaan met leeftijdsgenootjes, zodat het zelfbeeld en zelfvertrouwen vergroot worden.

De technieken voor ademhaling en spieren zijn bedoeld om jou en je kind te helpen omgaan met vrees en angst; ze helpen je tijd te rekken en stellen je in staat een momentje stil te staan en terugval in de oude en nutteloze dans te vermijden. Je zal juist beter een stapje terug kunnen doen en naar de grotere situatie kunnen kijken, meer naar het *proces* dan naar de *inhoud*, en contact te houden met je waarden en doelen. Op dat moment heb je toegang tot veel meer opties – meer mogelijkheden en meer keuzes voor je volgende stap.

Helemaal in de lijn van het ACT-model, is het niet de bedoeling om te voorkomen dat je kind ooit weer angstig wordt of dat je van angst afkomt. Dat zou gewoon meer niet-effectieve vermijding en geen beheersing betekenen. Het doel is juist jullie maximaal responsief te maken voor de problematische situatie. Het aandachtspunt ligt op werken aan het probleem, als dat er al is, en zo goed mogelijk met de situatie omgaan, ongeacht wat jij en je kind op dat moment denken en voelen.

Ja, tegenslag kweekt karakter. Maar we willen de gebruikelijke vrees en angst van je kind verminderen door hem een effectief, *committed*, doelgericht leven te helpen leiden en gaandeweg alle uitdagingen (of tegenslagen) te accepteren om die doelen te bereiken. Jij biedt hem de middelen – effectieve communicatie en probleemoplossende vaardigheden – om dit te kunnen doen. Zelfvertrouwen en zekerheid zijn het tegengif van angst.

Het leren van deze sociale vaardigheden en zelfregulatietechnieken is fase 2 van je gedragsveranderingscampagne. Fase 1 was bewustwording en begrip vergroten van situaties die angstige gedachten en gevoelens, en dus de angstdans, oproepen. In werkelijkheid komen deze fasen nooit tot een einde, omdat nieuwe uitdagingen opdoemen tijdens het opgroeien. Jij en je kind zullen altijd streven naar zelfbegrip in het licht van die uitdagingen. Nieuwe vaardigheden moeten worden aangeleerd om effectief te blijven in je leven. De vaardigheden en technieken die ik in dit hoofdstuk bespreek helpen bij dat proces.

7.1 • FASE 2: SOCIALE VAARDIGHEDEN EN TECHNIEKEN LEREN

Zelfs als je kind geen sociale angst heeft, krijgt hij te maken met vele situaties waarin hij met anderen moet omgaan op een manier die veel angst kan veroorzaken. Zoals nieuwe vriendschappen sluiten of bestaande vriendschappen onderhouden, omgaan met conflicten zoals gepest worden of dagelijkse meningsverschillen met speelkameraadjes, en omgaan met bekende of onbekende volwassenen. Het vermogen dit succesvol te doorstaan, vermindert angst zowel op het moment zelf als voorafgaand aan sociale uitdagingen, en leidt tot meer zelfvertrouwen (Rapee e.a., 2000).

Ik gebruik een brede definitie van *sociale vaardigheden*. Naast de bekende soorten als 'met leeftijdsgenootjes kunnen opschieten' en 'netjes begroeten' vind ik ook dat vele dagelijkse ouder-kindinteracties en confrontaties met broers of zussen bepaalde sociale vaardigheden vereisen. Abby beheerst bijvoorbeeld niet de sociale vaardigheid van iemand aankijken en gedag zeggen als ze begroet wordt. Daarnaast moet ze zich de vaardigheid om hulp te vragen nog eigen maken.

Sommige kinderen (of volwassenen) hebben een bepaalde sociale vaardigheid wel in hun gereedschapskistje (iemand aankijken bij het luisteren bijvoorbeeld), maar gebruiken die niet altijd of misschien helemaal niet. We kunnen een kind leren om iemand aan te kijken of een handje te geven en gedag te zeggen, maar om dat echt te laten werken op het juiste moment en niet mechanisch, moet hij een basaal begrip hebben van het moment en de reden om die vaardigheden te gebruiken. Dit sociale begrip ontbreekt bij sommige kinderen door hun cognitieve stijl; het ontbreekt ook bij alle kinderen op een bepaalde leeftijd. Een sociale vaardigheid is weten *hoe*: ik weet hoe ik iemand moet begroeten of een conflict oplossen. Sociaal begrip is weten *dat*: ik weet dat ik iemand moet begroeten, ik weet dat ik een conflict kan oplossen. Deze bewustwording is essentieel als sociale vaardigheden op het juiste moment gebruikt moeten worden.

Michelle Winner, een logopediste, heeft jarenlang sociaal begrip (of 'sociale cognities,' zoals zij ze noemt) bestudeerd en hoe dit verband houdt met het leren en juist toepassen van sociale vaardigheden (Winner, 2002). Winner werkt met kinderen en jongvolwassenen met een heel scala aan aandoeningen, zoals aspergersyndroom, non-verbal learning disability (NLD), ADHD en leerproblemen. Deze mensen missen waarschijnlijk de cognitieve vaardigheden voor effectieve sociale interactie – in het bijzonder nadenken over gedachten en gevoelens en het standpunt van een ander innemen uit hoofdstuk 2.

Alle kinderen worstelen met perspectief voordat de frontale kwab goed functioneert, zo rond de tijd dat ze met de kleuterschool beginnen. We kunnen heel jonge kinderen veel dingen leren zeggen en doen, waaronder sociale vaardigheden, maar die vaardigheden onafhankelijk, flexibel en in nieuwe situaties kunnen gebruiken, vereist mentale functies die redelijk verfijnd zijn en, 'op bepaalde leeftijden', erg inspannend. Ik plaats 'op bepaalde leeftijden' tussen aanhalingstekens om te benadrukken dat ik niet alleen chronologisch jonge kinderen bedoel, maar ook kinderen die tijdens stress of angst, een regressie doormaken naar een veel jongere leeftijdsgroep.

Wanneer je kind ook maar enigszins een regressie doormaakt als hij angstig of bang is, zullen zijn sociale vaardigheden en begrip waarschijnlijk ook die regressie doormaken, of misschien wel helemaal verdwijnen. En als het vermogen over zijn gedachten en gevoelens na te denken hem ontbreekt, zijn sociale vaardigheden de dupe. Aan de ene kant leidt sociale mislukking tot frustratie en het onvermogen hulp van anderen te krijgen; uiteindelijk krijg je dus meer angst. Aan de andere kant, vergroot sociaal succes het gevoel van zelfvertrouwen en zekerheid; het stelt je kind ook in staat hulp van anderen te vragen en te gebruiken.

SOCIALE VAARDIGHEDEN EN BEGRIP IDENTIFICEREN EN STEUNEN

Zoals ik al zei, gaan sociaal begrip en de basisvaardigheden om een bepaald perspectief in te nemen hand in hand, en je kind gebruikt ze misschien perfect onder de juiste omstandigheden: weinig stress, bekende mensen, gebruikelijke routines. Maar als je kind een sociale taak niet goed uitvoert, en angst blijkt de grote boosdoener, dan moet je zijn sociale begrip op dat moment bekijken en van daaruit een sociale vaardigheid bevorderen. De twee basistechnieken daarvoor zijn een voorbeeld stellen door zelf een perspectief in te nemen, en op basis van je observatie de volgende stap van je kind voor te stellen.

EEN VOORBEELD ZIJN DOOR ZELF EEN BEPAALD PERSPECTIEF IN TE NEMEN

Veel van wat onze kinderen leren, goed of slecht, leren ze van voorbeelden – en dat begint bij ons, de ouders. Jouw voorbeeld van effectief sociaal begrip en effectieve vaardigheden is belangrijk voor je kind. Een van mijn favoriete technieken om dit te doen is het gebruik van 'Ik vraag me af...'-stellingen: 'Ik vraag me af wat je nu denkt,' 'Ik vraag me af of Timmy weet wat een Termadon is,' 'Ik vraag me af of je leerkracht dit kan lezen.' Of, iets directer, 'Je lijkt zenuwachtig,' 'Timmy lijkt een beetje verward,' 'Je leerkracht verwacht dit te kunnen lezen.' Deze stellingen wijzen je kind op belangrijke informatie in een bepaalde situatie.

Je kunt ook het innemen van perspectief voordoen in je eigen dagelijkse omgang met anderen: 'Ik vraag me af wat je vader op zijn verjaardag wil doen,' 'Mevrouw Smith leek blij om je te zien,' 'Mijn baas was vandaag chagrijnig.'

OP BASIS VAN JE OBSERVATIE DE VOLGENDE STAP VAN JE KIND VOORSTELLEN

Zodra je kind bewust is gemaakt van zijn eigen perspectief of dat van een ander, kun je de volgende stap voorstellen. Bijvoorbeeld: 'Als je zenuwachtig bent, kunnen we misschien wat Darth Vader-ademhalingen doen' (zie verderop) of 'Ik denk dat Timmy je verhaal leuker vindt als je even *kort* uitlegt wat een Termadon is.'

Nogmaals, vanuit je eigen perspectief kun je je kind wijzen op jouw nuttige sociale strategieën: 'Als mijn baas in zo'n chagrijnige bui is, ben ik zeker aardig tegen hem, maar geef ik hem ook wat ruimte.'

7.2 • EEN INLEIDING TOT SOCIALE BASISVAARDIGHEDEN

Sociale vaardigheden zijn meestal contactvaardigheden; dat wil zeggen: er ontstaat een bepaalde verbinding. Omdat angstige kinderen hun vermijdings- en beheersingsvaardigheden (terugtrekken, manipuleren en wegduwen) hebben geoefend, ontbreekt het hen vaak aan goede, toegankelijke contactvaardigheden. Sommige kinderen hebben goede vaardigheden, maar missen flexibiliteit in situaties die niet helemaal volgens plan verlopen. Anderen hebben wel goede vaardigheden, maar herkennen de aanwijzingen niet die bepaalde vaardigheid *nu* te gebruiken. Ten slotte, sociale situaties kunnen een conflictgebied worden tussen kinderen en hun ouders. En conflict brengt angst voort. (In hoofdstuk 9 praten we over omgang met conflicten.)

VERWACHT EN ONVERWACHT GEDRAG

Ik heb de termen 'verwacht' en 'onverwacht' gedrag geleend van Michelle Winner (2002). Deze termen beschrijven respectievelijk wat je wel en niet wilt dat je kind doet. *Verwacht* gedrag is precies wat er staat – wat we verwachten dat ons kind doet. Catherine verwacht dat Abby iemand die haar begroet, aankijkt. *Onverwacht* gedrag is alles wat een kind doet dat raar of ongepast is in de situatie. Mensen die Abby begroeten, verwachten niet dat Abby zich wegdraait en zich in moeders rokken verstopt.

Deze termen gebruik ik om aanduidingen voor kindergedrag zoals 'goed/slecht', 'goed/fout', en 'gepast/ongepast' te vervangen. Verwacht en onverwacht brengen alles over wat je wilt en eist van je kind op dat moment. En ik vind deze termen niet zo moreel zwaar of onbeholpen abstract als uitspraken zoals 'Je hebt het fout gedaan' of 'Dat was ongepast.' Je kunt in plaats daarvan zeggen: 'Wat je deed was onverwacht,' 'Ze had niet verwacht dat je dat deed,' of 'De volgende keer dat ze jou gedag zegt verwacht ik dat je haar aankijkt.' De boodschap moet duidelijk en concreet overgebracht worden met zo weinig mogelijk reden om het zich aan te trekken.

VERWACHT GEDRAG ALS SOCIALE VAARDIGHEID BENOEMEN

Een paar sociale basisvaardigheden kan angst verminderen en de bereidwilligheid vergroten met anderen om te gaan. Als deze vaardigheden geoefend worden tot ze gewoonten worden en de nieuwe, nuttige dans het antwoord op angst wordt, dan treedt verwacht gedrag op de voorgrond dat zelfs geactiveerd kan worden als emoties hoog oplopen. Het resultaat zal je kind aanmoedigen contacten aan te gaan, efficiënter problemen op te lossen en zich zekerder en veiliger te voelen in die vaardigheden. Ik begin altijd het liefst met het leren van kortdurende sociale vaardigheden waar het kind toegang toe heeft en die het zonder veel gedoe kan gebruiken.

De volgende sociale vaardigheden zijn ontwikkeld door Don Jackson en anderen (1993). Je kunt ervoor kiezen de vaardigheden zoals ze hier staan aan te leren, maar je kunt ze ook als voorbeelden gebruiken voor je kind. De vaardigheden die je je kind leert als onderdeel van je gedragsveranderingscampagne moeten de volgende punten bevatten:

- Een vaardigheid moet een naam hebben zodat je die kunt identificeren en erom vragen als dat verwacht wordt: 'Dit is een goed moment om je 'Begroet Iemand-vaardigheid' te gebruiken.'

- Een vaardigheid moet kort duren. Bijvoorbeeld: *Begroet Iemand*, hieronder beschreven, heeft vier stappen; *Ga Er Niet Op In* heeft er vijf; en *Ik Doe Mee Met Anderen* is met zes stappen de langste. De vaardigheden moeten makkelijk te leren, te oefenen, en te gebruiken zijn. Vaardigheden kunnen altijd met elkaar verbonden worden om langere sociale interacties te maken.

- Voor zover mogelijk moeten de stappen van een vaardigheid positieve termen bevatten. Dat wil zeggen dat je je kind vertelt wat je wilt in plaats van wat je niet wilt. Dus als je de *Begroet Iemand*-vaardigheid wilt aanleren, zeg je niet, 'Niet zeuren en op en neer springen', maar: 'Gebruik een vriendelijk gezicht en stemgeluid en houd je lichaam rustig,' of variaties op dat verwachte gedrag.

Hieronder volgt een overzicht van voorbeelden van sociale vaardigheden.

Begroet Iemand
1 Gebruik een vriendelijk gezicht en stemgeluid.
2 Houd je lichaam rustig.
3 Kijk de persoon aan.
4 Begroet de persoon door iets als 'Hallo, hoe gaat het?' te zeggen.

Stel Jezelf Voor
1 Gebruik een vriendelijk gezicht en stemgeluid.
2 Kijk de persoon aan.
3 Vertel de persoon hoe je heet.
4 Vraag hoe de persoon heet.

Ga Er Niet Op In (te gebruiken als iemand vervelend doet)
1 Haal diep adem om kalm te worden.
2 Houd je mond stil.
3 Houd je gezicht vriendelijk.
4 Kijk een andere kant op of loop weg als dat kan.
5 Ga iets anders doen.

Ik Doe Mee Met Anderen
1 Gebruik een vriendelijk gezicht en stemgeluid.
2 Houd je lichaam rustig.
3 Kijk naar wat anderen doen.
4 Wacht geduldig op een goed moment om mee te doen.
5 Vraag of je mee mag doen.
6 Zeg 'alsjeblieft' en 'dankjewel'.

Ik Begin Een Gesprek en Hou Dat Gaande
1 Gebruik een vriendelijk gezicht en stemgeluid.
2 Kijk de persoon aan.
3 Stel vragen over de andere persoon.
4 Vertel de persoon iets over jezelf.

7.3 • SOCIALE VAARDIGHEDEN AANLEREN EN AANMOEDIGEN

Vaak vertellen ouders me over steeds terugkerende conflicten tussen broers of zussen, vaak vechten om iets waarvan er niet veel is zoals het laatste koekje of de aandacht van mama. Als ik zo'n ouder vraag wat ze wil van haar kinderen in plaats van ruzie maken, hoor ik vaak: 'Ik wil dat ze het bijleggen.' Mee eens – maar dan ga ik doorvragen: weten die kinderen *hoe* ze het moeten bijleggen? Weten ze *wanneer* ze het bij moeten leggen? Heeft bijleggen wel *zin*?

LEER DE VAARDIGHEID AAN OOK AL DENK JE DAT JE KIND DIE AL KENT

We gaan er vaak vanuit dat kinderen weten wat ze in een bepaalde situatie moeten doen. Als ze een vaardigheid laten zien – voetballen, staartdelingen, een conflict met hun broer oplossen – gaan we er vanuit dat ze dat op een willekeurig tijdstip opnieuw kunnen. Bij het opstarten van je campagne om angstige reacties in je gezin te verminderen, moet je nergens van uitgaan. Als je wilt dat je kinderen een conflict oplossen, moet je precies aangeven wat dat inhoudt, het aanleren en oefenen tot ze het kunnen, en er dan altijd bovenop blijven zitten, of in ieder geval tot ze het huis uitgaan.

Dit betekent meer werk voor jou dan je in eerste instantie gedacht had toen je je kinderen ging leren iets op te lossen. Het lijkt op het eerste gezicht misschien te veel van het goede, of iets waar je gewoon geen tijd en energie voor hebt, maar nu ben je veel tijd en energie kwijt aan de angstdans. In de komende weken en maanden (en zelfs jaren), is jouw taak als ouder dit soort vaardigheden aan te leren, als investering in het sociale en emotionele succes van je kind, nu en in de toekomst.

STAPPEN VAN HET LEERPLAN VOOR SOCIALE VAARDIGHEDEN

Praat met je kind op een rustig moment – dat we een 'moment om te leren' noemen. Een vaardigheid aanleren en oefenen hoeft niet veel tijd te kosten. Sterker nog, je moet er maar een paar minuten aan wijden en er op een later geschikt tijdstip op terugkomen en de vaardigheid dan doorspreken en weer een paar minuten oefenen. Deze korte maar frequente manier van leren en repeteren is effectiever dan een lange, uitgerekte leersessie.

Gebruik de volgende stappen om je kind een sociale vaardigheid te leren:

1 Ga naar je kind toe op een geschikt moment om te leren.
2 Stel het probleem vast vanuit de standpunten en behoeften van het kind voor zover dat mogelijk is.
'Ik weet dat je het leuk vindt om mensen te vertellen wat je hebt gedaan. Dat vind ik ook leuk. Maar gesprekken kunnen lastig zijn; soms gaan ze supergoed en soms gaan ze niet zo goed. Weet je, een gesprek beginnen en gaande houden is een vaardigheid, net zoals fietsen of je veters strikken. Je moet leren hoe het moet en oefenen om er goed in te worden. Laten we eventjes praten over hoe je dat doet.'
3 Presenteer de vaardigheid.
'Als je een gesprek wilt beginnen en gaande houden, verwachten mensen een vriendelijk gezicht en stemgeluid en dat je de persoon aankijkt – net zoals je nu naar mij kijkt. Doe hetzelfde als het jouw beurt is om te luisteren. Je kunt vragen stellen over de ander en ze de kans geven om te praten. Je kunt de ander iets over jezelf vertellen. Het gaat heen en weer, net zoals overgooien.'
4 Oefen de vaardigheid.
'Laten we oefenen met een gesprek beginnen en gaande houden.'

Wijs je kind op het verwachte gedrag. Herinner je kind op een rustige manier aan stappen die hij overslaat. Laat het natuurlijk en leuk zijn.

DE VAARDIGHEID INSEINEN

Zoek kansen om het gebruik van de vaardigheid die je geoefend hebt in te seinen. Bijvoorbeeld: Sterling en zijn moeder zijn bij een bijeenkomst van de kerk. Er zijn ook wat jongetjes van Sterlings leeftijd. Angela stelt zachtjes voor dat Sterling op een van de jongetjes afstapt, zich voorstelt en dan een gesprek begint en gaande houdt. Ze herinnert hem snel aan de stappen die hij moet zetten, wenst hem veel plezier, en geeft hem een duwtje in die richting, terwijl ze de hele tijd mindful ademhaalt om zich op Sterling te blijven concentreren en niet op haar eigen angst als ze hem de zaal ziet oversteken.

DE VAARDIGHEID AANMOEDIGEN

Tijdens de eerste fases van het aanleren en gebruiken van een vaardigheid, is te verwachten dat het een beetje onbeholpen en niet zonder problemen of zelfs terugval verloopt. Dit is het moment je kind aan te moedigen de vaardigheden te gebruiken en niet op te geven. De oude angstdans heeft zich in zijn leven gevestigd omdat het werkte; de behoefte aan snelle vermijding, beheersing en overleving van iedereen werd bevredigd. Je bent je bewust van wat de dans je kost en daarom streef je ernaar die te veranderen. Maar de aantrekkingskracht van vermijding en beheersing zal er voor jou en je kind altijd zijn. Snelle verlichting is verslavend. Ontsnappen aan een situatie die vrees oproept, zorgt voor een onmiddellijke afname van die vrees, een golf van opluchting. Dit is het krachtige model van negatieve bekrachtiging uit hoofdstuk 3.

Om een gesprek te beginnen en gaande te houden, om hulp te vragen als je gefrustreerd bent, of een andere vaardigheid eigen te maken en de oude danspassen te vervangen, moeten deze vaardigheden je kind iets goeds opleveren. Dit betekent dat de belangrijke volwassenen in zijn leven erop moeten toezien dat hij die vaardigheden gebruikt ('Ik zag dat je een gesprek met Eric begon') en hem moeten steunen en aanmoedigen ('Ik ben heel trots op je dat je er zo net niet op inging').

DOE GOEDE SOCIALE VAARDIGHEDEN ZELF VOOR

Het is duidelijk dat je de belangrijkste informatiebron bent voor je kind hoe hij met situaties moet omgaan. Misschien besluit hij later precies het tegenovergestelde te doen van waar jij waarde aan hecht en wat jij doet. Daar is de puberteit voor. Maar nu moet jij zelf verwachte sociale vaardigheden voordoen – met hem, met andere gezinsleden, met vrienden, kennissen en vreemden.

7.4 • ADEMHALING EN ONTSPANNING GEBRUIKEN OM MET ANGST OM TE GAAN

Vanuit ACT betekent de omgang met angstige gevoelens en gedachten dat je jouw op waarden gebaseerde doelen op de voorgrond laat treden, terwijl je gedachten en gevoelens zich terugtrekken (maar waarschijnlijk niet helemaal verdwijnen). Je hoeft niet van je angst af te komen om effectief te kunnen handelen. Metaforen zoals de angstbril zijn bedoeld om wat afstand te creëren tussen die verontrustende gedachten en gevoelens van jou en je kind, zodat jullie die kunnen afschudden en iets gedaan krijgen.

Deze scheiding biedt je de ruimte te bekijken wat er aan de hand is in plaats van zomaar te reageren. Ik zie het als schakelen in een auto. Je trapt de koppeling in om de versnellingen uit elkaar te halen en verplaatst de versnellingspook dan van de ene positie naar de andere. Je laat dan de koppeling los om de versnellingen weer in elkaar te laten grijpen en de auto in beweging te krijgen. Dit ging erg onbeholpen toen je dit voor het eerst probeerde – veel schokken en stilstaan – maar je leerde het uiteindelijk soepel en automatisch doen.

De volgende ademhalings- en spierontspanningsoefeningen lijken op het schakelen terwijl je autorijdt. Ze zijn het koppeling-intrappengedeelte van het schakelen. Deze technieken kunnen een ruimte of een pauze inlassen die jou en je kind een beetje ruimte en flexibiliteit geeft om snel je opties te bekijken en je respons te kiezen. Maar de bedoeling is niet dat je de koppeling intrapt en je voet daar vervolgens laat staan. Het doel van autorijden is ook niet schakelen; het doel is *ergens te komen*. Gebruik van de koppeling en versnelling zijn de middelen voor het doel om op je bestemming komen. Ze zijn niet de bestemming zelf – niet als je ooit van je oprit af wilt komen.

Op dezelfde manier zijn ademhalings- en spierontspanningsoefeningen geen nieuwe manieren om angst te vermijden of te beheersen, noch zijn ze bedoeld als afleiding van die gedachten en gevoelens. Deze technieken zijn meer een middel om je hersenen, en die van je kind, een kans te geven zich weer te richten op wat er toe doet – de door jou gewaardeerde richting, je doelen en de effectieve respons die de situatie nodig heeft.

Het klopt dat ademhalings- en ontspanningsoefeningen angstige opwinding iets afvlakken en de aandacht van de hersenen terugbrengen tot wat belangrijk is: de door jou gewaardeerde richting en doelen. Dat is heel goed. Maar ik wil benadrukken dat het echte doel van deze technieken is, jou en jouw kind de aandacht weer helpen richten op omgaan met de situatie en responsief te zijn in plaats van zomaar te reageren.

Laten we even teruggaan naar de vecht-of-vluchtreactie uit het eerste hoofdstuk. Het brein, of de hersenen, en het lichaam communiceren continu; de hersenen houden de lichaamstemperatuur, lichaamshouding, spierspanning, het niveau van zuurstof, koolstofdioxide en suiker in het bloed en vele andere dingen, in de gaten. Er worden constant aanpassingen gemaakt. De hersenen gebruiken informatie uit het lichaam om te weten wat er gebeurt en wat er gebeuren moet. Denk even terug aan het brein van een kind met een voorgeschiedenis van paniek, dat een snel kloppend hart en versnelde ademhaling van het spelen in de pauze, als een teken van gevaar kan zien: 'Is er iets waar ik bang voor moet zijn?' Het brein zal altijd de kant van potentieel gevaar kiezen. Dat is z'n werk – jou, en zichzelf, in leven houden. Er is alarm geslagen en de vecht-of-vluchtrespons schiet in werking.

Er is weinig geruststellends dat je kind tegen zijn hersenen kan zeggen als die psychologische gebeurtenissen eenmaal in werking zijn gezet. Maar, de hersenen luisteren wel naar het lichaam.

Als je kind zijn hersenen een boodschap kan sturen dat alles hier beneden in orde is, kunnen de hersenen ontspannen en de hoogste alarmfase afblazen en het zenuwstelsel kan naar zijn normale status terugkeren. Om dit te bereiken kan je kind twee belangrijke en goed beheersbare lichaamsfuncties gebruiken: ademhaling en spierspanning.

Allebei worden beïnvloed door de vecht-of-vluchtreactie. Ik leg een kind uit dat zijn hersenen, overtuigd van gevaar, zijn ademhaling en spierspanning bevolen hebben zich voor te bereiden op vechten of vluchten als reactie op waargenomen dreiging. We kunnen allemaal rationeel besluiten dat er geen echt gevaar is, en zijn taak is nu de gevaardetector van zijn hersenen zachter te zetten of helemaal uit te zetten. Om dit te bereiken moet hij de lichaamsfuncties die hij onder controle heeft (ademhaling en spierspanning) gebruiken om een boodschap naar zijn hersenen te sturen dat hij niet in gevaar verkeert. Daarna kan hij tegen zijn hersenen zeggen: 'Hartelijk bedankt voor je bezorgdheid.'

ADEMHALINGSOEFENINGEN

De ademhaling is natuurlijk belangrijk om te blijven leven, maar ook een belangrijk onderdeel van de vecht-of-vluchtreactie. Onze ademhaling wordt sneller en oppervlakkiger bij de eerste tekenen van angst. Er kan een vicieuze cirkel ontstaan waarin de hersenen denken dat we in gevaar verkeren en alarm slaan, en de natuurlijke reacties van het lichaam op dit alarm (waaronder snelle, oppervlakkige ademhaling) worden door de hersenen beschouwd als bewijs voor gevaar, en de alarmstatus wordt in stand gehouden. We moeten het alarm uitzetten door de hersenen het bewijs te leveren dat we prima in orde zijn. Dit doen we door twee dingen te beheersen: onze ademhaling en onze spieren.

Net zoals de mindfulnessademhalingsoefening, moeten de onderstaande oefeningen enkele minuten per dag door jou en je kind samen gedaan worden. Probeer ze allemaal uit als vrees en angst de kop op steken. Bepaal aan de hand van je eigen ervaring welke jullie het beste vinden.

Benadruk de uitademing om de vecht-of-vluchtrespons te blokkeren
Inademing brengt zuurstof binnen; uitademing stoot koolstofdioxide uit. Een opeenhoping van koolstofdioxide in de bloedstroom kan angstige opwinding activeren en in stand houden (Woods e.a., 1988). Als iemand angstig of bang is, kan het nuttig zijn om zijn uitademing te benadrukken – dus zoveel mogelijk lucht uitblazen, en dan nog een beetje. Dit moet natuurlijk niet gedaan worden totdat je flauwvalt. Het gaat er meer om aandacht te besteden aan de uitademing. En een laag kooldioxidegehalte in het bloed valt niet te rijmen met angstige opwinding. Er zijn verschillende leuke manieren om een lange, vaste uitademing te ontwikkelen.

OEFENING: FLUITEN, MOLENTJES EN BLAASPIJPJES

Als je een deuntje fluit oefen je de controle over je ademhaling. Je kunt ook spelletjes doen met molentjes en blaaspijpjes, het speelgoed in de vorm van een pijp met een klein mandje en een balletje waar je in blaast om het balletje boven het mandje in de lucht te houden.

OEFENING: WATTENBOLLETJESVOETBAL

Een andere leuke manier om een lange, vaste uitademing te oefenen is wattenbolletjesvoetbal, dat gespeeld wordt met een wattenbolletje en rietjes. Dit kan gespeeld worden met twee teams van één tot drie spelers – met meer spelers knallen ze met hun hoofden tegen elkaar. Elke speler heeft een rietje. De bedoeling is het wattenbolletje over de tafelrand van het andere team te blazen.

1 Maak een gladde, platte ondergrond leeg. (Koffietafels en keukentafels zijn erg geschikt.)

2 Plaats het wattenbolletje in het midden van de tafel.

3 De teams nemen elk tegenover elkaar plaats aan een kant van de tafel.

4 Op jouw teken blazen de spelers door hun rietje en proberen de bal naar de andere kant van de tafel over de rand te blazen.

Gewone buik- of middenrifademhaling

Buikademhaling laat je bewust worden van de ademhaling en helpt je een langzaam en regelmatig ritme te houden. De meeste kinderen, en veel volwassenen, denken dat we ademen door de borst en schouders op en neer te bewegen. Eigenlijk ademen we met een koepelvormige spier, het middenrif, die helemaal onder aan de ribbenkast zit. Deze spier lijkt op het grote hoedje van een portobellopaddenstoel en zit vast aan de onderkant van de longen. Als we inademen, wordt het middenrif plat waardoor de longen naar beneden getrokken worden en er negatieve druk in de borstholte ontstaat zodat er lucht naar binnen stroomt. Als het middenrif zijn koepelvorm weer terugkrijgt, worden de longen samengeperst en de lucht wordt uitgestoten.

OEFENING: BUIKADEMHALING

Om elke ademhaling het meest te benutten, zet je je buik op elke ademhaling een beetje uit, zodat het middenrif ruimte krijgt om plat te worden. Dit is een heel eenvoudige techniek om aan te leren en te doen. Jij en je kind kunnen dit samen doen. Denk er wel om dat je ademhaling rustig moet zijn, natuurlijk, regelmatig en comfortabel – niet heel energiek of gejaagd.

1. Ga comfortabel op een stoel zitten met je rug recht en je voeten op de grond.

2. Zoek met een vinger je navel, prik er even in en plaats je andere hand op je buik, vlak boven de plek waar je vinger is.

3. Adem in. Stel je voor dat je terwijl je inademt een ballon opblaast die tegen je hand uitzet. Blijf deze ballon opblazen tot je helemaal hebt ingeademd.

4. Adem uit en laat de ballon leeglopen tot je buik onder je hand een beetje ineenzakt.

5. Herhaal.

Acht tot tien ademhalingen zijn genoeg voor één sessie. Oefen een paar keer per dag; 's ochtends en 's avonds voor het slapengaan is het beste.
Een goede andere manier om buikademhaling te oefenen, is liggend op je rug. Dit kan je kind goed oefenen als hij 's avonds in bed ligt. (Oefen eerst zelf voordat je het aan je kind leert.)

1. Laat je kind op de rug liggen.

2. Leg zijn hand of een klein, licht ding op zijn buik vlak boven zijn navel. (Een badeendje is ideaal.)

3. Laat hem de buikademhaling doen. Als je kind inademt, komt het eendje omhoog alsof er het op een golfje zit. Als hij uitademt, zinkt het eendje weer naar beneden.

Buikademhaling is een heel goede manier om het lichaam onder controle te krijgen en de hersenen gerust te stellen als die alarm slaan. De buikademhaling kun je overal en altijd doen zonder dat het opvalt.

OEFENING: DE DARTH VADER-ADEMHALING

De Darth Vader-ademhaling is mijn benaming voor de yoga-ademhaling die *ujjayi* heet (wordt uitgesproken als oe-djaj). Hierbij versmal je een plek hoog achter in de keel vlak achter en onder de neus. Dit veroorzaakt een zacht geluid van stromende lucht als je in- en uitademt. Als je te laag in de keel zit ga je grommen en als je te hoog in de neus zit, krijg je een snurkgeluid. Sommige mensen beschrijven het geluid als golven van de zee die af en aan rollen. De oefening is eenvoudig:

1 Terwijl je je keel hoog achterin een beetje versmalt, adem je in.

2 Blijf de achterkant van je keel versmallen en adem weer uit.

3 Herhaal vier of vijf keer.

Doordat je de keel versmalt, wordt de luchtstroom iets beperkt, de ademhaling vertraagt en er ontstaat een lange, gelijkmatige in- en uitademing. *Ujjayi*-ademhaling maakt het moeilijk om lucht te happen, net zoals je vloeistof door een rietje zuigt. Daarnaast maakt het geluid je bewuster van je ademhaling: langzaam, snel, regelmatig, schokkend. Door oefening zullen jij en je kind een lange, regelmatige en soepele ademhaling krijgen die niet past bij de vecht-of-vluchtrespons.

OEFENING: DE REUZENRADADEMHALING

Dit wordt bij yoga ook wel de vierkantsademhaling genoemd, hoewel het in werkelijkheid meer een rechthoek is. Stel je een reuzenrad voor, dat langzaam ronddraait, aan één kant naar beneden, aan de andere kant naar boven. Stel je voor dat je erin zit en hij stopt – en daar zit je dan helemaal bovenin in het bakje. Nu begint het rad weer te draaien en je daalt af. Voor de reuzenradademhaling moet je het volgende doen:

1 Adem gewoon in en tel per seconde. Je kunt tot drie, vier of vijf tellen tot je volledig hebt ingeademd. Het maakt niet uit hoe lang de ademhaling is.

2 Adem uit, terwijl je weer telt – één, twee, drie, vier. Doe dit een aantal keer, gewoon in- en uitademen terwijl je telt.

3 Adem nu in tot het einde van je ademhaling en houd vast terwijl je telt 'één, twee' – weer één tel per seconde.

4 Adem je helemaal leeg. Op de bodem van je uitademing, stop je en je telt weer –'één, twee.'

5 Herhaal stap 3 en 4 een keer of vier, vijf.

Net zoals het reuzenrad dat stilstaat, komt je ademhaling omhoog, staat stil, gaat naar beneden, staat stil, gaat weer omhoog, staat stil, enzovoorts. Deze korte pauze moet niet een inspannende of krampachtige handeling zijn en je moet zeker niet je adem inhouden.
Het is gewoon een pauze, net zoals een schoonspringer die midden in zijn duik in de lucht hangt, vlak voor de zwaartekracht hem naar het water toetrekt. De bedoeling is dat je ritme, beheersing en mindful bewustwording van je ademhaling krijgt.
Oefen de reuzenradademhaling elke dag een paar minuten zoals je de andere technieken oefent. Grijp je kans om de reuzenradademhaling voorzichtig voor te stellen als je merkt dat je kind op een of andere manier angstig of ontdaan is.

OEFENING: DE ALIENADEMHALING

Dit is een heel aparte ervaring. Je gaat ademhalen op de manier van een buitenaards wezen dat niet door de neus en mond ademhaalt, maar door de handpalmen en voetzolen.

1 Ga comfortabel zitten of liggen en adem gewoon. Je handen en voeten plaats je op een manier die jij prettig vindt. Je mag je schoenen aanhouden.

2 Adem mindful: adem door je neus en word je bewust van de tintelende koelte van de lucht als die door je neusvleugels stroomt tijdens de inademing. Merk het subtiele en warme gevoel van de lucht op als je uitademt. Word je bewust van die ervaringen als je in- en uitademt.

3 Visualiseer na een paar ademhalingen je handpalmen.

4 Adem in. Beeld je een gevoel in van beweging van buiten naar binnen. Voel de lucht, koel en tintelend, door je handpalmen en in je handen stromen, en door je armen naar je longen gaan.

5 Adem uit. Beeld je een gevoel in van beweging van binnen naar buiten. Voel de lucht je longen verlaten en via je armen je handpalmen uitgaan, warm en subtiel.
Raar hè? Nu probeer je op dezelfde manier door je voetzolen te ademen.

6 Adem in. Voel de koele lucht je voetzolen instromen en door je benen naar je borstgebied gaan.

7 Adem uit. Duw de lucht op je uitademing helemaal naar beneden en je voetzolen uit, de adem is nu opgewarmd door je lichaam.

Als variatie kun je door je handen inademen en door je voeten uitademen, of andersom. Maak er iets leuks van.
Deze ademhaling is subtiel en kan moeilijk te begrijpen zijn voor jongere kinderen. Voor oudere kinderen kan het juist heel interessant zijn. De alien-ademhaling haalt je uit je hoofd en creëert wat afstand tot het gebruikelijke gekwebbel in je hoofd. Dit kan erg nuttig zijn als jij of je kind moeilijk in slaap kan vallen door drukte in het hoofd.

Een van de vecht-of-vluchtreacties is spierspanning. Die ontstaat als reactie op werkelijke of waargenomen dreiging, en wordt gebruikt als bewijs dat het lichaam echt in gevaar is. Als het vals alarm is, moet deze vicieuze cirkel verbroken worden. Het is makkelijker de spieren van je kind te laten ontspannen dan zijn hersenen direct rustig te laten worden.

Als spieren strakgespannen staan, is het vaak moeilijk ze te ontspannen. Daarvoor moet je ze eigenlijk nog iets meer spannen, zodat de spieren loskomen. Je kunt dit aan je kind uitleggen aan de hand van rolgordijnen. Die moeten eerst een stukje naar boven getrokken worden, voordat ze kunnen zakken. Deze spieroefeningen worden ook wel span-en-ontspan spierontspanning genoemd.

Net zoals de ademhalingsoefeningen moet je deze oefeningen eerst zelf doen, dan aan je kind laten zien en ze dan samen twee keer per dag een paar minuten oefenen – het liefst 's ochtends en 's avonds. Elke oefening is gericht op een bepaalde spiergroep. Het is de bedoeling alleen die spiergroep te gebruiken die in die oefening aan bod komt en de rest van het lichaam ontspannen of in de normale toestand te houden. Als je bijvoorbeeld de Citroenpersen-oefening op pagina 190 doet, is het niet

---

OEFENING: HEEL KLEIN GEZICHT, HEEL GROOT GEZICHT

Hierbij is het de bedoeling de spieren in het gezicht te spannen en dan los te laten.

1 Span de spieren in je gezicht en probeer het zo klein mogelijk te maken terwijl je langzaam tot vijf telt (ongeveer één tel per seconde).

2 Maak dan je gezicht zo groot als je kunt door je mond en ogen te openen, wijd, wijder, nog wijder, weer voor vijf tellen.

3 Ontspan je gezicht tot in de normale stand en doe een buikademhaling.

4 Herhaal twee keer.
Als je het goed doet, tintelt je hele hoofd.

nodig het gezicht of de rest van het lichaam te vertrekken. Hij moet zich alleen maar richten op de 'citroenpersspieren' in zijn handen en onderarmen, en gedeeltelijk in de bovenarmen. De schouders en de rest van het lichaam moeten ontspannen zijn.

OEFENING: DE SCHILDPAD

We hebben vaak veel spanning in onze schouders. We lopen gebogen en van de schouderbladen tot de nek gespannen rond. De houding is bij uitstek die van een gestrest en ontmoedigd persoon. In deze oefening neem je die houding maximaal aan en laat die dan weer los.

1 Trek je schouders op tot aan je oren, net zoals een schildpad die zijn kop naar binnen trekt.

2 Houd je schouders vijf tellen lang tegen je oren.

3 Laat je schouders los zodat ze in een natuurlijke stand komen.

4 Doe een buikademhaling.

5 Herhaal nog twee keer.

6 Als je schouders omlaag en ontspannen zijn richt dan je aandacht op je sleutelbeenderen, de twee horizontale botten die net onder en aan weerszijden van je hals zitten.

7 Stel je voor dat je ze uit elkaar trekt en naar de schouders toe. Je kunt ze niet echt uit elkaar bewegen, maar door het te proberen zet je je borst uit en komt die iets omhoog. De kin komt iets omhoog en de houding die hieruit voortkomt komt zeker niet timide en ontmoedigd over.

OEFENING: CITROENPERSEN

Als mensen gestrest zijn, ballen ze hun handen vaak tot vuisten. In tegenstelling tot een open hand, zijn er maar weinig dingen die je met een gebalde vuist kunt doen, en dat is dan meestal ergens tegenaan slaan. Je bange en angstige kind moet juist open handen hebben, zodat hij vele mogelijkheden heeft voor de volgende stap. Dus je gaat 'citroenen' persen.

1 Stel je voor dat je in elke hand een citroen hebt.

2 Span je handen tot vuisten. Tel tot vijf terwijl je zoveel mogelijk sap uit die citroenen haalt met één knijpbeweging.

3 Laat de uitgeperste citroenen vallen en ontspan je handen.

4 Doe een buikademhaling.

5 Herhaal dit nog twee keer.

Wanneer en waar doe je ontspanningsoefeningen?
Mensen zullen merken wanneer jij en je kind de oefening *Heel klein gezicht, heel groot gezicht* doen. Die is niet subtiel. Als één van jullie beiden het niet prettig vinden dat andere mensen de oefening zien, kan je die beter doen als niemand kijkt. Andere kinderen kunnen het misschien vreemd vinden als je kind de Schildpadoefening in de klas doet, maar deze kan er in andere situaties gewoon uitzien alsof je je eens goed uitrekt. Citroenpersen kan discreet gedaan worden terwijl je aan je bureau zit, in de rij staat, aan tafel, of een andere situatie zonder dat je onnodig de aandacht trekt.

JE VEILIG EN GESTEUND VOELEN: OEFENINGEN OM DE SPIEREN LANGZAAM OP TE BOUWEN

Gek genoeg zijn er mensen voor wie spierontspanning juist angst oproept, mogelijk uit angst de controle te verliezen. Ik ken veel kinderen die in plaats van rustig worden, gaan wriemelen en zelfs onrustig worden als ze de span-en-ontspanoefeningen doen. Voor die kinderen heb ik een andere oplossing.

Het kan prettig zijn de spierspanning rustig op te bouwen zodat de spieren dicht tegen het lichaam aan liggen of langzaam en rustig samentrekken. Als ze op die manier samentrekken, hebben de hersenen minder de neiging de zenuwachtige bewegingen als een teken van gevaar te zien. De vecht-of-vluchtrespons kan dan inrukken.

OEFENING: SPINNEN PUSH-UPS

Dit is een oefening voor spieropbouw die een beetje beweging vergt. Ik zie deze techniek als een taak voor de spieren zodat de hersenen aan belangrijkere dingen kunnen denken.

1 Plaats de vingertoppen van beide handen tegen elkaar. Als je dan je handen omdraait zodat één handpalm omhoog wijst en de ander naar beneden, lijken je handen op een spin (die drie poten mist) die zich op een spiegel opdrukt.

2 Zet je handen weer in hun oorspronkelijke en natuurlijke positie.

3 Duw je handpalmen rustig maar stevig, langzaam en ritmisch naar elkaar toe. De snelheid is gemiddeld tot langzaam – ongeveer een seconde om naar binnen te drukken en een seconde om terug te veren.

4 Oefen dit door het een keer of twaalf te herhalen. Gebruik de natuurlijke buikademhaling. (Je ademhaling en de Spinnen push-ups hoeven niet tegelijk te gaan.)

Spinnen push-ups zijn een snelle manier om de concentratie van je kind terug te krijgen als hij rusteloos of geagiteerd raakt. Zijn aandacht op deze eenvoudige handeling richten, geeft hem een gevoel van lichaamscontrole. Aan zijn tafeltje op school of in de kerkbanken, hij kan deze push-ups altijd doen. De bedoeling is dat Spinnen push-ups automatisch motorisch gedrag wordt dat een gevoel van aanraking geeft dat veel kinderen en volwassenen nodig lijken te hebben als ze angstig zijn. Spinnen push-ups zijn beter dan de meer problematische aanrakingen, zoals een klasgenoot of zusje aanstoten, in de neus peuteren of in de neus van een ander peuteren. De meeste kinderen hebben een beetje begeleiding en oefening nodig om deze techniek soepel en net automatisch te krijgen.

OEFENING: BEWEGEN ZONDER TE BEWEGEN

Je kunt deze spieroefening zittend of liggend doen. Ik neem even aan dat jij of je kind zitten.

1. Plaats je handpalmen voor je op een glad oppervlak. Dit kan een bureau of tafel zijn, of gewoon je dijbenen. Plaats je voeten recht voor je op de grond.

2. Til je vingers op zonder je handpalmen op te tillen. Voel de spanning in de spieren en de pezen op de rug van je handen en in je onderarmen. Til een aantal keer je vingers op. Til je tenen op en voel hetzelfde in je voeten en je enkels.

3. Doe net alsof je handpalmen aan het oppervlak vastgelijmd zitten. Probeer nu je handen van elkaar af te bewegen. Dit wordt ook wel isometrische beweging genoemd, of, zoals ik het noem 'bewegen zonder te bewegen'. Omdat je handen daar vastzitten, zal je de spieren van je handen en armen, schouders en borst licht voelen aanspannen, maar je handen bewegen niet.

4. Beweeg nu je handen isometrisch naar elkaar toe. Voel welke spieren gaan werken of wakker worden en welke nieuwe spieren gebruikt worden.

5. Speel met verschillende 'bewegingen': handen van je lichaam af of er naartoe, één hand één kant op en de andere stil of een andere kant op.

6. Doe nu hetzelfde met je voeten. Voel de spieren die gebruikt en losgelaten worden als je je voeten isometrisch verschillende kanten op beweegt.

Bewegen zonder te bewegen kan in verschillende situaties gedaan worden waarin je meer bewustwording of spieropbouw nodig hebt om het lichaam en de hersenen te kalmeren. Dat kan in de klas zijn, tijdens lange autoritten, in de rij wachten (handpalmen tegen de zijkant van je benen aan of je armen over elkaar gevouwen tegen de borst met de handpalmen tegen je biceps), of 's avonds in bed als je niet kunt slapen en je lichaam gespannen is.

OEFENEN – EN DAN NOG MEER OEFENEN

Oefen vaak. Het beste moment ervoor is als emoties en taken zich niet opstapelen. Als je wacht totdat je kind ontdaan is en hem dan toesnauwt om 'adem te halen als een alien', is er een grote kans dat alleen al het idee van de techniek angst activeert.

Als je begint met het aanleren en inseinen van vaardigheden, moet je de juiste tijd, plaats en situatie kiezen om de kans op succes voor iedereen zo groot mogelijk te maken. Zoek een situatie waarin weinig of geen angst is geweest maar de sociale vaardigheid of ademhalings- of ontspanningstechniek nuttig kan zijn. Oefen de vaardigheden en technieken op dat moment. Bespreek welke het meest nuttig is; ik denk dat er maar een paar zijn die goed aansluiten bij de manier van denken en de behoeften van je kind. Maar je weet niet welke technieken het meest nuttig zijn als je ze niet allemaal eens uitprobeert.

7.5 • SAMENVATTING EN VOORUITBLIK

Helemaal in de lijn van ACT zijn de vaardigheden, technieken en oefeningen uit dit hoofdstuk niet bedoeld om vrees en angst in het leven van je kind weg te nemen of zelfs te vermijden. Maar je kunt wel de stress, frustratie en angst verlagen zonder je waarden en doelen gedeeltelijk op te geven, en zonder onnodige vermijding en beheersing te gebruiken. Het doel van fase 2 in je gedragsveranderingscampagne is jouw en je kind een aantal manieren (sociale vaardigheden en zelfregulatietechnieken) te bieden om snel door enge en beangstigende gedachten en gevoelens te bewegen en je aandacht te blijven richten op de werkelijke doelen. Sociaal succes, verminderde onzekerheid, meer voorspelbaarheid en samenhang dragen allemaal bij aan het afwenden van angstaanvallen en het herchoreograferen van de ouder-kinddans.

Als vrees en angst toch verschijnen, heb je basistechnieken om de angst (of frustatie of wat dan ook) iets af te vlakken en ruimte en flexibiliteit te creëren waarin jij en je kind even kunnen stilstaan, kijken en de keuze kunnen maken liever het leven te omarmen dan tegen je angstige gevoelens en gedachten te vechten. Dit betekent vooral een stapje terugdoen en naar het grote geheel kijken – meer aan het proces denken dan de specifieke inhoud waar jij en je kind op dat moment mee worstelen.

In het volgende hoofdstuk bespreek ik fase 3 van de gedragsveranderingscampagne: het proces van *bevestiging*, waarin je je kind laat weten dat je de boodschap uit zijn gedrag hebt begrepen, en je hem iets leert over zowel zijn eigen innerlijke functioneren, als de volgende stap die gezet moet worden.

8
Acceptatie en bevestiging tijdens angst

In hoofdstuk 6 heb ik technieken beschreven om zowel bewustwording van de wereld 'daarbuiten' te vergroten, als om de innerlijke wereld van gedachten en gevoelens te bekijken. In combinatie met de defusieoefeningen en de ademhalings- en spieroefeningen kunnen ze een beetje psychologische ruimte en flexibiliteit opleveren bij angstige gedachten en gevoelens. De sociale vaardigheden en het sociale begrip uit het vorige hoofdstuk dienen er ook voor je kind bewuster te maken van haar sociale omgeving en de vaardigheid te verschaffen in de omgang met anderen, zoals jij. Daardoor wordt die omgeving een plek waar jouw kind zich begrepen en gesteund voelt door anderen als uitdagingen de kop op steken.

Zoals eerder gezegd is responsief ouderschap bij angst een kwetsbare balans tussen acceptatie en verandering: 'Ik hou van je zoals je bent, maar ik hou te veel van je om je zo te laten.' We gaan nu kijken hoe de natuurlijke kracht van je relatie met jouw kind, jou helpt de boodschap aan je kind over te brengen dat jij haar en haar angstige gedachten en gevoelens accepteert, terwijl je haar aanmoedigt haar angstgedrag te veranderen.

Je herinnert je vast wel dat elke verandering begint met bewustwording van wat je doet. Daarna, om angstgedrag te veranderen, moet je kind weten dat je de boodschap hebt ontvangen en de behoefte die schuilgaat achter het gedrag hebt begrepen. Om dit begrip over te brengen is het noodzakelijk dat je je kind gedetailleerd en respectvol naar zichzelf laat kijken. Dit is fase 3 van je campagne tegen de angstdans, en het onderwerp van dit hoofdstuk.

8.1 • FASE 3: JE KIND BEVESTIGEN

Wat wil je kind? Om deze vraag te helpen beantwoorden, heeft Robert Wahler vele jaren lang ouder-kindtransacties bestudeerd. In één studie (Wahler & Meginnis, 1997), werden schoolgaande kinderen geobserveerd die samen met hun moeder speelden. De onderzoekers telden het aantal keer dat de ouders het gedrag van hun kind prezen ('Ik vind dat je dat goed hebt gedaan'), kritiseerden ('Je moet daar niet zo ruw mee omgaan'), of het gedrag van hun kind eenvoudigweg 'spiegelden' of verbaal beschreven ('Je hebt dat in elkaar gezet'). Na elke sessie werd zowel kind als ouder geïnterviewd onder andere over hoe tevreden ze waren met de sessie.

Wahlers groep ontdekte dat tevredenheid van het kind over het spelen in de verste verte niet samenhing met de hoeveelheid complimentjes die moeders gaven tijdens het spelen. Hoe meer echter een moeder teruggaf wat haar kind deed (spiegelen), hoe beter het kind het spelen ervaren had. Complimentjes maakten voor die kinderen geen verschil. Ontlokken gelukkige kinderen meer spiegelend gedrag aan hun ouders? Het zou kunnen. Maar ik denk eerder dat spiegelen (dat wil zeggen: gewoonweg opgemerkt worden) zorgt voor gelukkige kinderen.

Waarmee hing de tevredenheid van de moeder samen? Met de hoeveelheid complimentjes die ze gaven. Dat is niet verbazingwekkend. Het is immers bewezen dat als we onze kinderen prijzen, we eigenlijk onszelf prijzen.

GEZIEN WORDEN, GEHOORD WORDEN, GEVOELD WORDEN

De studie van Wahler herinnert ons eraan dat de behoeften van kinderen redelijk primair kunnen zijn. Gewoon opgemerkt worden – eenvoudiger kan bijna niet. Je kind moet weten dat ze belangrijk is voor je, dat ze invloed op je heeft. En ze zal je op elke mogelijke manier beïnvloeden om te weten te komen of ze geslaagd is.

Het idee van je kind *spiegelen*, terugreflecteren naar het moment is een belangrijk concept, dat enige aandacht verdient. Mensen in het algemeen, en ouders en kinderen in het bijzonder, blijken gebouwd te zijn om elkaar te imiteren. Drie maanden oude zuigelingen en hun moeders bleken elkaars gezichtsuitdrukkingen te spiegelen, een soort dans van actie en reactie (Cohn & Tronick, 1988). Dit is precies waar en hoe de verschillende dansen met je kind zijn begonnen. Je zal je wel herinneren dat temperament vanaf het vroege begin van het leven de dans vorm en kleur geeft.

Wat korter geleden zijn neurologen begonnen met onderzoek naar *spiegelneuronen*: groepen zenuwcellen in de hersenen van mensen en apen, die geactiveerd worden als we iemand een handeling zien verrichten, en dan in het bijzonder doelgerichte handelingen (Rizzolatti & Craighero, 2004). Die neurongroepen zijn verantwoordelijk voor de handelingen van iemand die waargenomen wordt; ik neem waar dat jij een stok oppakt, en mijn eigen zenuwnetwerk dat verantwoordelijk is voor stokken oppakken zal 'oplichten'. Ik zal misschien niet zelf een stok oppakken, maar mijn hersenen zijn er wel klaar voor. Waarom zou het waarnemen van elkaars emotie anders zijn? Geen wonder dat neurologen spiegelneuronen zien als de biologische wortels van empathie.

Dit bevestigt wat je al wist vanaf het moment dat je een ouder werd; als je kind zich op een bepaalde manier gedraagt, heeft dat invloed op jou. Hoe en in welke mate hangt af van het gedrag zelf en jouw ontvankelijkheid – jouw bewustwording, jouw bui, jouw aanleg om dat gedrag wel of niet leuk te vinden, enzovoorts. Belangrijker nog, als jij je op een bepaalde manier gedraagt, heeft dat invloed op je kind.

Dit is een grote verantwoordelijkheid, maar het hoeft geen probleem te zijn. Deze wederzijdse beïnvloeding zou niet zijn ontstaan als die geen overlevingswaarde had. Om effectieve en toegewijde ouders te kunnen zijn, moeten we beïnvloed worden door onze kinderen. Om te leren over de wereld en hoe je erin moet leven, moeten onze kinderen door ons beïnvloed worden. Het probleem ontstaat als je met je kind op de emotionele golf zit en dit je veerkracht overstemt of je vaardigheden te boven gaat. Dan moet je terug naar de basis: wat is de boodschap achter het gedrag en hoe kan ik haar laten weten dat ik die begrijp?

GRAYBARS EERSTE WET VAN MENSELIJK GEDRAG

Nu wil ik ingaan op Graybars eerste wet van menselijk gedrag: 'Elk gedrag is een boodschap, en het gedrag zal niet veranderen, totdat de zender weet dat de boodschap is aangekomen.' We wijten moeilijk of problematisch kindergedrag vaak aan aandachttrekkerij, alsof dat een ziekelijke behoefte is. Natuurlijk probeert je kind jouw aandacht te trekken. Ze probeert jou haar te laten begrijpen en helpen. Kinderen moeten het gevoel hebben dat ze invloed hebben op de wereld, dat hun daden er toe doen, dat ze belangrijke, machtige volwassenen op de hoogte kunnen stellen van hun ontsteltenis en hun hulp krijgen. Helaas kunnen ze niet goed over hun ervaringen communiceren, en op die kritieke momenten zijn ze daar bovenop vaak ook nog hevig ontdaan. Het is dus wel begrijpelijk dat, als je kind op haar slechtst is en jouw aandacht en hulp het meest nodig heeft, haar middelen om dat doel te bereiken vaak verwarrend, afknappend of allebei zijn.

Het angstgedrag van je kind heeft dus twee doelen: jouw begrip en jouw hulp krijgen. Lijkt eenvoudig genoeg. Ja, je kunt zien dat ze zich angstig gedraagt. Dat is duidelijk. Ja, je weet precies hoe je haar moet helpen: haar geruststellen en haar een stevig duwtje in de juiste richting geven. Helaas lost dit meestal het probleem niet op. Sterker nog, soms versterkt het het angstgedrag van je kind alleen maar. Je hebt haar rustig en liefdevol verteld dat je begreep dat ze angstig is. Je hebt haar verzekerd dat er niets is om bang voor te zijn. Je hebt haar precies verteld wat ze moet doen om het probleem op te lossen. Wat is dan het probleem?

Het struikelblok is dat je kind je hulp niet zal accepteren tot ze de boodschap heeft begrepen – echt begrepen – dat jij haar begrijpt. Sommige clinici praten over de behoefte van een kind 'zich gevoeld te voelen'. Alleen woorden helpen misschien niet. Sterker nog, je wilt woordgebruik juist aanmoedigen als je kind angstig is, maar zoals we zullen zien is het kernpunt van deze communicatie meer dan redelijkheid, meer dan praten, meer dan geruststelling.

De onderstaande bevestigingsstrategieën zullen het angstgedrag van je kind niet omzetten als bijvoorbeeld een lichtschakelaar. Maar jouw begrip en acceptatie kunnen wel verandering mogelijk maken. Als je je kind laat weten dat je de boodschap begrijpt die achter haar gedrag schuilgaat, dan hoeft ze het gedrag geen tandje hoger te zetten om je aandacht en begrip te krijgen. Misschien doet ze dat alsnog, vooral als ze moe is of honger heeft of een regressie doormaakt en kwetsbaar is voor controleverlies. Zo automatisch is de dans nu eenmaal geworden, ook al geef je alle juiste responsen. Maar het doel op de lange termijn is haar te leren dat er veel manieren zijn om die boodschappen aan jou over te brengen en dat ze erop kan rekenen dat duidelijke en respectvolle boodschappen altijd jouw aandacht krijgen.

BEVESTIGING EN MOGELIJKHEID: DE KUNST JE KIND TE SPIEGELEN

Er is een aantal termen die het volgen van je kind beschrijven: reflecteren, spiegelen, bevestigen. Allemaal beschrijven ze dat jij een kind de boodschap geeft, door wat je zegt en doet, door je toon en lichaamstaal, dat je haar ziet, hoort en voelt. Je *begrijpt* de boodschap. Je spiegelt die boodschap voor haar op een manier die niet alleen laat zien dat je het begrepen hebt, maar ook op een manier waardoor ze haar eigen boodschap beter gaat begrijpen: 'Oh, je voelt je angstig omdat je de eerste bent die hier aankomt.' Het spiegelen kan ook hints bevatten over wat er aan het 'probleem' gedaan kan worden: 'Ik vraag me af of je wilt dat ik bij je blijf totdat de andere kinderen er zijn?'

Misschien ben je het niet eens met wat ze denkt of voelt op dat moment. Misschien ben je er niet blij mee. Misschien denk je dat haar gevoelens en gedragingen onnodig zijn, overdreven, onvolwassen of onredelijk. Maar, op dat moment zijn al haar innerlijke ervaringen en uiterlijke boodschappen voor haar zo echt en gegrond als maar zijn kan. Dus, als je kind gaat leren haar reacties te veranderen op dat moment en in soortgelijke situaties in de toekomst, moet ze eerst begrijpen wat ze ervaart voordat ze zelfs maar kan overwegen dat ze iets anders kan denken, voelen en doen. Het zelfbegrip van je kind komt voort uit jouw begrip voor haar.

Op die momenten kun je niets anders doen dan je kind spiegelen. De vraag is, hoe ga je dat doen? Zal je spiegelen duidelijk weergeven dat je haar begrijpt? Zal het weergeven dat je haar gedachten en gevoelens accepteert terwijl je een verandering in haar gedrag wilt aanbrengen? Zal je spiegelen een beetje ruimte creëren om een stapje terug te doen en *naar* de situatie te kijken, inclusief haar gedachten en gevoelens, in plaats van *erdoor* te kijken? Zal jouw spiegelen flexibiliteit of mogelijkheden aandragen zodat ze alternatieven kan zien voor de manier waarop ze nu de wereld ziet, wat ze ervan vindt en wat ze denkt dat wel of niet gedaan kan worden?

SPIEGELNEURONEN EN JE KIND SPIEGELEN

Er lijkt iets heel natuurlijks en belangrijks werkzaam te zijn in het bevestigingsproces, en dit heeft waarschijnlijk met de hierboven beschreven spiegelneuronen te maken. Maar, succesvolle bevestiging hoeft niet het perfect spiegelen te zijn van wat je kind op dat moment doet. Het is spiegelen, maar dan iets vertekend. Onderzoekers bestudeerden het vermogen van moeders hun acht maanden oude zuigeling te troosten direct nadat het kind een routinevaccinatie had gekregen (Fonagy e.a., 1995). De moeders die hun kind het snelst en effectiefst kalmeerden deden iets heel interessants. Ze hielden hun baby zo dat ze elkaar aankeken, en vertrokken hun gezicht heel even in een pijnlijke grimas vlak nadat het kind de injectie kreeg. Daarna vervielen deze moeders in het bekende wiegen, kirren en zacht praten. Andere moeders spiegelden niet, maar wendden meteen hun kalmeringsstrategieën aan. Bij deze tweede groep moeders kalmeerden de baby's niet zo snel.

Wat hadden die heel kleine baby's eraan dat hun moeder 'hun pijn voelde?' De pijnlijke gezichtsuitdrukkingen van deze moeders waren spontaan. Het was niet met voorbedachte rade, maar het ging gewoon natuurlijk. Dit is de werking van spiegelneuronen.

Maar deze goed-troostende moeders deden nog iets heel interessants en ook heel onbewust. De gezichtsuitdrukking die ze van hun kind nadeden was niet alleen maar pijnlijk. Naast het trekken van een grimas en de wenkbrauwen fronsen en dat soort dingen, vertoonden de gezichten van deze moeders mini-uitdrukkingen tijdens de algemene pijnlijke uitdrukking: een flauwe glimlach, wijde, verwonderde ogen, een wenkbrauw opgetrokken van verbazing. Deze 'concurrerende' mini-uitdrukkingen geven waarschijnlijk aan dat er meerdere manieren zijn om over deze ervaring na te denken en te voelen. De boodschap is 'Ik begrijp je' maar ook, hoe pijnlijk en eng het leven op dit moment ook is, dat er andere mogelijkheden zijn.

DE BELANGRIJKSTE FACTOREN IN HET SPIEGELEN VAN JE KIND

Je kind spiegelen moet drie dingen overbrengen: nauwkeurigheid, mogelijkheid en oprechtheid, niet per se in die volgorde. Je spiegelen moet *nauwkeurig* zijn als het gaat om wat zij waarschijnlijk voelt en denkt. Ze moet weten dat je haar begrijpt, dat haar boodschap ontvangen is. Anders is ze gedwongen de boodschap te blijven uitzenden of misschien te versterken omdat je die duidelijk *niet begrijpt*! Precisie betekent niet dat je haar geblèr na moet doen. Je hoeft geen woedeaanval te krijgen om de boodschap over te brengen 'Ik begrijp dat je nu boos, bang of teleurgesteld bent.' Maar je spiegelen zal verbale en non-verbale boodschappen bevatten die je ervaring overbrengen met de juiste toon. Jouw woorden, lichaamstaal en toon (worden verderop uitgelegd) zullen vormgeven aan de overweldigende krachten die haar bedreigen.

Jouw bevestigingsboodschappen zullen niet alleen een nauwkeurige beoordeling van wat je kind beleeft overbrengen, maar ook een *mogelijkheid*, nieuwe manieren van kijken naar en uitspreken van die emoties en gedachten, nieuwe manieren van het probleem vaststellen, en nieuwe manieren van omgaan met de situatie. Dit kan eenvoudigweg overgebracht worden door een genuanceerdere benaming van het gevoel: is dit boosheid of frustratie? Is dit vrees of angst of nervositeit? Jouw spiegelen kan een aanwijzing bevatten voor wat jouw kind angstig maakt ('Je bent hier als eerste') en een mogelijke, acceptabele oplossing ('Ik zal samen met jou wachten').

Al die kleine boodschappen geven een lichte draai aan je feedback; net zoals de ademhalings- en spieroefeningen, creëert het een beetje psychologische ruimte waarin je kind een stapje terug kan doen, kijken naar wat er echt aan de hand is, en haar volgende stap overwegen. Ten slotte toon je door jouw bevestiging echte empathie; het moet gedaan worden met medeleven, respect en oprechte bezorgdheid voor je kind.

WAAROM BEVESTIGING MOEILIJK IS VOOR ANGSTIGE OUDERS

Het gedrag van je kind, de gevoelens of denkpatronen kunnen op zichzelf al oneerlijk of storend zijn. Ze kunnen op jou overkomen alsof je kind lui is, ondankbaar, gemeen of wat voor karaktereigenschap dan ook waarvan je had gehoopt dat jouw kind die niet zou hebben. Je denkt misschien dat ze zwaar overdreven op de situatie reageert. Ze is onredelijk. Hoe dan ook, het is belangrijk dat je haar ervaring bevestigt en – na een diepe buikademhaling – dat als eerste respons effectief teruggeeft. Als je haar niet laat weten dat je de boodschap begrijpt, houdt het gedrag waarschijnlijk aan en escaleert het zelfs.

Het gedrag, de gedachten of gevoelens van een kind kunnen bij ons vreselijke gedachten en gevoelens oproepen uit huidige of vroegere omstandigheden. Het kan je herinneren aan iemand aan wie je vervelende herinneringen hebt (een grove of onvoorspelbare ouder of broer of zus bijvoorbeeld). Dat is moeilijk te verdragen, en je denkt misschien dat als je op dat moment je kind accepteert en bevestigt, dat je het gedrag aanmoedigt en er zo meer gedoe voor jou ontstaat. Begrepen. Maar de boodschap achter het gedrag bevestigen vermindert haar behoefte juist haar boodschap op die onacceptabele manier over te brengen. Het is de eerste stap in een proces.

DENK AAN DE STEMVORKEN

De volgende vraag wordt vaak gesteld: hoe moet ik weten wat ik moet zeggen? Meestal is de boodschap wel duidelijk; het gedrag en de woorden van je kind vertellen je wat er in haar omgaat. Maar hoe kun je dat weten als haar boodschap vaag en ingewikkeld is? Het antwoord komt vaak in de vorm van een vraag: wat voel *jij* op dat moment?

Denk even terug aan mijn voorbeeld van twee stemvorken. De één veroorzaakt het meetrillen van de ander als ze dicht bij elkaar worden gehouden. Tijdens moeilijke situaties kunnen de gedachten en gevoelens die door je kind bij jou worden opgeroepen, een nauwkeurige weergave zijn van wat zij op dat moment voelt. Dit is geen bewust proces. Jouw kind denkt niet: 'Ik ga papa precies zo raken zodat hij kan voelen wat ik voel.' Maar begrepen worden op een diep en echt niveau is een levensbehoefte van elk kind, en ze zal alles doen om dat te bereiken. Als ze gebrek heeft aan de juiste woorden en middelen om jou haar te laten begrijpen ('Ik ben bang, help me alsjeblieft'), zal ze andere middelen inzetten (de paniek- of woedeaanval).

Feit blijft dat je waarschijnlijk al veel bevestiging en spiegelen gebruikt. Mijn bedoeling is niet alleen je een leidraad te geven hoe je moet bevestigen, maar ook hoe je die bevestiging in een context moet plaatsen van acceptatie en groei. Ik wil je ook laten weten dat je het rustig aan mag doen en dat je je niet gedwongen moet voelen elk onprettig gevoel op te ruimen of elke negatieve gedachte in een positieve om te zetten. Je moet iets begrijpen voordat je het kunt veranderen. Je kind moet zich eerst geaccepteerd voelen voordat ze verandering kan accepteren.

BEVESTIGING IN DE PRAKTIJK

Bevestiging is de respons waarmee je laat zien dat je de boodschap van je kind begrijpt en de situatie accepteert (zelfs als je bezig bent die te veranderen). De basisprocedure houdt in dat je een eenvoudige uitspraak doet die overbrengt wat het kind bij jou oproept met haar woorden of gedrag. Verbale voorbeelden zijn: 'Ah, ik zie dat je nu nerveus bent,' 'Het lijkt alsof je een verdrietige dag hebt,' of 'Je hebt veel energie vandaag.' Non-verbale voorbeelden zijn een diepe zucht, een spontane juichkreet (je kunt ook positieve ervaringen bevestigen), of een ietwat overdreven verdrietig gezicht dat je trekt als je kind op een of andere manier pijn heeft of ontdaan is.

Bevestiging is in geen geval bedoeld om de ervaring van het kind te bagatelliseren. Het is juist bedoeld om begrip en autonomie over te brengen: jij begrijpt je kind en je erkent dat ze een individu is en een beetje anders dan jij. Ze voelt angst op dat moment, dat begrijp je, en jij voelt geen angst op dat moment – of misschien voel je wel angst, maar denk je er anders over.

Door jouw voorbeeld hoe je over angst moet praten en erop moet reageren, als je er al op moet reageren, gaat je kind zichzelf begrijpen: hoe ze angst ervaart en ermee omgaat. Door meer perspectief krijgt je kind meer autonomie ten opzichte van haar gedachten en gevoelens; er ontstaat meer defusie tussen haar en haar gedachten en gevoelens en ze is meer zichzelf als ze die gedachten en gevoelens heeft.

Volgens ACT is acceptatie het sleutelwoord dat jou en je kind een stapje terug laat doen van jullie gedachten en gevoelens en jullie beiden de ruimte geeft waarin je de responsmogelijkheden kan overwegen. Bevestiging helpt een kind dit te bereiken. In psychologische bewoordingen heet dat stapje terug doen *mentaliseren*: het vermogen om van een afstandje over je gedachten en gevoelens na te denken. Het stelt je kind in staat haar eigen persoontje te zijn; ze ervaart deze onprettige gedachten en gevoelens zonder *zichzelf* hierin te verliezen.

Kinderen leren mentaliseren van ons – zowel als we onze kinderen spiegelen als wanneer we onze eigen ervaringen, gedachten en gevoelens mentaliseren op een duidelijke en gepaste manier. We doen dit uit nieuwsgierigheid, zelfs uit verwondering. Het is geen ondervraging. We ontlokken geen bekentenis aan onze kinderen over hun innerlijke leven. Wat we willen, is ze gewoon laten weten dat we ons interesseren voor hun gedachten en gevoelens en dat we een stapje terug kunnen doen en nadenken over wat we denken en voelen.

8.2 • VARIATIES IN BEVESTIGING

Laten we even kijken naar een paar strategieën en overwegingen als we de ervaringen van je kind bevestigen. Denk eraan, de volgende voorbeelden zijn geen draaiboeken die je moet volgen. Elke situatie is anders en vergt een aanzienlijke hoeveelheid experimenteren om te bepalen wat het beste werkt.

Volgens ACT is het mogelijk iemands pijn te bevestigen zonder de oorzaak voor die pijn te onderschrijven of erin verstrikt te raken. Als ouder ben je een probleemoplosser en beschermer. Als onprettige gedachten of gevoelens bij je kind opkomen, wil je de oorzaak weten en zo snel mogelijk van de vervelende emoties afkomen. Eén manier daarvoor is de ervaring van je kind afdoen als onjuist of onbelangrijk. Bijvoorbeeld: 'Oh, Joshua, je bent wel duizend keer die trap op geweest. Je *weet* dat er daar niets engs is.'

Een andere typische reactie van ouders is de aandacht richten op de gedachte of het gevoel dat het probleem weergeeft (de inhoud) en dan proberen dat probleem zo snel mogelijk op te lossen. 'Sterling, lieverd, het maakt niet uit of de lussen van je schoenveters niet precies even lang zijn.' De schoenveter hoeft het probleem niet te zijn. Deze situatie kan draaien om controle, of het gebrek daaraan, in Sterlings leven.

Een accepterende of bevestigende aanpak daarentegen gebruikt defusie om je kind te helpen los te komen van nutteloze gedachten en gevoelens. Je komt er door kleine stapjes. Nu moet je je kind een stapje terug laten doen en het proces laten zien, zelfs als dat proces op de korte termijn niets verandert.

Dus, in plaats van de angst en de hulpeloze beoordeling van de situatie van haar kind te ontkennen, probeert Nancy Joshua een stapje terug te laten doen van die enge gedachte. Ze zegt iets als: 'Ah, ik merk dat je die enge gedachten hebt over alleen naar boven gaan.' Dan – en dit is het moeilijke stuk – zal ze lang genoeg pauzeren om die bevestiging aan te laten komen en moet ze zichzelf weerhouden in te springen met haar oplossing voordat Joshua de kans krijgt zelf een oplossing te bedenken. Deze pauze kan wel een minuut duren (ademen) voordat een van tweeen gebeurt. Ten eerste kan Joshua meer informatie geven over wat er in zijn hoofd omgaat. Misschien is er die dag iets belangrijks gebeurd rond bang zijn, hulpeloos of incompetent voelen, en moet hij dat verwerken of erover praten. Het lastige is om het aanlokkelijke vooruitzicht van een band met haar zoon op dat diepe niveau, niet zijn manier te laten worden om het einddoel van naar boven gaan en zijn schoenen halen, te vermijden. Hoe je hiermee omgaat, moet je uit ervaring leren.

De tweede respons die jouw bevestiging kan uitlokken, is dat Joshua erkent dat Nancy gelijk heeft, en haar vraagt met hem mee naar boven te gaan. Dit is nog een lastig stuk van het proces: wat is je volgende stap? Ik wil dat je je realiseert dat je niet altijd het 'probleem' dat het je kind ongemakkelijk maakt, moet oplossen. Jullie hebben nu allebei de mindfulnessvaardigheden uit hoofdstuk 6 die jullie tijdens deze situatie kunnen gebruiken. Doe rustig aan en haal een keer of twee diep adem. Jij, of je kind, kan de gevoelens benoemen die door haar heen gaan: dat is vrees, daar komt hopeloosheid, nu is er verdriet. Categoriseer de gedachten: bezorgdheid, wrok omdat er nu mee omgegaan moet worden, zorgen om de toekomst, enzovoorts. Overweeg je volgende stap: bevestig, zeg niets, schakel over op de probleem-oplosmodus, enzovoorts. Blijf ademen.

HARDOP NADENKEN

Het is erg leerzaam voor je kind om jou over een probleem te horen nadenken. Allereerst stelt het je kind op de hoogte van de gedachten en gevoelens die je ervaart en maakt ze normaler, of het nou gedachten of gevoelens van boosheid, frustratie, zorgen, of spijt zijn. Je kind ziet haar moeder al die nare dingen denken en voelen, en mama is toch redelijk kalm en slaat zich erdoorheen. Dit is interessant!

Ten tweede, hardop denken laat je kind weten dat oplossingen of omgangsstrategieën niet altijd zomaar komen; we moeten vaak een proces doorlopen in ons hoofd om de dingen op een rijtje te krijgen, de opties en de waarschijnlijke consequenties van verschillende mogelijke beslissingen overwegen. Dat kost *moeite*, en er zijn manieren waarop die moeite effectiever is dan andere. Verder kan dit proces tijd kosten. Dus we moeten allemaal geduldig zijn met elkaar en met onszelf.

LAAT HET 'IK BEGRIJP' WEG

Ik ben er in de loop der jaren achtergekomen dat je de openingszin 'Ik begrijp' beter weg kunt laten als je de ervaring van je kind bevestigt. Het is moeilijk 'Ik begrijp' te zeggen zonder neerbuigend over te komen. Het is beter eenvoudigweg de uitspraak of duidelijke emotionele staat van je kind weer te geven of te spiegelen. Bijvoorbeeld: 'Je bent bang' lijkt beter te werken dan 'Ik begrijp dat je bang bent.' Bij heel ontdane en jonge kinderen moet je sowieso zo min mogelijk woorden gebruiken. Ik vind de 'Ah'- en 'Oh'- beginnetjes goed: 'Ah, je voelt je …' of 'Oh, je lijkt te denken…'

Door de bevestiging eenvoudig te houden, verklein je het risico dat je neerbuigend of ongeduldig overkomt. Dit is *heel* belangrijk bij oudere kinderen. Als je 'Ik begrijp' weglaat, krijg je minder snel het standaardantwoord: 'Nee, je begrijpt me niet.' Je kunt altijd iets zeggen als 'Als ik het goed begrijp…' en dan herhalen wat je kind je heeft verteld. Dit laat zien dat je het probeert en stelt je kind in staat haar eigen woorden of een verwoording daarvan te horen en geeft haar de mogelijkheid correcties aan te brengen, en dat zijn allemaal vormen van perspectief krijgen en sociaal begrip.

'IK VRAAG ME AF…'-UITSPRAKEN

Er zijn momenten dat je kind niets zegt, maar dat je gewoon weet dat ze ergens mee zit. Dat kan een angstaanjagende emotie zijn, of ze kan gewoon diep in gedachten zijn en jij wilt weten wat ze denkt. In die situaties raad ik je aan de 'Ik vraag me af'-uitspraken te gebruiken, die ik eerder beschreven heb. Dit is een mildere manier van bevestigen van wat jij denkt dat er met jouw kind aan de hand is op dat moment.

Met de 'Ik vraag me af'-techniek introduceer je een preciezer of genuanceerder woord bij je kind: 'Ik vraag me af of je je nerveus voelt' in plaats van 'bang' dat ze normaal gebruikt. Als ze antwoordt met 'Nee, ik ben bang,' stel dat dan niet ter discussie. Zeg gewoon oké en ga door. 'Ik vraag me af'-uitspraken kunnen ook een gevoel of gedachte met een situatie verbinden. Bijvoorbeeld: je kind klapt dicht als ze met haar huiswerk bezig is en jij merkt op: 'Ik vraag me af of je misschien een beetje in de war bent over het volgende dat je moet doen.' Als jou verteld wordt, dat je het mis hebt, dan is dat maar zo. Je hebt het waarschijnlijk niet mis, maar het is misschien te moeilijk voor je kind om het verband, of het feit dat jij gelijk hebt, op dat moment te accepteren. Je hebt in ieder geval de mogelijkheid geopperd dat de dingen uit een ander en nuttiger standpunt gezien kunnen worden; als je weet dat je verward bent en wat je in verwarring brengt, is 'verwarring' nu een klein deel van het grote plaatje geworden. Angst kan ook een klein deel van de ervaring zijn binnen een groter plaatje.

Je wilt dat je kind voelt dat zij belangrijk is voor jou, dat ze ertoe doet, dat ze in jouw gedachten is. Als je je kind laat weten dat je je dingen afvraagt over haar, geeft dat je kind een vast idee dat ze een centrale plaats inneemt in je leven. Een belangrijk aspect van dit 'afvragen' is dat je wilt dat je kind overweegt dat anderen over haar nadenken, dat anderen meningen en ideeën over haar hebben (ook al zijn die onjuist), en dat anderen gelijke gedachten en gevoelens in gelijke situaties hebben. De herkenning dat anderen gedachten en gevoelens hebben die lijken op die van haar is de basis van empathie. Je iets over elkaar afvragen is de bouwsteen van relaties.

OMLIJSTING

Als je ooit een schilderij of foto hebt laten inlijsten, weet je dat een andere lijst of ander glas de afbeelding opmerkelijk kan veranderen; andere kleuren worden versterkt of afgezwakt, andere visuele aspecten van de afbeelding worden benadrukt, enzovoorts. Naast het feit dat de delen anders lijken, kan het geheel anders lijken door verschillende eigenschappen van de lijst: dikte, kleur, eenvoudig versus overdadig, enzovoorts.

Omlijsting is mijn term voor de manier waarop je bewustwording en context voor je kind kunt creëren door een lijst om een situatie, gevoel, gedachte of gedrag te maken. Zoals we al zagen in de contextoefening uit hoofdstuk 4, kan het een ervaring veranderen.

Omlijsting is net zo eenvoudig als het verband leggen tussen externe gebeurtenissen en innerlijke gedachten en gevoelens: 'Er zijn hier een heleboel kinderen die je niet kent, dus ik denk dat (ik vraag me af of) je je zenuwachtig voelt.' Omlijsting kan de wens van een kind verbinden met het verwachte gedrag: 'Ik zal met je meegaan als je me dat vraagt, maar je moet het vragen met een vaste, duidelijke stem.' Zoals we in het volgende hoofdstuk zullen zien, kun je omlijsting gebruiken om ongestraft inconsequent te zijn als ouder.

RECHT OP ONTKENNING

Het is heel belangrijk dat je onthoudt dat er *geen* onjuiste kinderresponsen zijn op jouw bevestiging. Op duidelijke overschrijding van de regels – agressie, respectloosheid, weglopen en dat soort dingen – moet natuurlijk gepast gereageerd worden. Maar je moet voorbereid zijn om bijna alle reacties op jouw opmerkingen te accepteren, vooral als dit proces nieuw is voor jou en je kind.

Ideaal gezien zegt je kind op jouw bevestiging zoiets als: 'Nou inderdaad, dat is precies hoe ik me voel. Wat scherp van je, papa! Ik voel me zo... zo bevestigd!' Ik dacht het niet. Je kind zal misschien helemaal niet antwoorden. Dit is gebruikelijk en geeft eigenlijk weer dat ze verwerkt wat je net hebt gezegd. Vaak krijg je als antwoord schouderophalen, brommen, of een andere onduidelijke reactie. Geen gezichtsverlies lijden is heel erg belangrijk voor kinderen. Ga niet op je strepen staan en eis niet dat je kind jouw gevolgtrekking bevestigt. Allesbehalve een regelrechte ontkenning is een stilzwijgende bevestiging dat je de boodschap goed hebt begrepen. En ook al ontkent je kind regelrecht wat je hebt gezegd, je hebt waarschijnlijk toch gelijk.

Misschien verzint je kind een beter woord dan jij gebruikt hebt om te omschrijven wat ze voelt. Ik herinner me een scène uit de film *Little Man Tate*, waarin Jodie Foster, als de moeder, tegen haar jonge geniale zoon zegt dat hij 'nerveus' lijkt voor een grote wiskundewedstrijd. Hij antwoordt: 'Nee, ik ben *in gedachten*.' Je begrijpt dat genuanceerde antwoord misschien niet, maar door te laten zien dat je je dingen afvraagt (en dus geeft om) hoe je kind zich voelt en wat ze denkt, zal ze zich dingen over zichzelf gaan afvragen en haar vermogen tot zelfreflectie en beschrijven en communiceren over wat ze ontdekt vergroten.

Jouw liefdevolle inzicht in het innerlijke leven van je kind kan een proactief 'Ja, hèhè!' tot gevolg hebben. Als ze erg diep in de rats zit, kan je kind boos protesteren dat je het mis hebt over hoe ze zich voelt en dat je haar toch niet begrijpt. Je moet hier niet op ingaan en haar er niet op wijzen dat ze duidelijk ontdaan is en dat dat alleen maar bewijst dat jij gelijk had. Laat het gewoon van je afglijden met een eenvoudig 'Oh, oké'. Als je echt voelt dat er nog een kans is om erover te praten, kun je iets zeggen als 'Nou, je zag er angstig uit, dus ik controleerde alleen maar even,' en haar daar wel of geen antwoord op laten geven.

Voor veel kinderen (en volwassenen), vooral als ze ontdaan zijn en zich kwetsbaar voelen, kan bevestiging als een inbreuk voelen. Daarom is het belangrijk om je acceptatie zo eenvoudig en respectvol mogelijk te houden. Dit soort defensieve reacties van je kind zullen minder worden als je kind meer gewend raakt aan jouw bevestiging, jou een non-defensieve reactie op haar ontsteltenis ziet voordoen en zich realiseert dat jouw opmerkingen voortkomen uit oprechte interesse en bezorgdheid.

ONDUIDELIJKE BOODSCHAPPEN

Soms is gewoon niet duidelijk wat je kind denkt en voelt. Zij weet het zelf misschien niet eens. We worden allemaal zo vaak overspoeld door emoties: boosheid en schaamte, ontzetting en opwinding, en nog veel meer. Als je kind duidelijk ontdaan is, maar niet in staat duidelijk en precies te zijn over wat ze denkt en voelt, kun je haar altijd vertellen: 'Je ziet er ontdaan uit, maar ik weet niet of je boos bent of bang of allebei.' Bij een heel jong kind zal je dit vaak doen als je haar een heel scala aan woorden leert. In de toekomst kan ze misschien een duidelijkere omschrijving van haar gedachten en gevoelens geven. Maar nogmaals, hoe ze reageert is aan haar. De hoop is dat ze de uitnodiging aanneemt tot verheldering, voor zichzelf en voor jou, van wat haar emotionele toestand is.

BEVESTIGING MET JE HELE LICHAAM: GA ERHEEN EN BRENG ZE TERUG

We reageren vaak op de bui van een ander door een tegenovergestelde stemming aan te nemen in een poging de persoon naar de middenweg tussen die twee buien te brengen. Als je kind heel geagiteerd en angstig is, neem je dus een houding aan die onnatuurlijk kalm en zelfbeheerst is. Als je kind zwaar in mineur zit, doe je heel opgewekt. Zo'n tegenovergestelde houding – 'Kom op. Laat die mooie glimlach eens zien!' – kan heel kleinerend overkomen en zal haar vaak alleen maar irriteren. 'Ga erheen en breng ze terug' betekent dat je een zelfde soort emotie laat zien als je kind sterke gevoelens ervaart. Ik noem dit *bevestiging met je hele lichaam*: het nadoen houdt niet alleen in dat je woorden gebruikt, maar ook dat je lichaamstaal en toon van je stem gebruikt om je kind te laten weten dat ze je echt heeft bereikt, dat je haar echt hebt begrepen. Denk even terug aan de moeders die hun baby met succes kalmeerden door een pijnlijk gezicht te trekken vlak voordat ze troostend reageerden. De bedoeling is dat je naar de plaats gaat waar je kind emotioneel is en haar dan terugbrengt.

Niet dat je zelf met het meubilair moet gaan smijten, maar als je kind ontdaan is, kun je wat energieker worden en een beetje gevoel in je woorden leggen: 'Wauw, je voelt je nu écht angstig!' Als je kind zich verdrietig en ontmoedigd voelt, doe je rustig aan en zeg je zuchtend, 'Jeetje, het klinkt als een heel, heel moeilijke dag,' gevolgd door nog een zucht en een respectvolle stilte. Dat is het 'erheen gaan'-gedeelte. Je kunt hier de tijd voor nemen, tenzij het huis in de fik staat of iemand daadwerkelijk met het meubilair aan het smijten is.

Het 'breng ze terug'-gedeelte is dat je duidelijk, maar niet per se snel, voordoet hoe je kind de aandacht kan verleggen zodat de angstaanjagende emotionele staat naar de achtergrond verdwijnt en de situatie zelf, en je mogelijke respons erop, op de voorgrond komt. Je moet dit gedeelte niet haasten, tenzij de situatie natuurlijk gevaarlijk is. Ze terugbrengen begint meestal met een keer goed, diep ademhalen, of je nu een onrustige of depressieve staat spiegelt.

Bijvoorbeeld: Angela hoeft niet door de kamer te rennen terwijl ze als een robot praat zoals Sterling, maar ze kan opstaan en een beetje door de kamer bewegen als Sterling onrustig is. Nogmaals, mama heeft de leiding – dat is belangrijk voor Sterling omdat zij zijn leidraad is. Angela zal weergeven wat Sterling zegt op een manier die duidelijk maakt dat zij weet hoe hij zich voelt of waarom: 'Je voelt je *zo* zenuwachtig op dit moment.' Let erop dat ze niet zegt dat hij 'angstig' is; ze moet een beetje defusie creëren. Let er ook op dat ze 'op dit moment' zegt om aan Sterling aan te geven dat hij eerst niet in die staat verkeerde en dat hij daar over een tijdje ook niet meer in zal zijn. Op een gegeven ogenblik zal Angela haar bewegingen een beetje tot rust laten komen, terwijl ze duidelijk diep ademhaalt. Ze stelt Sterling voor om samen te gaan zitten. Als hij hier niet op ingaat, gaat ze alsnog zitten, haalt nog steeds diep adem en kijkt of hij wil praten terwijl hij ijsbeert. Ze krijgt hem misschien zover dat hij zijn gevoelens benoemt of ze kan hem een categorie geven, zoals 'die zorgen', waar hij zijn gedachten in kwijt kan. Dit alles dient ervoor om Sterling een stapje terug te laten doen van zijn gedachten en gevoelens en, met hulp van zijn moeder, naar ze te kijken en er niet doorheen.

Als Nancy Joshua verdrietig en bang op de onderste trede van de trap ziet zitten als hij alleen naar boven moet, kan ze naast hem gaan zitten en gewoon ademhalen zonder een tijdje iets te zeggen. Ze kan een paar reflecterende opmerkingen maken over hoe hij zich blijkbaar voelt, wat hij denkt, en waarom. Nancy neemt hier de tijd voor; het is een investering in Joshua's groei en in hun succes als danspartners. Op een gegeven moment moet ze hem betrekken in het proces van communicatie over zijn innerlijke ervaring en een plan van aanpak bedenken om met de situatie om te gaan.

ACCEPTATIE IS GEEN GERUSTSTELLING

In die eerste stadia van je gedragsveranderingscampagne zal je minder geruststellen en je zal merken dat dat helpt. Je weet in ieder geval dat geruststelling vaak niet helpt.

Nancy wil dat Joshua alleen naar andere delen van het huis gaat. Op de lange termijn gaat ze de huidige situatie ondermijnen met acceptatie. Zij en Sid maken van deze situatie en Joshua's gedrag daarin voor de verandering eens hun prioriteit. Ze zijn vastbesloten een nieuwe, responsievere dans te maken. Het is een einddoel dat Joshua alleen naar andere delen van het huis gaat. Het is een waardig en haalbaar doel, of dat zal het in ieder geval uiteindelijk worden.

Hoe dan ook, de eerste doelen die Sid en Nancy stellen zijn procesdoelen rond Joshua's bewustwording van wat hij doet op die angstige momenten, en hem laten weten dat ze hem, en wat hij ervaart, begrijpen, echt begrijpen. (Zie hoofdstuk 5 voor eind- en procesdoelen.)

Nancy heeft haar respons in haar hoofd geoefend, en zij en Sid hebben het een aantal keer samen geoefend om de details goed te krijgen en op problemen te anticiperen als ze hun plan in werking stellen. Nu wordt ze geconfronteerd met de situatie: Joshua zit onder aan de trap, en vertelt zijn moeder huilend dat hij te bang is om naar boven te gaan. Net zoals ze geoefend heeft, haalt Nancy eens diep adem, zakt door haar knieën zodat ze een hand op zijn schouder kan leggen en hem recht in de ogen kan kijken. Ze stelt heel zakelijk: 'Je hebt enge gedachten en gevoelens omdat je alleen naar boven moet en je wilt dat ik met je meega omdat je je dan veilig voelt.' Ze wacht dan een paar tellen om te zien wat Joshua vervolgens doet. In de vroege stadia van het programma zal Joshua dit waarschijnlijk eenvoudigweg bevestigen en zijn eis herhalen. Maar de dwang van die eis zal iets verminderen, omdat hij nu weet dat ze hem begrijpt. Nancy zegt dan oké en begeleidt hem naar boven.

Zal Joshua ooit leren alleen naar boven te gaan? Ja, maar die autonomie kan alleen op basis van veiligheid. Om wat voor reden dan ook is Joshua daar nu nog niet aan toe. De recente worstelingen met de status van een grote jongen uit groep drie hebben hun tol geëist. Daarom moeten Joshua's ouders nu de tijd nemen om zijn mentale en emotionele staat te formuleren en te bevestigen. Als het begrip en de steun van zijn ouders ingebed raken in zelfbegrip, zelfondersteuning en onafhankelijkheid, zal Joshua uiteindelijk bereid zijn risico's te nemen en meer zelf te doen.

8.3 • SAMENVATTING EN VOORUITBLIK

Acceptatie betekent erkennen wat er op dat moment *is*, wat het leven je geeft, en de juiste aanpassingen doen. Acceptatie is niet opgeven of alleen maar een situatie verdragen. Acceptatie is de uitdagingen van het leven recht in de ogen kijken en ervoor kiezen de taak aan te kunnen. Bevestiging is aan je kind overbrengen dat je begrijpt hoe ze zich voelt en wat ze denkt op dat moment, dat – niet dat je het leuk vindt of het goedkeurt of dat wilt – je de boodschap achter haar gedrag hebt begrepen. Je begrijpt haar op dat moment en je doet haar na op een manier die begrip en mogelijkheden biedt. Mogelijkheden komen voort uit defusiestrategieën ('Je *hebt* zo'n gevoel'). Bevestiging kan verbaal zijn ('Je hebt weer die enge gedachten') of non-verbaal (een zucht, een frons of een knuffel). Bevestigingsdaden vormen fase 3 van je campagne om de angstdans te veranderen.

Als je je dingen afvraagt over het innerlijke leven van je kind en je erover uitspreekt, is ze beter in staat een stapje terug te doen en erover na te denken. Als ze nadenkt over haar gedachten en gevoelens op een nuttige, nauwkeurige en flexibele manier, zal ze reactief en star worden kunnen vermijden bij ongemakkelijke gedachten en gevoelens. Ze zal leren hoe ze ermee moet omgaan doordat jij nuttige en probleemoplossende strategieën voordoet.

In het volgende hoofdstuk zal ik fase 4 van je campagne beschrijven: het veranderen van reacties in responsen, angstgedrag verminderen, en omgangsgedrag vermeerderen. Ik zal het hebben over situaties waar kinderen gedrag vertonen dat onveilig of gewoon onacceptabel is. Als ouder moet je in staat zijn helder en redelijk consequente grenzen aan te geven zodat je kind zich veilig voelt en gepast reageert. De situaties waarin je kind zowel ontdaan is als stennis schopt, zijn vaak moeilijk om door te komen. In het volgende hoofdstuk zal ik het hebben over hoe je een balans kunt vinden tussen acceptatie en verandering, bevestiging en verwachting, en hoe jij en je kind zich daar doorheen kunnen slaan.

9
Effectief omgaan met angstgedrag

Veel situaties kunnen de vrees en angst van je kind uitlokken. Dat komt soms door het plotselinge en onverwachte: een blaffende hond duikt zonder waarschuwing op of er is een onverwachte verandering in de planning. Andere situaties lijken het kwetsbare en ontwikkelende gevoel van veiligheid en onafhankelijkheid van je kind aan te tasten: gescheiden worden van een ouder of alleen staan voor een onbekende situatie (met leeftijdsgenootjes op een verjaardagsfeestje bijvoorbeeld). Ik heb het proces beschreven waarin de vrees en angst van je kind jou deelgenoot maken van de worsteling om angstige gedachten en gevoelens te vermijden, ontvluchten of beheersen.

In dit hoofdstuk wil ik terugkomen op het proces waarin jij en je kind verwikkeld zijn als hij angstige gedachten en gevoelens heeft en waarom ik denk dat responsief zijn dan erg moeilijk is. Ten tweede wil ik fase 4 laten zien, strategieën voor het effectief omgaan met beangstigende situaties. Een groot deel van deze discussie draait om het onprettige en onvermijdelijke feit dat de reactie van je kind op zijn angst, en jouw eigen reacties op zijn reacties, tot conflicten kunnen leiden.

9.1 • CONFLICT EN ANGST

Als we proberen om te gaan met de angst van ons kind, proberen we vaak om te gaan met een conflict. De problemen van een angststoornis en het idee van een psychische stoornis op zichzelf steken de kop op als je angstige kind *niet* doet wat hij moet doen: mensen op de verwachte manier begroeten, naar school gaan, alleen naar een ander deel van het huis gaan, of dat hij de aandacht richt op activiteiten en verwachtingen die bij zijn leeftijd passen in plaats van op vermijdings- en beheersingstactieken.

En omdat je kind dit allemaal niet doet, of al die extra omgangstactieken zoals twintig keer per dag zijn handen wassen of jou nooit uit het oog verliezen gebruikt, is hij in conflict met zijn leven en de verwachtingen die daarbij horen. Omdat het jouw taak als ouder is om je kind te helpen dit te veranderen, word jij het probleem ingezogen en nu is er conflict tussen jullie tweeën. Of, als je de vermijding en beheersing van je kind mogelijk maakt, is er een conflict in jou zelf omdat je weet dat hij op de lange termijn niets aan die dans heeft.

Ten slotte, als ouders het tegen mij hebben over het gedrag dat ze niet willen van hun kind als hij angstig is, noemen ze vaak opstandigheid of passieve weerstand, onbeleefd of proactief gedrag en pure woedeaanvallen of agressie. Deze kwestie van conflict en angst wordt maar weinig aangestipt in de literatuur over ouder-kindangst. Maar boeken voor ouders met opstandige kinderen hebben het er wel vaak over dat angst aangepakt moet worden in die ouder-kinddansen (bijvoorbeeld Barkley & Benton, 1998).

Jammer genoeg kunnen angstige kinderen weerspannig en opstandig worden. Zoals ik al beschreven heb zijn de kenmerken van angstgedrag immers vermijding en beheersing. Pogingen om angst en vrees te vermijden en te beheersen resulteren vaak in ouder-kindconflicten over de vele dingen die een kind moet doen, zoals beleefd zijn en sociaal betrokken (Abby), teleurstelling en frustratie verdragen (Sterling), of meedoen met dagelijkse activiteiten op een niveau dat past bij zijn leeftijd en zo min mogelijk gedoe (Beth en Joshua).

De strategieën die ik eerder heb beschreven, zullen jou en je kind helpen niet terug te vallen en niet te blijven steken in de oude danspasjes. Maar zeker in de vroege fases van dit veranderingsproces, en waarschijnlijk lang daarna, zullen er momenten zijn dat jij en je kind hard tegen hard gaan over een bepaalde verwachting en zal je je ouderlijke autoriteit en controle over de situatie moeten aanspreken. En natuurlijk maakt het uit *hoe* je dit doet; dat is ook een deel van de dans. De nieuwe dans, zelfs tijdens een conflict, is gebaseerd op dezelfde strategieën die we besproken hebben in de eerste drie fases: bewustwording, bevestiging en bevordering van bekwaam zelfmanagement en omgang met anderen.

In dit hoofdstuk ga ik het hebben over die dagelijkse situaties en processen die potentiële mijnenvelden zijn voor angst en samenhangende gevoelens, zoals frustratie en boosheid. Ik zal je enkele strategieën en middelen geven en dingen om over na te denken, zodat je het aantal angstige buien en conflicten waar je mee te maken krijgt, kunt verminderen.

Niet alle conflicten moeten of kunnen vermeden worden. Er zijn vele momenten wanneer je een doel gewoonweg belangrijker moet vinden dan je kind – mondhygiëne bijvoorbeeld. Je zal jezelf dan belasten met het toezicht op tandenflossen, ook al wordt je kind hier ongelukkig en opstandig van. Het is jouw taak als ouder om die doelen voor het grote plaatje of de lange termijn te zien, ook al ziet je kind ze niet. Maar je hoeft ook weer niet over alles ruzie te maken. Om op koers te blijven, moet je in verbinding blijven staan met je waarden en doelen en die uitspreken, en met je kind overeenstemming bereiken op die gebieden.

9.2 • ONZEKERHEID EN ANGST

Een van de makkelijkste manieren om je kind angstig te krijgen, is situaties creëren die onduidelijk zijn. Denk maar aan de eerste dag van een nieuwe baan. Was je een beetje in de war over wat je nu precies moest doen? Overal om je heen vlogen mensen voorbij, helemaal gericht op hun werk. Zij wisten wat ze moesten doen, terwijl jij je bewoog in een onbeholpen, onzekere slow motion, terwijl je probeerde uit te vogelen wat nu precies je werk was. Op een gegeven moment was dat gelukt. Nu kun je waarschijnlijk veel dingen praktisch automatisch doen. Je hebt de choreografie geleerd. Je beheerst die dans. Daardoor ben je meer ontspannen, zeker en veel minder bewust van jezelf. Een reden dat onze vele dansen ons eigen worden, is dat ze het leven voorspelbaar maken, ook al maken ze het leven niet prettig.

Voorspelbaarheid is heel erg belangrijk voor een kind. Het leven kan niet altijd voorspelbaar zijn, maar je kunt stappen zetten om de wereld van je kind iets voorspelbaarder te maken terwijl je hem ook leert meeveren met de verrassingen.

Als ouder probeer je je gezinsleven zo te organiseren dat het volgens een redelijk schema verloopt, met routines en verwachtingen. Met andere woorden: je probeert het leven hanteerbaar en zeker te maken. Beheersing is ook mogelijk, maar misschien niet zoveel als we zouden willen. En beheersing, net zoals vermijding, kan ten koste gaan van de ontwikkeling van vaardigheden in het omgaan met stress en autonomie; als je alles in het leven van je kind kunt beheersen, zou hij nooit zelfstandig worden.

We hebben zeker niet altijd de controle over ons leven. Dan wordt voorspelbaarheid nog belangrijker. Als er iets slechts staat te gebeuren, wil ik daarop graag kunnen anticiperen en er mee om kunnen gaan. Weten wat er komen gaat – er is morgen een wiskundetoets – kan een bron van angst zijn, dat is waar. Maar als het gaat om omgaan met stress en effectief zijn in het leven, is het beter om te weten dan om niet te weten; ik kan leren voor die toets en er klaar voor zijn, zelfs als denken over de toets angstige gedachten en gevoelens oplevert. Je weet uit ervaring dat het geven van een nog-vijf-minuten-seintje de overgang soepeler maakt. Onduidelijkheid kan net zo beangstigend zijn. Nogmaals, onze menselijke psyche heeft de neiging zich vast te klampen aan scenario's van gebeurtenissen, waarvan we denken dat die ons veilig houden doordat we al gewaarschuwd zijn. Dat is vaak het slechtste scenario.

Dus, een manier om angst in het leven van ons kind te verminderen, is door ons best te doen om verwachtingen duidelijk, precies en objectief te maken. Niet dat we een gebruiksaanwijzing van honderd bladzijden dik over alle aspecten van het gezinsleven moeten hebben, maar we kunnen wel nadenken over wat we willen dat ons kind doet en dit dan uitspreken en aanmoedigen. Daarom moeten de belangrijke sociale vaardigheden duidelijk en eenvoudig zijn en eenduidig verwacht worden door alle belangrijke volwassenen in het leven van een kind. Er ontstaan problemen als onduidelijk is of steeds verandert wat we willen van onze kinderen (zoals we hieronder zullen zien) door hoe we ons op dat moment voelen. Velen van ons leiden een erg druk leven met weinig controle over gebeurtenissen en vaak geen mogelijkheid te voorspellen wat er in het verschiet ligt: 'Oh, mama, ik ben je vergeten te vertellen dat we vanmiddag na school repetitie hebben voor het toneelstuk en ik moet een vogelverschrikkerskostuum hebben en ik moet drie dozijn koekjes meenemen' of 'Sorry, onverwachte reis naar Maastricht. Ben over twee dagen terug.' Maar, het is het beste voor je kind als er schema's en routines zijn waar hij op kan vertrouwen en die hij kan gebruiken om zijn activiteiten te organiseren en op gebeurtenissen een beetje kan anticiperen zodat hij zich erop kan voorbereiden. Ook is belangrijk dat er een hele hoop aan ervaring is die jou en je kind vertellen dat je er al eens geweest bent, het gedaan hebt en het goed doorstaan hebt: 'Mama is weer eens het bedrijf aan het redden. Twee dagen lang pizza en dan als een dolle het huis opruimen vlak voordat ze terugkomt.'

Goede soepele (sterke maar flexibele) routines en schema's kunnen beschouwd worden als een proces dat het gedrag van kinderen kan organiseren en hen naar een einddoel begeleiden tijdens angst. Denk maar aan professionele mensen die werken in crisissituaties, zoals EHBOpersoneel of brandweerlieden: zij zijn getraind en geoefend in routines zodat ze hun werk effectief kunnen doen te midden van chaos en angst. Niet dat je het huishouden moet runnen als een eerste hulppost. Maar de tijd nemen voor een goed schema voor het ochtendritueel, eentje met weinig kans op terugval en afleiding door, of vervallen in, een troostende activiteit, kan helpen de ochtenden beter onder controle te hebben en je kind de deur uit te krijgen ongeacht zijn gedachten en gevoelens.

9.3 • FASE 4: STRATEGIEËN OM OM TE GAAN MET ANGSTIGE SITUATIES

Naast proactief zijn en voorspelbaarheid creëren, zijn er strategieën om met beangstigende situaties om te gaan, voor, tijdens en nadat de angst verschijnt. Dit is fase 4 van je gedragsveranderingscampagne.

Je kent jouw eigen situaties waar angst op de loer ligt: op maandagmorgen klaarmaken voor school, bedtijd, sociale bijeenkomsten, enzovoorts. Hier zal ik manieren beschrijven waarop de dans gechoreografeerd kan worden om conflicten te verminderen en de doelen te behalen van de eerste drie fases van je gedragsveranderingscampagne: bewustwording en begrip, vaardigheden en bevestiging.

Een manier om na te denken over de dansen die jij en je kind opvoeren in die angstige situaties heeft te maken met de natuurlijke stijl van zelfbescherming van je kind (of van jou) die gebaseerd is op zijn (en jouw) temperament, zoals we in hoofdstuk 2 besproken hebben. Temperament is jouw aangeboren manier van reageren op gebeurtenissen in de omgeving: terugtrekken versus eropaf gaan, mild versus wild, enzovoorts. Op den duur ontwikkelen deze eigenschappen zich in kenmerkende manieren van omgaan met moeilijke situaties. We noemen dit zelfbeschermingsgedrag soms verdedigingsmechanismen.

WERKEN MET – NIET TEGEN – DE VERDEDIGING VAN JE KIND

We hebben allemaal verdedigingsmechanismen die ons beschermen tegen overweldiging door het leven. Elke keer als ik bijvoorbeeld in een vliegtuig stap, ben ik in volledige ontkenning dat dit vliegtuig mogelijk neerstort. In andere situaties onderdruk ik de herinnering aan een angstaanjagende gebeurtenis, gebruik ik humor om een pijnlijke situatie te verzachten of rationaliseer ik mijn niet-zo-ideale gedrag ('Ik sta de laatste tijd onder heel hoge druk'). Deze verdedigingsmechanismen – ontkenning, onderdrukking, humor, rationalisatie – zijn maar een paar van de vele manieren waarop we onszelf beschermen tegen ons slecht of nog slechter te voelen.

Maar als mijn verdedigingsmechanismen te star of gesloten zijn, kan ik de informatie die ik nodig heb niet krijgen. Jouw opbouwende kritiek kan zonder enige overweging afgeweerd worden of misschien helemaal niet gehoord worden. Ik kan defensief reageren en proberen het probleem bij jou te leggen. Jouw kind zal dit ook doen als zijn verdedigingsmechanismen te star zijn en je iets met hem moet bespreken. Bijvoorbeeld: Beth heeft een moeilijke dag gehad. Een paar meisjes op school beginnen haar te pesten met haar zorgen over bacteriën. Ze komt thuis en wil naar de wc gaan. Peggy, haar moeder, zegt dat als Beth niet alleen de wc uit kan komen, ze een moment moet wachten omdat Peggy even naar de buren moet. Beth ontploft: 'Je maakt me bang door erover te praten!'

Aan de andere kant kunnen iemands verdedigingsmechanismen te ontspannen zijn; hij kan misschien helemaal niet voorbereid zijn op een mogelijke vervelende situatie of er geen ervaring mee hebben. Als je hem verrast, kan hij overweldigd raken door de informatie of de kritiek die je hem wilt laten horen. Dit kan ook leiden tot in de verdediging gaan en weinig communicatie of probleemoplossing. Bijvoorbeeld, Sterling heeft sterke verwachtingen van hoe de dingen moeten gaan. In zijn hoofd heeft hij de middag na school al helemaal ingedeeld: mama haalt me op, dan gaan we naar de winkel en krijg ik een chocoladereep, dan gaan we naar de videotheek en dan naar huis om mijn video te kijken. Als Angela hem komt halen, is Sterling erg blij om haar te zien. Hij weet wat er nu komen gaat. Als hij het over winkelen heeft, zegt Angela, 'Oh, dat kan niet. We moeten meteen naar huis, omdat ik iemand van mijn werk moet bellen. Het spijt me.' Sterling ontploft: 'Dit gebeurt altijd. We doen nooit wat ik wil!'

Dus, voordat je moeilijke informatie geeft of een provocerende vraag stelt, kun je beter eerst even de tijd nemen om je op de verdedigingsmechanismen van je kind 'af te stemmen'. Dit houdt in dat je eerst een beetje informatie geeft, vaak in de vorm van bevestiging, voordat je de rest van de informatie geeft. Het idee hiervan is dat je het zelfbeschermingssysteem van het kind een beetje verschuift zodat dat niet te star en te ontspannen is. Het doel is dat je een context creëert waarin je kind niet zo overweldigd is door of niet zo negatief reageert op opdrachten of informatie die meestal angstige opwinding en conflict veroorzaken. We zeggen bijvoorbeeld vaak: 'Ik heb goed nieuws en ik heb slecht nieuws.' Zo wordt duidelijk dat je iets gaat vertellen dat misschien niet leuk is om te horen, maar dat waarschijnlijk niet echt afschuwelijk is. Je bent klaar voor wat er komen gaat. Het volgende stuk beschrijft dit proces meer in detail.

DE EERSTE PIJL-TWEEDE PIJL-TECHNIEK VOOR OMGAAN MET ANGSTIGE SITUATIES

De techniek eerste pijl-tweede pijl heb ik opgepikt bij een karateles. De karatemeester vertelde dat je een aanval kon beginnen met de eerste pijl, een schijn- of valse beweging om de aandacht van de tegenstander af te leiden van het beoogde doel. De tweede pijl, de tweede aanval, zou dan op het echte doel afgaan. Ik dacht: 'Dit is precies wat we als ouders doen' – dat wil zeggen: op een positieve manier geef ik mijn kind een soort waarschuwing voordat ik de eigenlijke boodschap geef.

Je kunt bijvoorbeeld zeggen: 'Ik ga je iets vertellen waardoor je waarschijnlijk een beetje nerveus wordt' (eerste pijl). Je laat even een stilte vallen en dan zeg je: 'Op het feestje komen nieuwe kinderen die je nog niet kent' (tweede pijl). Sterlings moeder had kunnen zeggen, 'Oh, je wilt nu naar de winkel gaan [bevestiging]. Nou, het spijt me, maar ik moet je iets vertellen dat je teleur gaat stellen [eerste pijl]. We moeten vandaag meteen naar huis [tweede pijl].' Beth's moeder had kunnen zeggen: 'Ik weet dat je het irritant vindt als ik het over het wc-probleem heb [eerste pijl]. Maar ik wil je alleen maar laten weten dat ik even naar hiernaast moet, dus dan ben ik er niet als je me misschien nodig hebt [tweede pijl].'

Zo krijgt je kind een waarschuwing dat er informatie aankomt die angst kan veroorzaken (bijvoorbeeld: nieuwe kinderen op het feest). Maar je hebt hem daarop voorbereid en hem een gepaste woordenschat gegeven ('een beetje nerveus') om te beschrijven wat hij waarschijnlijk voelt. Je moet die eerste-pijlwaarschuwingen luchtig houden en niet zeggen: 'Ik moet je iets vertellen waardoor je je waarschijnlijk helemaal dood schrikt!' Net zo zeg je in een andere situatie: 'Ik moet je iets vertellen waardoor je misschien een beetje gefrustreerd raakt' – of 'geïrriteerd' in het geval van Beth – in plaats van 'Ik moet je iets vertellen waar je echt woest van wordt!'

Je kunt ook belangrijke vragen stellen met de eerste pijl-tweede pijl-aanpak. Je zegt bijvoorbeeld: 'Ik ga je een vraag stellen en ik wil dat je me de waarheid vertelt' (of '...goed over je antwoord nadenkt'). Hierdoor staat je kind er even bij stil voordat hij antwoordt. Zo kun je misschien zijn neiging iets verminderen om er meteen impulsief een antwoord uit te gooien zoals kinderen vaak doen. In dat geval gaat hij dan vaak heftig zijn antwoord verdedigen, zelfs al weet hij dat jij weet dat hij weet dat dat niet juist is.

In het vorige hoofdstuk introduceerde ik omlijsting – gebeurtenissen, gedachten en gevoelens in een context plaatsen om te bevestigen en bewustwording te vergroten. Omlijsting kun je ook gebruiken bij situaties die rijp zijn voor angst en conflict. Je kunt deze strategie gebruiken om een proces of een andere tijdelijke toestand, en het verband met een einddoel te formuleren. Een voorbeeld zal dit verduidelijken.

Toen Sterling verwachtte dat hij een tussendoortje en een video zou krijgen, had Angela iets kunnen zeggen als: 'Ah, je dacht dat we naar de winkel gingen voor een tussendoortje en dan een video gingen halen [precieze bevestiging, laat zien dat ze de hele boodschap begrepen heeft]. Dat klinkt erg leuk [een beetje ruimte of mogelijkheid]. Maar weet je? [Er is een andere manier om hier tegenaan te kijken, en dat is mijn manier.] We moeten ergens aan denken [Waar ik aan denk.] Ik moet thuis een belangrijk telefoontje plegen voor mijn werk [grotere context waarin beslissingen genomen moeten worden]. Dus ik weet dat je teleurgesteld gaat zijn [eerste pijl], maar we moeten nu meteen naar huis gaan [tweede pijl]. Het spijt me.'

Angela heeft haar beslissing geplaatst in een grotere context. Hopelijk gaat Sterling daardoor een groter plaatje zien. Deze poging zal Sterling er misschien niet van weerhouden ongelukkig te zijn of zelfs een inzinking te krijgen. Maar het laat hem wel weten hoe het zit en waarom. Het helpt hem leren dat er meerdere manieren zijn om tegen een situatie aan te kijken, zelfs als hij daar niet blij mee is.

Angela moet nogal zakelijk zijn hierbij en het kort houden. Ze moet niet meer dan nodig haar excuses aanbieden, of de werksituatie beschrijven die dit ongemak veroorzaakt, of de vervelende gevolgen voor haar baan als ze dat telefoontje niet pleegt. Evenmin moet ze opmerken dat ze tijd had gehad op haar werk te bellen als ze Sterling niet had moeten ophalen. Het is niet zijn schuld, het is niemands schuld. We hoeven er niet blij mee te zijn. Het is het grote plaatje.

Omlijsting kan ook jouw gebrek aan consequentie in een redelijke context plaatsen. Je hebt bijvoorbeeld de altijd toepasbare 'Het is een speciale gelegenheid'-omlijsting in je oudergereedschapskistje. Je kunt jezelf en je kind goed laten reageren op onverwachte of verzachtende omstandigheden door een bepaalde 'speciale gelegenheid' af te kondigen en een context te creëren waardoor iedereen jouw waarden en doelen begrijpt. Het verband helpen leggen tussen gebeurtenissen, mogelijke gedachten en gevoelens, doelen, en keuzes. Bijvoorbeeld: 'We voelen ons allemaal een beetje verdrietig als mama op een van haar zakenreisjes is. En we zijn ook trots op haar, hè? Dus laten we allemaal extra verantwoordelijk zijn, onze beloften houden en extra lief zijn voor elkaar. Ik zal de pizza bestellen.'

9.4 • CONFLICTEN AANPAKKEN DOOR DE DANS AAN TE PAKKEN

Zoals ik al eerder heb gezegd, zijn er twee soorten situaties (die elkaar enigszins overlappen) waardoor jij of je kind vaak angstige gedachten en gevoelens krijgt. De eerste gaat om het onverwachte: Sterling verwachtte niet dat zijn droommiddag hem bruut ontnomen zou worden. De tweede doet zich voor als het vermogen tot zelfstandigheid van een kind overweldigd wordt: op bepaalde dagen kan Beth het gewoon niet aan zonder hulp van een ouder. Hieraan wil ik een derde soort situatie toevoegen, die de andere twee ook een beetje overlapt. Hierbij draait het om verwachtingen, eisen en andere transacties waarbij jij een doel hebt ('s ochtends het huis uitgaan) en jouw kind een ander programma voor ogen heeft – bijvoorbeeld, jou zover krijgen dat je hem thuis laat blijven omdat hij buikpijn heeft. De volgende strategieën kunnen de ouder-kinddans verbeteren door zowel de onzekerheid en verrassing in een bepaalde situatie te verminderen, als structuur en verwachting te bieden voor de volgende stap, dat wil zeggen: het doel.

HET DOEN DOEN

Je moet niet te veel te raden overlaten in het dagelijkse leven van je kind, vooral in situaties met een hoog risico op angst en conflict. Een van de beste ouderschapsstrategieën is 'het doen doen'. Als je een opdracht moet geven, geef dan aan wat je wilt dat je kind *doet*, niet van wat je *niet* wilt dat hij doet. Bijvoorbeeld: vlak voor een schooldag ziet Angela dat Sterling op de bank zit, bijna helemaal aangekleed, maar met blote voeten en starend in de verte. Ze kan beter zeggen: 'Ik wil dat je nu je sokken en schoenen aandoet' dan 'Zit daar niet zo te zitten.' Sterling zal misschien niet (meteen) Angela's aanwijzing opvolgen, maar ze is wel bezig met een basisonderdeel van haar gedragsveranderingscampagne: duidelijk en direct zijn.

Onderzoek heeft aangetoond dat kinderen veel vaker 'doen'-opdrachten gehoorzamen dan 'niet doen' opdrachten (Vigilate & Wahler, 2005). Hier zijn twee redenen voor. Ten eerste, wanneer hij iets niet mag doen, veroorzaakt dit een bepaalde hoeveelheid negatieve emotie of gedachten in het kind: schaamte, wrok, enzovoorts.

Dat is niet bevorderlijk voor het opvolgen van je opdracht. Ten tweede moet hij een alternatief verzinnen, waar jij misschien helemaal niet blij mee bent. In plaats van 'maar zitten te zitten', gaat Sterling misschien tv-kijken of naar zijn kamer. Als je je kind vertelt wat hij moet doen, laat je geen ruimte over. Daarom zijn de voorbeelden van sociale vaardigheden die ik je gaf, voor zover mogelijk, geformuleerd volgens de verwachtingen die we van het kind hebben: 'Zet een vriendelijk gezicht en stemgeluid op en houd je lichaam rustig' in plaats van 'Niet zeuren en op en neer springen'.

Soms moet je als ouder natuurlijk zeggen: 'Stop!' Maar als het mogelijk is, moet je 'doen' opdrachten geven. Dit vergt enig nadenken van jouw kant. Wat wil je dat je kind doet? Wat is echt nodig in deze situatie? Dit kan een einddoel zijn, zoals 'Ga naar boven en haal je schoenen.' Of het doel kan een beter proces zijn: 'Je moet nu je woorden gebruiken en me vertellen wat je wilt.'

BEPERK HET TOTAAL AANTAL OPDRACHTEN

Onderzoek heeft uitgewezen dat hoe meer opdrachten je geeft, hoe minder gehoorzaam je kind zal zijn (Vigilante & Wahler, 2005). Als je minder conflicten wilt, kun je gehoorzaamheid bevorderen door minder opdrachten te geven. Dit betekent niet dat je de kinderen onder alles uit moet laten komen of hen de boel moet laten bestieren. Het betekent gewoon dat je de juiste momenten moet uitzoeken; lok niet met opdrachten onnodig conflict en angst uit die vermeden kunnen worden ten gunste van belangrijkere overwinningen.

STEL GEEN VRAGEN ALS JE EIGENLIJK EEN OPDRACHT GEEFT

Ouders denken soms dat ze conflicten vermijden door opdrachten te vervangen door vragen. Bijvoorbeeld: 'Wil je nu even gaan opruimen?' Dit werkt prima als het antwoord altijd netjes 'Ja moeder' is. Maar vaak worden deze vragen gewoon genegeerd of beantwoord met protest omdat het kind donders goed in de gaten heeft wat je bedoelt. Naar mijn mening kun je net zo goed gewoon zeggen wat je bedoelt: 'Ruim nu alsjeblieft je speelgoed op.' Je moet alleen een keuze bieden als het ook echt een keuze is. Als Catherine Abby vraagt of ze het feestje wil verlaten, moet ze het antwoord van Abby accepteren.

STEL GEEN VRAAG ALS JE HET ANTWOORD AL WEET

Strafpleiters weten dat ze een getuige nooit een vraag moeten stellen waar ze het antwoord niet al op weten. Ze willen geen verrassingen in de rechtzaal. Als de getuige liegt, heeft de advocaat al het tegenbewijs. Maar ouderschap is geen kruisverhoor, en je kunt in heel moeilijke conflicten terechtkomen als je vragen stelt waar je het antwoord al op weet. Bijvoorbeeld: als je kind de vraag 'Heb je je tanden gepoetst?' bevestigend beantwoordt, duik je boven op de leugen: 'Nee, dat heb je niet gedaan. Ik presenteer bewijsstuk A – de kurkdroge tandenborstel!' Nu worstelen jij en je kind zowel met de leugen als met de overtreding. Dit lijkt me onnodig. Het is zowel een verspilling van goodwill als een onplezierige dans die je niet hoeft te doen. Verminder conflicten door geen vragen te stellen waar je het antwoord al op weet. Als je kind zijn tanden nog niet gepoetst heeft, herinner hem er dan aan, begeleid hem naar de badkamer als dat nodig is en negeer het protest.

TOLERANTIE: GENOEG RUIMTE MAKEN

De meeste woordenboeken geven een omschrijving van het begrip tolerantie uit de techniek: de maximale of optimale afstand tussen bewegende delen in een machine. De bewegende delen in je automotor of je polshorloge zijn ontworpen en gemaakt om langs elkaar heen te schuiven met precies de juiste hoeveelheid speling of tolerantie. Als er te weinig speling tussen zit, dan veroorzaakt dat wrijving, hitte en mogelijk gevaar. Als er te veel ruimte tussen zit, vliegen de bewegende delen alle kanten op en werken ze niet goed samen.

Deze definitie van tolerantie vind ik heel toepasselijk. Responsief ouderschap gaat vaak om weten hoe je de juiste afstand schept tussen jou en je kind op een bepaald moment. In dit boek heb ik het gehad over *naar* het leven *toe buigen*; mindful met de huidige situatie omgaan om effectief te zijn. Maar aan de andere kant zijn er momenten die van jou als ouder vragen *achterover te leunen*, en je kind wat fysieke en mentale ruimte te geven. Dit is een danspas die geduld kan overbrengen, autonomie geeft en een kind toelaat zijn eigen weg te vinden.

Maar soms zorgen sterke gevoelens zoals angst, ongeduld, frustratie en boosheid ervoor dat je naar een situatie toebuigt om die gevoelens bij jou en je kind te vermijden of weg te nemen. Dit zal weinig nut hebben en beschrijft juist precies wat er problematisch is aan je huidige angstdans. Op dezelfde manier word je soms verleid een situatie te vermijden; in plaats van ermee omgaan, leun je achterover of maak je je los. Maar dit is niet nuttig om moeilijke gedachten en gevoelens te vermijden of als het op je kind overkomt als bagatelliserend of afwijzend. Dus goede *tolerantie*, responsief ergens naartoe buigen of achteroverleunen op dat moment is een kwestie van gericht blijven op je doelen, terwijl je je gedachten en gevoelens in die situatie in de gaten houdt. Laten we naar een dagelijks voorbeeld kijken.

Soms is je kind aan het prutsen met een rits of heeft moeite met zijn veters strikken. Als er weinig tijd is, heb je sterk de neiging om er naartoe te buigen, zelf de jas dicht te ritsen en te zeggen: 'We hebben haast.

Laat mij maar.' Onder meer ontspannende omstandigheden leun je juist achterover en laat je hem zelf met de rits prutsen, zodat hij leert hoe het moet. Als ouder zou het natuurlijk veel makkelijker zijn om alles voor je kind te doen. Sterker nog, het zou veel makkelijker zijn als jij zijn huiswerk voor hem maakt en daar dan ook niet meer mee hoeft te worstelen. Maar, je weet dat je kind de gelegenheid moet krijgen die dingen zelf te leren. Dat is voor jou zowel een waarde als een doel. En om de doelen van zelfverzorging en autonomie te bereiken, is nu eenmaal een bepaalde hoeveelheid gepruts, frustratie en ongeduld nodig bij iedereen.

Wat drijft tolerantie – hoe beslissen we dat?
Het is dus jouw beslissing op zo'n moment, terwijl je ongeduldig staat te wachten tot je kind de rits eindelijk doorheeft, of je er naartoe buigt en het oplost of dat je achteroverleunt en je kind het zelf laat oplossen. Er is geen fout antwoord. Het hangt af van de omstandigheden en je algemene doelen. Er zullen dagen zijn dat je inderdaad haast hebt en dat er naartoe buigen en de jas van je kind dichtritsen de juiste oplossing is.

Als je kind angstig is en zich gedraagt op een manier die nutteloos is, waar baseer je je beslissing dan op om er naartoe te buigen of achterover te leunen? In mijn ervaring, als psycholoog en als ouder, is de drijfveer voor tolerantie dat wat *wij* ouders toevallig op dat moment denken en voelen.

Angela raakt over haar toeren en wordt ongeduldig als Sterling 's ochtends niet opschiet en ze allebei te laat gaan komen. Catherine wordt boos en gefrustreerd als Abby iemand die tegen haar praat niet aankijkt. Sid raakt geïrriteerd en heeft er snel genoeg van als Joshua weigert in bed te blijven. Al raakt ontmoedigd en verdrietig als Beth vastzit in de wc. Dus op sommige ochtenden buigt Angela er naartoe en kleedt Sterling ondanks zijn protesten aan. Soms leunt ze achterover en geeft ze hem de ruimte, de hele tijd gefrustreerd omdat ze weer te laat zijn. Catherine buigt er naartoe door op Abby's ooghoogte te gaan zitten en haar bits te vertellen dat ze de persoon moet aankijken en gedag moet zeggen, nu. Als dit niet werkt, leunt Catherine ver achterover door weg te lopen of Abby uit de situatie te halen, en ze voelt zich boos en vol verwijten omdat ze dat moet doen. Sid buigt er ver naartoe door heel kwaad te worden op Joshua, of hij leunt ver achterover door naar zijn studeerkamer te gaan en een computerspelletje te spelen zodat Nancy zich alleen moet redden met hun zoon. Bij Beth heeft Al een snel-erin, snel-terugtrekkenmanier van leunen die een halfslachtige geruststelling biedt voor haar waargenomen dreiging.

Al dit geleun, deze verschuivende tolerantie, staat in dienst van vermijding of beheersing van de gedachten en gevoelens van de volwassene. Het is een poging met je kind en de situatie om te gaan, maar eigenlijk probeer je je eigen ontsteltenis op dat moment kwijt te raken. Het doel van dit soort tolerantie is de vermijding en beheersing van ouderlijke gedachten en gevoelens. Dat is de kern van de oude angstdans.

De oude automatische danspassen veranderen is grotendeels een kwestie van de tolerantie verschuiven: het er naartoe en achteroverleunen veranderen zodat je je kind geeft wat hij echt nodig heeft. Dat sluit misschien niet helemaal aan op de agenda van dat moment – bijvoorbeeld die schoenen van boven halen. Je kunt in plaats daarvan kiezen voor een direct doel dat meer procesgericht is, zoals communicatie tot stand brengen of een moment de tijd nemen om je kind iets over zijn emoties te leren. Je weet beter wat je moet aanpakken op dat moment door meer mindfulness, het vermogen alles wat er gaande is te registreren zonder onnodig kieskeurig te zijn over wat 'prima' of 'belangrijk' of zelfs 'acceptabel' is. Zoals B.H. Gunaratana gezegd heeft: 'Mindfulness herinnert je aan wat je hoort te doen' (2002, p. 142).

Een soort tolerantie: doe gewoon niets, sta daar
Ik heb ooit gewerkt in een psychiatrische inrichting voor kinderen. Er was vaak veel om op te reageren. Een psychiater daar, dr. Dea Eisner, leerde me de 'Doe gewoon niets, sta daar'-respons. Vaak is de beste oplossing helemaal niets doen. Tenzij het huis in brand staat of je kind de straat op schiet, kun je het je veroorloven een paar tellen of langer stil te staan, eens diep adem te halen, je gedachten bij elkaar te rapen en te verzinnen wat je moet zeggen en doen – als je al iets moet doen. Tolerantie in het ouderschap kan een hele hoop responsen inhouden die je kunt categoriseren als er naartoe buigen of achteroverleunen, of stilstaan. Sta erbij stil wanneer je de neiging hebt één daarvan te doen. Sta er bij stil of die neiging voortkomt uit een wilde poging jouw eigen gedachten of gevoelens of die van je kind te veranderen, uit de druk om weer iets van je lijstje te schrappen, of uit gerichtheid op wat echt is op dat moment en wat voor steun en richting je je kind kunt geven op dat moment.

OEFENING: TOLERANTIE – ER NAARTOE BUIGEN OF ACHTEROVERLEUNEN

Kijk naar de tabel hieronder. Dit is een weergave van een typische interactie tussen Beth en haar vader. Het beschrijft een gebruikelijke situatie, wat typerende gedachten en gevoelens die Al in die situatie ervaart, en twee mogelijke responsen: er naartoe buigen of achteroverleunen.

SITUATIE	JOUW GEDACHTEN EN GEVOELENS	ER NAARTOE BUIGEN	ACHTEROVER-LEUNEN
Beth in de wc. Wil dat ik de deur voor haar open doe.	Tegenstrijdig. Geïrriteerd en ongeduldig maar ook verdrietig. 'Hoe lang moeten we dit nog doen?'	Beth's wens dat ik de deur voor haar opendoe bevestigen. Ik kies ervoor dat te doen.	Niets zeggen en weglopen.

Ik zeg niet dat Beth's vader het een of het ander had moeten doen. Al had er naartoe kunnen buigen door Beth boos te vertellen dat hij zich niet meer door haar liet manipuleren. Hij had achterover kunnen leunen door haar wens te bevestigen, en haar dan voorzichtig aan te moedigen het zelf te doen.

Nu wil ik dat jij in de meest linkerkolom twee of drie gebruikelijke en angstaanjagende situaties opschrijft die jou uitnodigen met je kind mee te doen of je afzijdig te houden. Schrijf in de volgende kolom welke gedachten en gevoelens bij jou opkomen. In de derde en vierde kolom beschrijf je jouw manier van er naartoe buigen of achteroverleunen als respons op die situatie.

SITUATIE	JOUW GEDACHTEN EN GEVOELENS	ER NAARTOE BUIGEN	ACHTEROVER-LEUNEN

Laten de gedachten en gevoelens die bij jou opkomen je er meer naartoe buigen of meer achteroverleunen? Denk aan de situaties die je hierboven hebt opgeschreven en stel jezelf de volgende vragen:

- Wat is het beste voor de groei van mijn kind met behoud van mijn waarden, procesdoelen en einddoelen?
- Wat moet ik doen – er naartoe buigen of achteroverleunen – om dat te bereiken, ook al ervaar ik mijn eigen onplezierige gedachten en gevoelens?

Schrijf je antwoorden hier op:

PROCESDOELEN	EINDDOELEN	ER NAARTOE BUIGEN	ACHTEROVER-LEUNEN

9.5 • ANGSTGEDRAG AANPAKKEN ALS DAT OPDUIKT

Angst en conflict komen nu eenmaal voor. Ouders en kinderen zullen ontdaan zijn en krachtmetingen komen daaruit voort. Die situaties kunnen je bliksemsnel overvallen, of je ziet ze aankomen als een storm die op je af komt razen, geen ontsnappen mogelijk. In een perfecte wereld zou je al die conflicten en crises behendig vermijden. Jij en je kind zouden nooit angstig, gefrustreerd of ontmoedigd zijn. Alle communicatie zou duidelijk en respectvol verlopen. Maar, zoals een vriend van mij zegt: 'We zijn nog niet in de hemel.'

Dus, onze wereld is niet perfect, wat doen we dan als het onvermijdelijke gebeurt? Als ik ouders spreek, heb ik het vaak over 'grote reacties': een woedeaanval, acute angst, diep verdriet, of wat onze psyche dan ook op dat moment voortbrengt, maar dan *groot*.

Ik loop dan naar het whiteboard en teken de boog van een typische grote reactie: Daar ga je dan (of je kind) prima op je gemakje (een horizontale lijn) als 'Bam!' een emotie, zoals angst verschijnt. Ik teken een steile lijn omhoog, het golfpatroon van de achtbaanrit uit hoofdstuk 4. Vanuit die eerste uitbarsting van emotie, die al beangstigend genoeg is, zien we vaak dat de angst hoog blijft, dan al stuiterend naar beneden gaat, ineens weer omhoogschiet als een seismograaf die het rommelen van een aardbeving registreert. We denken dat de opwinding voorbij is, en dan kan het allerkleinste het weer laten beginnen met hernieuwde energie. Ik noem dat 'naschokken'. Uiteindelijk, geleidelijk of abrupt, neemt de reactie af en zijn de emoties weer terug op het basisniveau. Herhaal zoveel als nodig.

Alle emotie houdt verband met gebeurtenissen in de wereld en in het hoofd van je kind: er gebeurt iets onverwachts, er verschijnt een enge gedachte, een broer of zus maakt dat ene geluid weer. Je wilt dit patroon veranderen, die minder hevig maken, er sneller overheen komen, dat het minder vaak gebeurt – allemaal nobele doelen, en allemaal in een bepaalde mate haalbaar.

Na ruim twintig jaar praten met kinderen en ouders over grote reacties, heb ik geleerd dat het mogelijk is het patroon te veranderen. Maar hoe dat verandert en wat er als eerste verandert, is interessant en misschien het tegenovergestelde van wat je denkt.

Het eerste dat je van een echte, positieve verandering zal merken is dat de duur van de grote reactie korter wordt. De veertig minuten durende paniek- of woedeaanval duurt nu maar dertig minuten, nu maar tien (blijft daar even hangen), en nu nog maar vijf. Dat zijn nog steeds vijf lange minuten, maar het is een positieve verandering. Het volgende dat gaat veranderen is dat de gebeurtenissen, de grote reacties, minder vaak voorkomen: één keer per week in plaats van één keer per dag, één keer per maand in plaats van één keer per week, enzovoorts.

Maar het allerlaatste dat verandert aan een grote reactie is de hevigheid. Het is heel belangrijk dat je dit onthoudt. Als de grote reacties korter en verder uit elkaar voorkomen, wordt je moeite beloond. Onthoud ook dat er waarschijnlijk ergens in de toekomst een hevige grote reactie staat te gebeuren. Als die nog steeds redelijk kort is en het een tijdje geleden is dat er één voorkwam, is er geen reden tot paniek. Het is misschien verontrustend, maar de tendens is nog steeds goed. Er is geen reden jouw campagne op te doeken. Vertrouw me maar.

De hevigheid verandert als laatste, omdat het voortkomt uit de aanleg; je kind heeft de directe reactie niet onder controle; niet óf het gebeurt en ook niet hoe hevig het zal zijn. Je krijgt misschien een kleintje, of je krijgt misschien een grote. Echt waar, op den duur; de hevigheid van de reactie van je kind zal afnemen. Dit komt ook door het volwassen worden van de hersenen en zijn eigen zelfregulatievaardigheden. Maar in de eerste fases van je gedragsveranderingscampagne moet je je voorbereiden op een paar wilde ritjes.

Grote reacties zullen minder vaak voorkomen omdat jij en je kind nieuwe vaardigheden leren om goed om te gaan met situaties. Dit zal zijn gevoel van zekerheid vergroten en het 'activeringspunt' van zijn vecht-of-vluchtreactie verlagen zodat hij veerkrachtiger kan zijn tijdens situaties die normaal gesproken beangstigend zijn. Door zelfvertrouwen, gebaseerd op ervaring met competentie, zal uiteindelijk hij, en jij, niet meer angstig hoeven zijn over angstig zijn.

De vermindering in duur, zal komen doordat je je meer richt op het staartje van de grote reactie dan dat je die helemaal probeert te vermijden. Met 'het staartje' bedoel ik het punt *nadat* de grote reactie-emoties en -gedrag van je kind zijn verschenen; dit is het kritieke moment waarop je heel snel moet besluiten hoe je gaat reageren. Wat je moet oefenen, is jezelf betrappen op terugvallen in je reacties, je nutteloze oude dans. Je moet de keuze oefenen om te veranderen wat je doet en de dingen een effectievere richting opsturen. In plaats van de ontvluchting-vermijdingsdans, werk je toe naar het leren van een nieuwe dans, de effectiviteitsdans, waarin je de situatie vaststelt – activator, behavior (gedrag), consequentie – en dan een respons geeft in plaats van een reactie. Een effectieve respons is gebaseerd op de verschillende strategieën, vaardigheden en technieken die we hebben besproken – eenvoudigweg bewustwording en bevestiging, het aanmoedigen van een sociale vaardigheid die op dat moment nodig is, omlijsting of op een andere manier een grotere context creëren – wat de situatie dan ook vereist met behoud van je waarden en doelen. Op deze manier zullen de grote reacties, de angstige momenten korter worden en uiteindelijk minder vaak en minder hevig worden. Als je kind heel angstig is, is het beste waar je soms op kunt hopen de fundamentele procesdoelen zoals communicatie en samenwerking te benadrukken. De dans hoeft niet eens goed te gaan als jij en je kind maar de moeite nemen bewust te worden van wat je denkt, voelt en kiest. Hopelijk kiezen jullie er allebei voor de dans een klein beetje effectiever te maken dan de vorige keer; er wordt naar iedereen geluisterd, iedereen wordt gerespecteerd, iedereen neemt de verantwoordelijkheid voor zijn daden, iedereen werkt samen.

Jouw taak op dat zeer emotionele moment hoeft niet perfect kalm en rationeel te zijn en alleen maar de juiste dingen te zeggen en doen. Jouw taak is je eigen reactie te hebben, opmerken dat je die hebt, en dan iets duidelijks doen om het op een goede manier te veranderen. Abby's moeder Catherine bijvoorbeeld, wordt heel boos omdat Abby zich aan haar been vastklampt en weigert naar de andere meisjes op het feestje toe te gaan. Omdat ze een gevoelig kind is en ze deze dans vaker hebben gedaan, weet Abby echt wel dat haar moeder ontdaan is, ook al kan zij dit in haar eigen hoofd niet formuleren. Er is gewoon wederzijdse ontzetting. Catherine merkt dat ze fysiek gespannen wordt en Abby weg gaat duwen al voordat de gedachte in haar hoofd vorm krijgt. Catherine merkt dat ze eraan denkt Abby uit de situatie te halen. Catherine ademt een paar keer diep door.

Catherine's volgende stap, nadat ze merkt wat ze doet en er aan denkt adem te halen, is hardop nadenken. Ze moet duidelijke woorden en zinnen gebruiken die bij het kind passen om te beschrijven wat ze ziet gebeuren en hoe Abby het ziet: 'Hier zijn we dan op het verjaardagsfeestje. Al die kinderen zijn zo opgewonden. Ze hebben het leuk en rennen rond en maken *heel veel lawaai* [zet haar stem wat kracht bij; bevestiging met het hele lichaam]. Ik voel alle *opwinding* ook [minder bedreigende ervaring dan angst]. Ik vraag me af of jij misschien ook een beetje bang bent tussen al die opwinding door [bevestiging]. Denk je dat we hier op de bank kunnen gaan zitten en gewoon een tijdje kijken voordat je naar de kinderen toegaat? [Stelt een alternatieve omgangsrespons voor en een einddoel, 'naar de kinderen toe gaan.']

Hardop nadenken geeft je kind een opstapje naar de oplossing van die situaties. Dit zijn de stappen die je moet onthouden:

1 Doe een stapje terug.

2 Overweeg de situatie en wat er in jou en je kind omgaat.

3 Verzin ideeën over hoe ermee om te gaan of hoe het probleem op te lossen.

Het proces is vaak niet leuk en het kan verwarrend en beangstigend zijn. Maar door hardop na te denken help je jezelf en je kind de boodschap begrijpen dat het omgaan met dit soort situaties niet gaat om je nooit slecht te voelen; het gaat om herkennen wat de situatie vereist en je best doen ondanks je gedachten en gevoelens op dat moment. Het gaat om soepele taal gebruiken, de relatie met je kind en sociale vaardigheden om je doelen te bereiken – zowel die van jou als van je kind.

9.6 • SAMENVATTING EN VOORUITBLIK

In dit hoofdstuk heb ik strategieën beschreven om met de moeilijkere situaties om te gaan waar je mee te maken krijgt als de ouder van een angstig kind. Die strategieën toepassen is hard werken. Het vereist bijna constante bewustwording van wat er in de omgeving, en binnen in jou en je kind aan de hand is. Het betekent tolerantie onder controle hebben door gepaste psychologische ruimte te maken tussen jou en je kind – er naartoe buigen of achteroverleunen afhankelijk van de behoeften van de situatie en van je kind. Het vereist ook dat je je kind laat ervaren wat er in jou omgaat zodat hij kan leren dat effectiviteit in het leven niet ontstaat doordat je nooit problemen of moeilijkheden hebt, maar door stand te houden tijdens die situaties.

Veel ouderschapsstrategieën die ik in dit boek heb besproken lijken redelijk algemeen en alleen maar een beetje verband te houden met omgaan met angst. Het feit is dat de algemene kwaliteit van functioneren in huis, de algemene sfeer van transacties tussen gezinsleden (vooral tussen ouderschapspartners), de veiligheid en emotionele ontwikkeling van alle gezinsleden (vooral de kinderen) zwaar beïnvloedt. Algemene angstniveaus zijn meestal lager in gezinnen waar gezinsleden goed behandeld worden en zich gehoord voelen, waar de communicatie effectief is, waar het leven redelijk voorspelbaar is en waar mensen kunnen meeveren met onvoorspelbaarheid.

De sleutel tot het opvoeden van een angstig kind ligt in de balans tussen de vele en soms concurrerende doelen die je als ouder hebt: de veiligheid van je kind, de groei en behoefte aan jouw inmenging, omgang, steun en liefde – en ook jouw eigen behoefte aan liefde, groei en herstel als je je leeg voelt. En goed idee hebben van wat je waardeert, en die waarden uitgesproken deel laten uitmaken van je doelstellingen en besluitvorming, zal jou en je kind helpen de mogelijkheden te doorzoeken in een ingewikkelde en emotioneel beladen situatie.

Nu dit boek ten einde loopt, heb je misschien gemerkt dat we Abby, Joshua, Sterling en Beth eigenlijk niet hebben 'genezen'. Hoogstwaarschijnlijk zullen zij, en hun ouders dus ook, een tijd blijven worstelen met angstige situaties omdat het leven, zeker een leven dat ten volle geleefd wordt, eng en zorgelijk kan zijn. Deze kinderen hebben nu misschien baat bij individuele psychotherapie. Hun ouders zoeken misschien hulp bij een pycholoog of iemand anders. Medicatie kan op een gegeven moment nuttig zijn. Het centrale doel van wat voor behandeling dan ook, moet zijn dat de persoon een vitaal en effectief leven kan leiden en wederzijds steunende en liefdevolle relaties kan aangaan met zijn naasten, en niet alleen angstige gedachten en gevoelens verminderen. Als ze opgroeien en terugkijken op hun vooruitgang, hopen we dat ze allemaal onthouden dat het leven niet zonder zorgen of problemen was, maar dat problemen opgelost kunnen worden en dat anderen hen zullen helpen als zij anderen goed behandelen.

Je moet hopen dat de moeite die bewustwording, acceptatie, bevestiging, communicatie, geduld, tolerantie en samenwerking gekost hebben, jouw toekomstige angstige situaties zal behoeden voor veel spanning, frustratie en conflict. Jij en je kind merken dat jullie niet meer angstig hoeven te zijn voor het angstig zijn als je je verschillende angstige, gefrustreerde en ongeduldige gedachten en gevoelens in een nieuwe context ervaart, een context die gedachten en gevoelens als voorbijgaande verschijnselen ziet die niet helemaal aansluiten op de werkelijkheid. Je kind zal merken dat er veel mogelijkheden bestaan buiten de beperkingen van zijn gebruikelijke denk- en gedragspatroon. Dat hij kan vertrouwen op ervaring, die van hemzelf of van een betrouwbare ander, en dat die ervaring gebruikt kan worden als begeleiding voor zijn keuzes en hulpmiddel om zijn commitments te houden. Ik hoop dat ik je een nieuwe manier van denken heb gegeven over de angst van je kind en hoe het 'probleem' van angst in een nieuw licht gezien kan worden, een licht dat eer en waardigheid geeft aan het harde werk dat jij en je kind elke dag verzetten. Ik hoop dat ik je wat hulpmiddelen heb gegeven om dat werk vitaler, effectiever en de moeite waard te maken. Ik vond het een voorrecht om te doen.

Bibliografie

American Psychiatric Association 1994 • *Diagnostic and Statistical Manual of Mental Disorders*, 4th ed. Washington, DC: American Psychiatric Association.
Barkley, R. A., & C. M. Benton. 1998 • *Your Defiant Child.* New York: Guilford Press.
Camus, A. 1956 • *The Rebel.* New York: Vintage Books.
Cohn, J. F., & E. Z. Tronick. 1988 • Mother-infant face-to-face interaction: Influence is bidirectional and unrelated to periodic cycles in either partner's behavior. *Developmental Psychology* 24(3):386–392.
Connolly, S. D. e.a. 2007 • Practice parameters for the assessment and treatment of children and adolescents with anxiety disorders. *Journal of the American Academy of Child & Adolescent Psychiatry* 46(2):267–283.
Curtis, S. E. 2008 • *Understanding Your Child's Puzzling Behavior*. Bainbridge Island, WA: Lifespan Press.
Dacey, J. S., & L. B. Fiore. 2000 • *Your Anxious Child: How Parents and Teachers Can Relieve Anxiety in Children.* San Francisco: Jossey-Bass.
Diamond, G., & A. Josephson. 2005. • Family-based treatment research: A 10-year update. *Journal of Child and Adolescent Psychiatry* 44(9):872–887.
Dumas, J. E. 2005. Mindfulness-based parent training: Strategies to lessen the grip of automaticity in families with disruptive children. *Journal of Clinical Child and Adolescent Psychiatry* 34(4):779–791.
Eifert, G. H., en J. P. Forsyth. 2005. • *Acceptance and Commitment Therapy for Anxiety Disorders*. Oakland, CA: New Harbinger Publications.
Fonagy, P. e.a.. 1995 • Attachment, the reflective self, and borderline states: The predictive specificity of the Adult Attachment Interview and pathological emotional development. In S. Goldberg, R. Muir, & J. Kerr (eds.), *Attachment Theory: Social, Deve-*

lopmental and Clinical Perspectives. New York: Analytic Press.

Fonagy, P., & M. Target. 2000. • Playing with reality: III. The persistence of dual psychic reality in borderline patients. *International Journal of Psychoanalysis* 81:53–873.

Ginsburg, G. S., & M. C. Schlossberg. 2002 • Family-based treatment of childhood anxiety disorders. *International Review of Psychiatry* 14:143–154.

Gottman, J. 1997 • *Raising an Emotionally Intelligent Child.* New York: Fireside.

Gross, J. J., & R. W. Levenson. 1997 • Hiding feelings: The acute effects of inhibiting negative and positive emotion. *Journal of Abnormal Psychology* 106(1):95–103.

Gunaratana, B. H. 2002 • *Mindfulness in Plain English.* Boston: Wisdom Publications.

Hayes, S. C., e.a.. 1999 • *Acceptance and Commitment Therapy: An Experiential Approach to Behavior Change.* New York: Guilford Press.

Hayes, S. C. e.a.. 1996 • Experiential avoidance and behavioral disorders: A functional dimensional approach to diagnosis and treatment. *Journal of Consulting and Clinical Psychology* 64:1152–1168.

Hildebrandt, M. J. e.a.. 2007 • Climbing anxiety mountain: Generating metaphors in acceptance and commitment therapy. In G. W. Burns (ed.), *Healing with Stories: Your Casebook Collection for Using Therapeutic Metaphors.* Hoboken, NJ: Wiley.

Jackson, N. F. e.a.. 1993 • *Getting Along with Others: Teaching Social Effectiveness to Children.* Champaign, IL: Research Press.

Kabat-Zinn, J. 1994 • *Wherever You Go, There You Are: Mindfulness Meditation in Everyday Life.* New York: Hyperion.

Kessler, R. C. e.a.. 2005 • Lifetime prevalence and age-of-onset distributions of *DSM-IV* disorders in the National Comorbidity Survey Replication. *Archives of General Psychiatry* 62(6):593–602.

Merriam-Webster. 2003 • *Merriam-Webster's Collegiate Dictionary.* Springfield, MA: Merriam-Webster.

Minuchin, S. 1981 • *Family Therapy Techniques.* Cambridge, MA: Harvard University Press.

Mogel, W. 2001 • *The Blessing of a Skinned Knee.* New York: Scribner.

Muris, P. e.a.. 2000 • Fears, worries, and scary dreams in 4- to 12-year-old children: Their content, developmental pattern, and origins. *Journal of Clinical Child Psychology* 29(1):43–52.

Oxford Dictionaries. 2008 • *Oxford's Pocket American Dictionary of Current English.* New York: Oxford University Press, USA.

Rapee, R. M. e.a.. 2000 • *Helping Your Anxious Child.* Oakland, CA: New Harbinger Publications.

Rizzolatti, G., & L. Craighero. 2004 • The mirror neuron system. *Annual Review of Neuroscience* 2:169–192.

Scotti, J. R. e.a.. 1996 • *DSM–IV* and disorders of childhood and adolescence: Can structural criteria be functional? *Journal of Consulting and Clinical Psychology* 64:1177–1191.

Shafran, R. e.a.. 1996 • Thought-action fusion in obsessive compulsive disorder. *Journal of Anxiety Disorders* 5:379–391.

Siegel, D. J., & M. Hartzell. 2003 • *Parenting from the Inside Out.* New York: Jeremy P. Tarcher/Penguin.

Turecki, S. 1985 • *The Difficult Child.* New York: Bantam Books.

Turner, S. M. e.a.. 1991 • Vulnerability and risk for anxiety disorders. *Journal of Anxiety Disorders* 5:151–166.

United States Census Bureau. *United States Census 2000* • Retrieved October 24, 2008, from http://www.census.gov/main/www/cen2000.html.

Vigilante, V. A., & R. G. Wahler. 2005 • Covariations between mothers' responsiveness and their use of 'do' and 'don't' instructions: Implications for child behavior therapy. *Behavior Therapy* 36:207 212.

Wahler, R. G., & K. L. Meginnis. 1997 • Strengthening child compliance through positive parenting practices: What works? *Journal of Clinical Child Psychology* 26(4):433–440.

Wilson, K. G., & T. DuFrene. 2009 • *Mindfulness for Two*. Oakland, CA: New Harbinger Publications.

The Valued Living Questionnaire • Unpublished manuscript. Available from the first author at Department of Psychology, University of Mississippi, Oxford, MS.

Winner, M. G. 2002 • *Thinking About You Thinking About Me*. San Jose, CA: Social Thinking Publishing.

Winnicott, D. W. 1965 • *The Maturational Processes and the Facilitating Environment*. New York: International Universities Press.

Woods, S. e.a.. 1988 • A review of behavioral and pharmacologic studies relevant to the application of CO_2 as a human subject model of anxiety. *Psychopharmacology Bulletin* 24:149–153.

Over de auteur

Christopher McCurry, Ph.D., is klinisch kinderpsycholoog en werkzaam in een praktijk die gespecialiseerd is in de behandeling van kinderangst. Hij is klinisch hoofddocent op de afdelingen psychologie en psychiatrie aan de Universiteit van Washington in Seattle, Washington, in de VS.

GPSR Compliance
The European Union's (EU) General Product Safety Regulation (GPSR) is a set of rules that requires consumer products to be safe and our obligations to ensure this.

If you have any concerns about our products, you can contact us on

ProductSafety@springernature.com

In case Publisher is established outside the EU, the EU authorized representative is:

Springer Nature Customer Service Center GmbH
Europaplatz 3
69115 Heidelberg, Germany

www.ingramcontent.com/pod-product-compliance
Ingram Content Group UK Ltd.
Pitfield, Milton Keynes, MK11 3LW, UK
UKHW050410240426

12048UKWH00020B/1440